1　運慶作　阿弥陀如来坐像

北条時政が伊豆北条に建立した願成就院には，奈良仏師の運慶が文治2年（1186）5月に制作を始めた5体の仏像が安置されている．京都守護在任中に時政が運慶に依頼したものか．寄木造，高さ142.4センチ．

2　祇園遺跡の庭園遺構と出土した吉州《きつしゅう》窯《よう》天目《てんもく》小《こ》碗《わん》

福原の祇園遺跡では，12 世紀後半の石組みをともなった庭園の池が発掘された．大量の軒瓦やカワラケのほか，国内では珍しい中国江西省の吉州窯系陶器も出土し，平清盛邸か，それに関連する遺構と推測される．

3　楠・荒田町遺跡の二本の溝遺構

福原の楠・荒田町遺跡では，39 メートルにわたり東西方向にのびる 2 本の溝が検出された．軍事施設ではなく，建物の区画溝と考えられ，いずれも 12 世紀後半に比定される．平頼盛邸に関連する遺構と推測される．

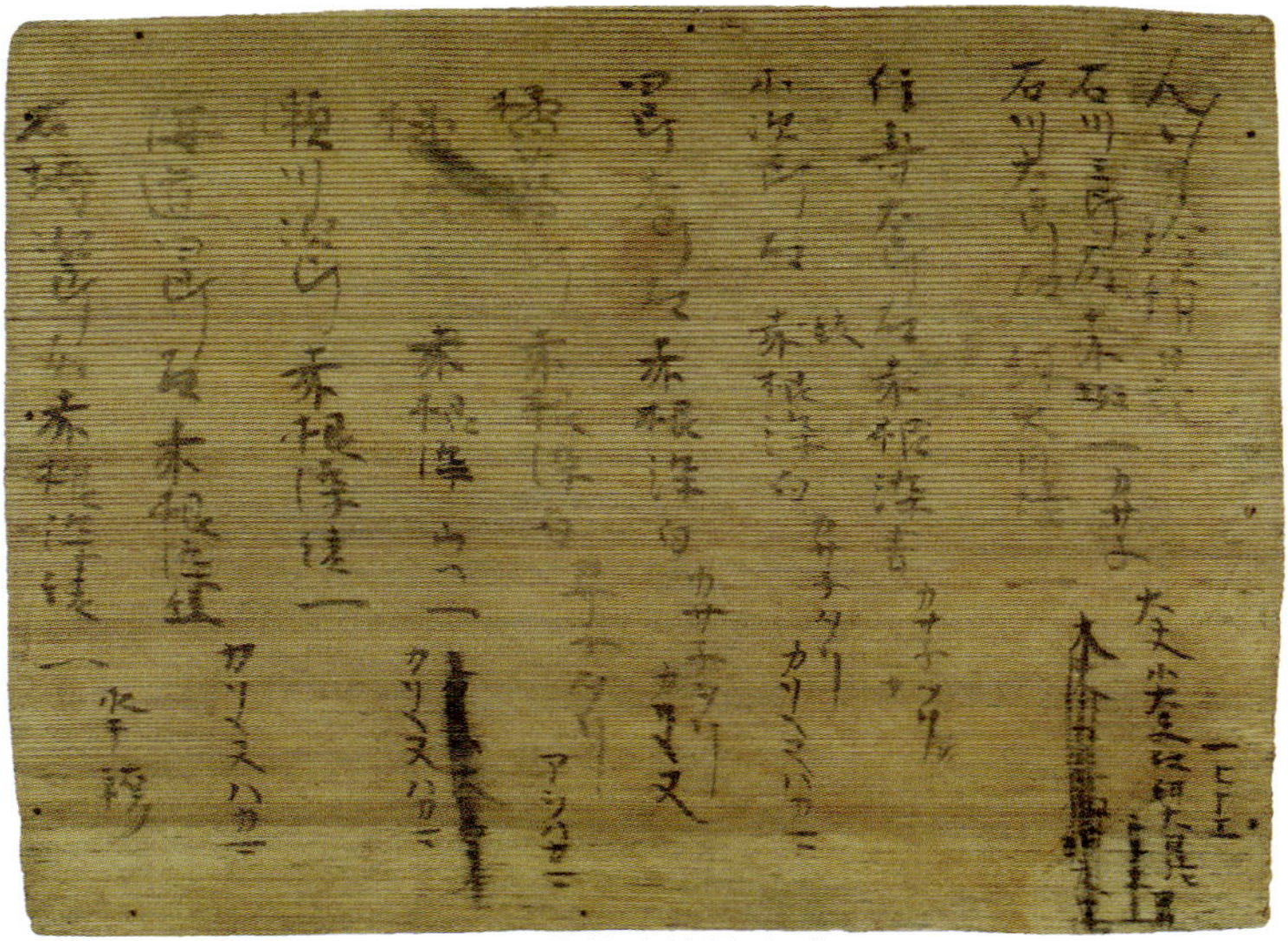

4　人々給絹日記《ひとびとにたまうきぬのにつき》

藤原秀衡の平泉館《ひらいずみのたち》とされる柳之御所遺跡の井戸状遺構から発見された杉板（宴会用の折敷《おしき》を再利用）で，人名と支給する絹織物の装束がメモ書きされている．信寿《しず》太郎は国衡，小次郎は泰衡と推測される．

5　中国産の白磁四耳壺《はくじしじこ》

柳之御所遺跡の4とは別の井戸跡から発見された白磁の壺．口径11.7センチ，胴径18.0センチ，底径7.7センチ，器高26.7センチ．肩の4カ所に横耳が付く．産地は中国の福建省と推定され，国際色豊かな平泉文化を物語る．

6　鎌倉の航空写真

挙兵した源頼朝は，頼義以来の由緒をもつ鎌倉に本拠を定めた．三方を山に囲まれた鎌倉は，要害の地ではあるが，武家の都としてはあまりに狭小である．北条泰時は，鎌倉と外部を結ぶ交通路の整備を行った．

7　和賀江島《わかえじま》の碇石《いかりいし》

泰時の時代に，船舶の着岸の便のために，往阿弥陀仏《おうあみだぶつ》によって鎌倉海岸に築かれた人工島の和賀江島．現在は海中に没しているが，大潮の干潮時には石積みや碇石が姿をあらわす．2003年4月18日正午に筆者撮影．

日本中世の歴史 3

源平の内乱と公武政権

川合 康

吉川弘文館

企画編集委員
木村茂光
池　　享

目次

図版目次

〔口絵〕

〔挿図〕

序章　武家と朝廷

本書は、保元《ほうげん》・平治《へいじ》の乱後、平清盛《たいらのきよもり》が中央政界に重きをなす一二世紀後半から、治《じ》承《しょう》・寿永《じゅえい》の内乱（源平内乱）や承久《じょうきゅう》の乱を経て、鎌倉幕府の執権北条《しっけんほうじょう》氏が国政に大きな影響力をもつようになる一三世紀半ばまでの歴史の流れを、政治史を中心に検討していく。

鎌倉幕府成立のとらえ方

戦後の中世史研究が、この時代の政治史を、封建社会の担い手である武士＝在地領主《ざいちりょうしゅ》階級が、古代的な貴族政権と荘園制《しょうえんせい》を克服していく過程としてとらえ、在地領主を組織した鎌倉幕府を最初の封建《ほうけん》国家（中世国家）として理解してきたことは、周知の通りであろう（石母田一九五〇・永原一九六一）。鎌倉幕府の成立は、新しい時代を象徴する日本歴史上の画期的な出来事であり、源頼朝《みなもとのよりとも》は歴史の進歩を担った変革者として高い評価が与えられてきたのである。

しかし、その後の研究の進展によって、一九六〇年代にはこうした学説は克服された。荘園制（荘園公領制《こうりょうせい》）はむしろ中世の基本的な土地制度と理解されるようになり、また一一世紀後半以降の平安時代末期の朝廷・貴族政権についても、中世の国家権力としてとらえる見解が現在は通説化しているのである。それでは、鎌倉幕府の成立はどのように位置づけられるのだろうか。

中世国家をめぐる学説のなかで本書が注目したいのは、公家《くげ》や武家《ぶけ》、さらには寺家《じけ》などの諸権門《けんもん》（権勢のある門閥家《もんばつけ》）が対立・競合しながらも、相互に補完し合って、全体として一つの中世国家機構を構成していたとする考え方、すなわち「権門体制論《けんもんたいせいろん》」である（黒田一九七五）。この説では、朝廷での政務や儀式を担当する公家、宗教的に鎮護国家《ちんごこっか》を担当する寺家とならんで、武家は国王（天皇）のもとで軍事という国家的職能を担当する「軍事権門」であり、独自に国家全体を掌握するだけの社会的・政治的勢力を確立するにはいたらなかったという。本書も、鎌倉幕府の基本的性格は、平氏権力と同様に、朝廷を中心とする国家体制のもとで全国的に軍事・警察部門を管轄する「軍事権門」として理解しており、鎌倉幕府だけを中世国家ととらえたり、幕府を東国という地域に樹立された東国国家ととらえる立場はとらない。

しかしだからといって、本書は鎌倉幕府の成立を、平氏などの院政期以来の軍事権門と同質、あるいはその順調な発展形態とは理解していない。鎌倉幕府権力は、軍事権門として国制に位置づけられながらも、東国の鎌倉に拠点を置いている事実一つ見ても、それ以前の武家の在り方とは全く異なり、朝廷に対する高い自立性を成立当初からもっていたからである。ではなぜ、このように特殊な軍事権門が、歴史上生み出されてきたのだろうか。本書はこの問題を、現実に展開していた治承・寿永の内乱（源平内乱）の政治過程に即して考察していくことにしたい。

「平家物語史観」をこえて

さて、治承・寿永の内乱の展開や、そのもとで組織された戦争を正面から検討しようとすると、どうしても注意が必要になるのは、『平家物語』の歴史観の影響である。いうまでもなく、『平家物語』は「盛者必衰《じょうしゃひっすい》のことはり」の実例として平氏一門の必然的滅亡を物語るという主題をもっており、その観点から平清盛の権力の特質や内乱の展開を、巧みに創作・再構成しているからである（川合二〇〇九ａｂ）。この「平家物語史観」は、平氏一門の没落と鎌倉幕府の成立を、古代から中世への必然的な発展段階に位置づけた戦後中世史研究の枠組みとも合致し、一般の歴史認識にいまなお大きな影響を与えていると思われる。

本書では、最新の中世史研究の成果に基づきながら、平氏権力の存在形態や鎌倉幕府の成立を実態に即して解明するために、『平家物語』の「平家物語史観」に関わる記述については、できるだけ慎重にあつかい、一次史料と折衷して『平家物語』の記事を用いるような叙述方法は避けることにした。その結果、源平合戦のくだりなどでは、これまでの通史に比べるといささか堅苦しく無味乾燥な内容になっているかもしれないが、「平家物語史観」から自由な立場で通史を書きたいという思いからである。また『吾妻鏡《あずまかがみ》』や『愚管抄《ぐかんしょう》』などにおいても、虚構と判断される箇所については、よく使われる史料であっても意識的に用いなかった。

なお、本書の表紙カバーに掲載されている木像は、山梨県甲府《こうふ》市の甲斐善光寺《かいぜんこうじ》に所蔵される文保《ぶんぽう》三年（一三一九）制作の源頼朝木像である。これまで抱かれてきた頼朝のイメージとは大いに異なっているが、鎌倉時代に頼朝像として制作されたことが明らかな唯一の肖像である（山田一九八一）。京都市の神護寺《じんごじ》に所蔵される有名な伝源頼朝画像は、近年それを足利直義《あしかがただよし》画像であるとする有力な説が提起され（米倉一九九五）、本書もその見解を支持しているので、伝頼朝画像は掲載しなかった。頼朝肖像の問題は、従来の歴史観やイメージの転換を迫る、新しい研究の進展を象徴的に示すものといえよう。

「公武政権」とは

ところで、本書は鎌倉時代において国政を主導する政権を「公武政権」と呼んでいる。後述するように、朝廷と幕府は三代将軍の実朝《さねとも》死後に、承久の乱にいたる一時的な対立状況が生まれるものの、基本的には協調関係を維持しており、摂家将軍家の成立や公武婚の展開などによって朝廷・幕府を横断する複数の政治勢力が形成され、公武の権力内部が緊密に連繋して国政を動かしていくようになるからである。

従来から、室町幕府の三代将軍足利義満《よしみつ》の権力の特徴を「公武統一政権」と呼ぶ学説や（富田一九八九）、織豊期の国家権力の在り方を「公武結合王権」ととらえる学説が存在している（堀二〇〇三）。これらの説は、それぞれの段階における公武権力の一体化や結合の様相を詳細に分析したうえで提起されており、それらと比べると本書で使用する「公武政権」ははなはだ曖昧な概念にとどまっているが、この時期の政権をわかりやすく表現するために、「公武政権」の語を用いることとした。

なお本書では、平安時代末期から鎌倉時代中期までの上皇のうち、院政を展開した中心人物である白河《しらかわ》・鳥羽《とば》・後白河《ごしらかわ》・後鳥羽《ごとば》・後高倉《ごたかくら》・後嵯峨《ごさが》の六人については、上皇ではなく院と表記したが、それはあくまで叙述上の便宜によるものである。また女性名の振り仮名に関しては、最も妥当と思われる訓読みを用いていることをあらかじめお断りしておきたい（角田一九八〇、一九九四）。

一　後白河院政の展開と平清盛

1──後白河院と二条天皇

平治の乱直後の政局

平治《へいじ》の乱からおよそ二ヵ月が経った永暦《えいりゃく》元年（一一六〇）二月二十日、二条《にじょう》天皇の仮の皇居であった八条室町殿《はちじょうむろまちどの》において、権大納言藤原経宗《ごんのだいなごんふじわらのつねむね》と参議《さんぎ》藤原惟方《これかた》が平清盛《たいらのきよもり》の郎等《ろうとう》によって捕えられた。

藤原経宗は、雅仁《まさひと》親王（後白河）との間に守仁《もりひと》（二条）をもうけた懿子《よしこ》の兄で、二条天皇の外戚にあたり、また藤原惟方は、守仁を養育した乳母の一人である藤原俊忠《としただ》の娘を母にもつ、二条天皇の乳母《めのと》子《ご》であった。両人とも二条天皇の側近であり、平治の乱では、反信西《しんぜい》派の中心人物として、院側近《いんのそつきん》の権中納言《ごんのちゅうなごん》藤原信頼《のぶより》と協力して信西を追い落とし、さらに内大臣《ないだいじん》藤原公教《きんのり》や平清盛と結んで、二条天皇を大内《おおうち》（大内裏《だいだいり》のなかの本内裏）から六波羅《ろくはら》の平清盛邸にひそかに移し、藤原信頼・源義朝《みなもとのよしとも》を倒すことにも成功した。二人は、平治の乱を最も有利に勝ち抜いた貴族であった。

経宗・惟方の政治的目標は、慈円《じえん》が書いた歴史書『愚管抄《ぐかんしょう》』に「大方此《おおかたこの》二人シテ世ヲバ院ニシラセマイラセジ、内ノ御沙汰《ごさた》ニテアルベシト云ケル」（巻第五「二条」）と記されているように、後白河院（上皇）の執政を止めて、内（天皇）の主導による政治、すなわち二条親政を実現することにあった。後白河院政を支えていた信西も、有力な院側近であった藤原信頼も平治の乱で滅亡したことにより、乱後、経宗・惟方は後白河院に対して様々な圧力をかけ始めていた。例えば、当時、八条堀河《ほりかわ》の藤原顕長《あきなが》邸を仮御所としていた後白河院は、桟敷《さじき》に出て八条大路を往来する民衆と交わることを楽しんでいたが、二人は桟敷に板を打ち付けて視界を遮り、露骨な嫌がらせを行ったという。

　こうした状況のなか、経宗・惟方の逮捕が行われた。そしてその二日後の二月二十二日には、信西の子息たちが赦免されて帰京を許されている。この一連の動きを見ると、経宗と惟方は、平治の乱の発端となった信西打倒のクーデタに関わった罪が追及されて、失脚したと推測される。三月十一日、経宗は阿波《あわ》に、惟方は長《なが》門《と》にそれぞれ配流《はいる》された。平治の乱は、こうして後白河院・二条天皇双方の政治勢力に、大きな犠牲を出して終わった。

図1　後白河院画像

　そして、源義朝の子息頼朝《よりとも》が伊豆《いず》に、同母弟の希義《まれよし》が土佐《とさ》に流されたのも、同じ日のことであった。

経宗・惟方らが配流され、ようやく平治の乱による政局の混乱がおさまると、日常的な国政の運営は、後白河院・二条天皇・摂関家の三者合議によって進められた。

院・天皇・摂関家の国政運営

この時期の政策決定の在り方については、当時蔵人頭《くろうどのとう》であった藤原忠親《ただちか》が日記『山槐記《さんかいき》』に詳しく書き残している。例えば、永暦元年（一一六〇）十二月二十九日、右衛門督《うえもんのかみ》平清盛がそれまで兼任していた大宰大弐《だざいのだいに》の地位を辞退し、藤原成範《しげのり》に譲ることを申し出た際には、清盛の申請を受けた蔵人頭藤原忠親は、次のように院・天皇・摂関家間を奔走した。

①まず院御所に赴いて、後白河院に事情を説明したところ、「内」（二条天皇）と「前関白《さきのかんぱく》」（摂関家の大殿《おおとの》藤原忠通《ただみち》）の意向を尋ねるようにという返答があった。②そこで摂関家の邸宅高倉殿《たかくらどの》を訪れ、関白藤原基実《もとざね》・大殿藤原忠通にそれぞれ説明して、両人から天皇の意向をうかがうようにという返答を得たのち、③内裏に参上して、二条天皇に説明すると、院の仰せにしたがうという返答があった。④そこで再び院御所に帰って、天皇の意思を後白河院に伝えると、清盛の申請を認可してもよいという院の判断があり、⑤大殿忠通と関白基実にそのことを伝えると、早く認可せよという返答があった。⑥そして最後に、これらの意向を二条天皇に伝えたところ、早く正式な手続きをとるようにという命が下されて、清盛の大宰大弐辞任、藤原成範の就任が決定されている。

ここに見られる院・天皇・摂関家の持ち回り合議は、『愚管抄』に「院・内、申シ合ツヽ、同ジ御心ニテイミジクアリケル程ニ」（巻第五「二条」）と記されたような、この時期における後白河院と二条天皇の良好な協調関係に基づいているが、三者合議の体制は決して特殊なものではなく、むしろ中世の朝廷における基本的な国政運営の在り方であった。もちろん、この段階においても重要な政治課題がある場合には、陣定《じんのさだめ》や院御《いんご》所議定《しょぎじょう》など、上級貴族が集まって政策を合議する公卿議定が開催されたが、それは院・天皇・摂関家の国政運営を補完するものとなっており、役割を低下させていた。

院・天皇・摂関家の連絡役には、先の蔵人頭藤原忠親のように、蔵人（職事《しきじ》）や弁官《べんかん》があたったが、近年の学界ではこうした連絡・調整役の役割に注目して、院・天皇・摂関家の合議による国政運営を、「職事弁官政治」と呼んでいる（井原一九九五）。

図2　二条天皇画像

しかし、院・天皇・摂関家の合議体制の組み合わせは、時の政局によって変動する。翌応保《おうほ》元年（一一六一）九月、後白河院と平滋子《しげこ》の間に皇子憲仁《のりひと》（のちの高倉《たかくら》）が誕生したことによって、新たな事態が出現するのである。

二条親政の成立

鳥羽《とば》院（上皇）の皇后美《び》福門院《ふくもんいん》得子《なりこ》や関白藤原忠通が、久寿《きゅうじゅ》二年（一一五五）七月に十七歳の若さで死去した近衛《このえ》天皇の後継者として、美福門院が養育した守仁（二条）の即位を望み、その中継ぎの天

図3 王家婚姻関係図

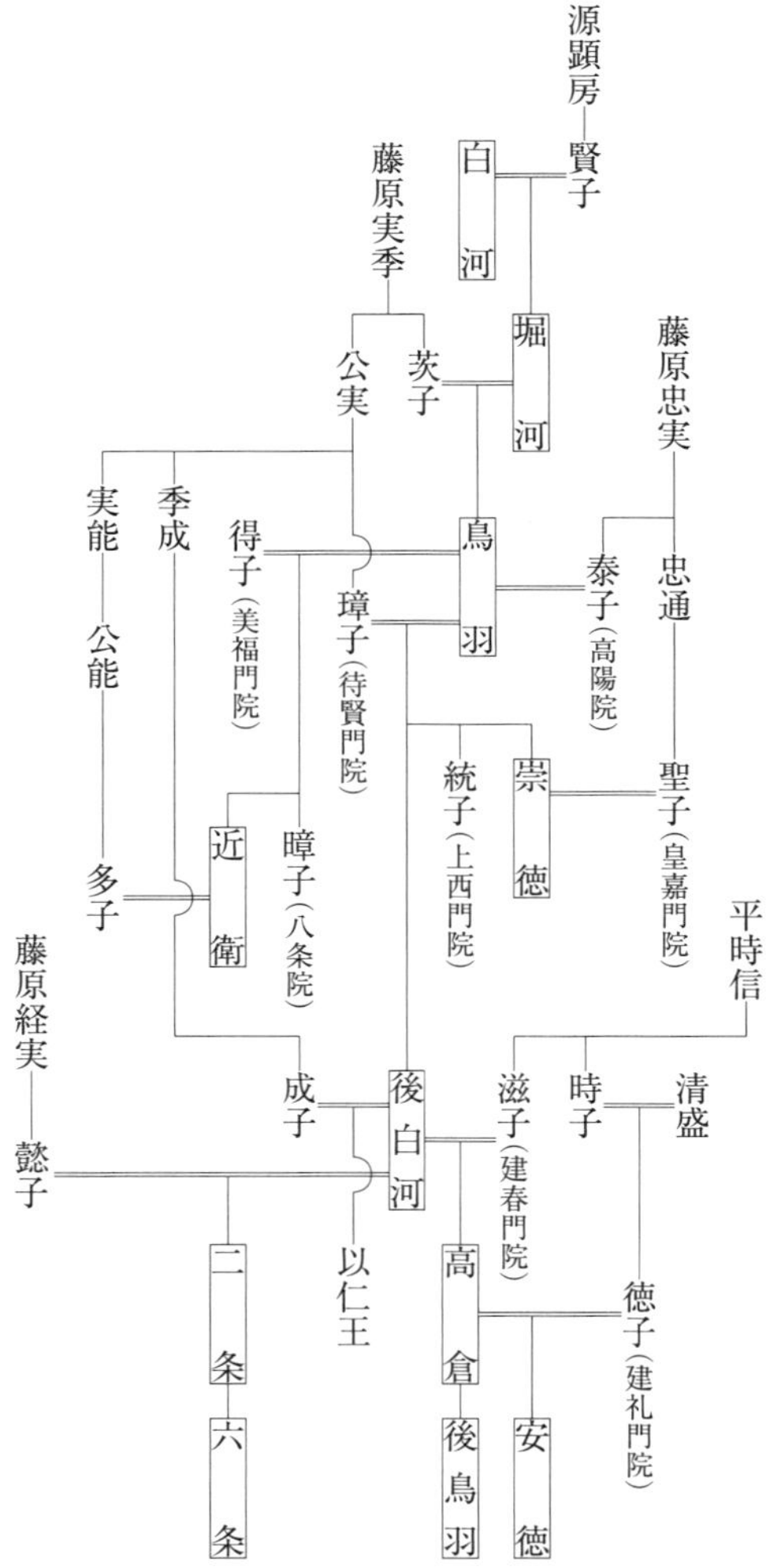

皇として、守仁の父である雅仁親王（後白河）が即位することになったことはよく知られている。

保元《ほうげん》の乱後の保元三年（一一五八）八月十一日、後白河は譲位し、予定通り二条が皇位についたが、平信範《のぶのり》の日記『兵範記《ひょうはんき》』は、譲位については「ただ仏と仏との評定《ひょうじょう》」（保元三年八月四日条）で決まったと伝えている。一人の「仏」とは入道信西であり、もう一人の「仏」とは、鳥羽院の死に際して出家した美福門院である。しかし、平治の乱後の永暦元年（一一六〇）十一月二十三日には美福門院も死去し、二条天皇は最大の後見人を失った。前述したような後白河院と二条天皇の協調関係は、こうした政治状況のなかで保たれていたのである。

この関係が大きく変化したのは、応保元年（一一六一）九月である。九月三日、平滋子（上西門院女房小弁局《じょうさいもんいんにょうぼうこべんつぼね》）が後白河院の皇子憲仁を出産したことをうけて、滋子の兄平時忠《ときただ》が憲仁の立太子《りったいし》を不用意に語ったとして、九月十五日に右少弁《うしょうべん》兼《けん》右衛門権佐《うえもんごんのすけ》平時忠と清盛の弟左馬権頭《さまのごんのかみ》兼《けん》常陸介《ひたちのすけ》平教盛《のりもり》が解官された。そしてこの時点から、日常的な国政運営は二条天皇と摂関家の大殿忠通・関白基実との合議によって進められることとなり、後白河院は政策決定の場から排除されて、二条親政が成立した。

最近の研究によれば、ちょうどこの頃、二条天皇は藤原忠通と連携して、閑院流徳大寺家《かんいんりゅうとくだいじ》の藤原実能《さねよし》の娘で忠通の養女でもあった藤原育子《むねこ》の入内《じゅだい》を決めており、後白河院の外戚として院に近かった徳大寺家の取り込みをはかっていたことが明らかにされている（佐伯二〇〇四）。二条親政が実現した背景として、二条がもつ正統な皇位継承者としての立場だけではなく、親政を支える貴族社会の人脈を、二条側が積極的に広げていたことに注意しておきたい。

十一月二十九日には、おそらく先の事件と関連して、右馬頭《うまのかみ》藤原信隆《のぶたか》や右中将《うちゅうじょう》藤原成親《なりちか》、内匠頭《たくみのかみ》藤原範忠《のりただ》ら、後白河院の近習六人が解官された。そして翌応保二年（一一六二）三月七日、配流中の二条側近の藤原経宗の召還が決定される一方で、六月二十三日には、院側近の修理《しゅり》大夫《だいぶ》源資賢《すけかた》・子息

図４　平清盛画像

右少将通家《うしょうしょうみちいえ》らが二条天皇を賀茂社《かもしゃ》に呪詛《じゅそ》したとして、源資賢・通家・平時忠・藤原範忠が配流されている。後白河院の政治勢力は、ここに完全に封じ込められることとなった。

平清盛の動向

では、平治の乱の勝利の立役者であった平清盛は、この間どのような行動をとっていたのだろうか。

永暦元年（一一六〇）六月二十日、清盛は、乱の最中に二条天皇を六波羅邸に迎えた賞により、正三位の位階を与えられ、武家としてはじめて公卿にのぼった。八月十一日には参議となり、さらに九月二日には右衛門督を兼任した。そして翌永暦二年（一一六一）一月二十三日に検非違使《けびいし》別当《べっとう》となり、九月十三日には権中納言にまで昇進している。

平治の乱後、清盛はこうしてめざましい栄達をとげているが、慈円の『愚管抄』によれば、「清盛ハヨク〳〵ツ、シミテ、イミジクハカラヒテ、アナタコナタシケルニコソ」（巻第五「二条」）とあり、清盛は後白河院と二条天皇の関係に慎重に気を配り、院と天皇の双方に接近したと伝えている。

清盛の妻時子《ときこ》は、後白河院の寵愛を受けて憲仁を生んだ平滋子の異母姉、平時忠の同母妹であったが、清盛は憲仁誕生の際に起こった時忠の事件には全く関与しなかったらしく、時忠・教盛の解官の

図5　桓武平氏略系図

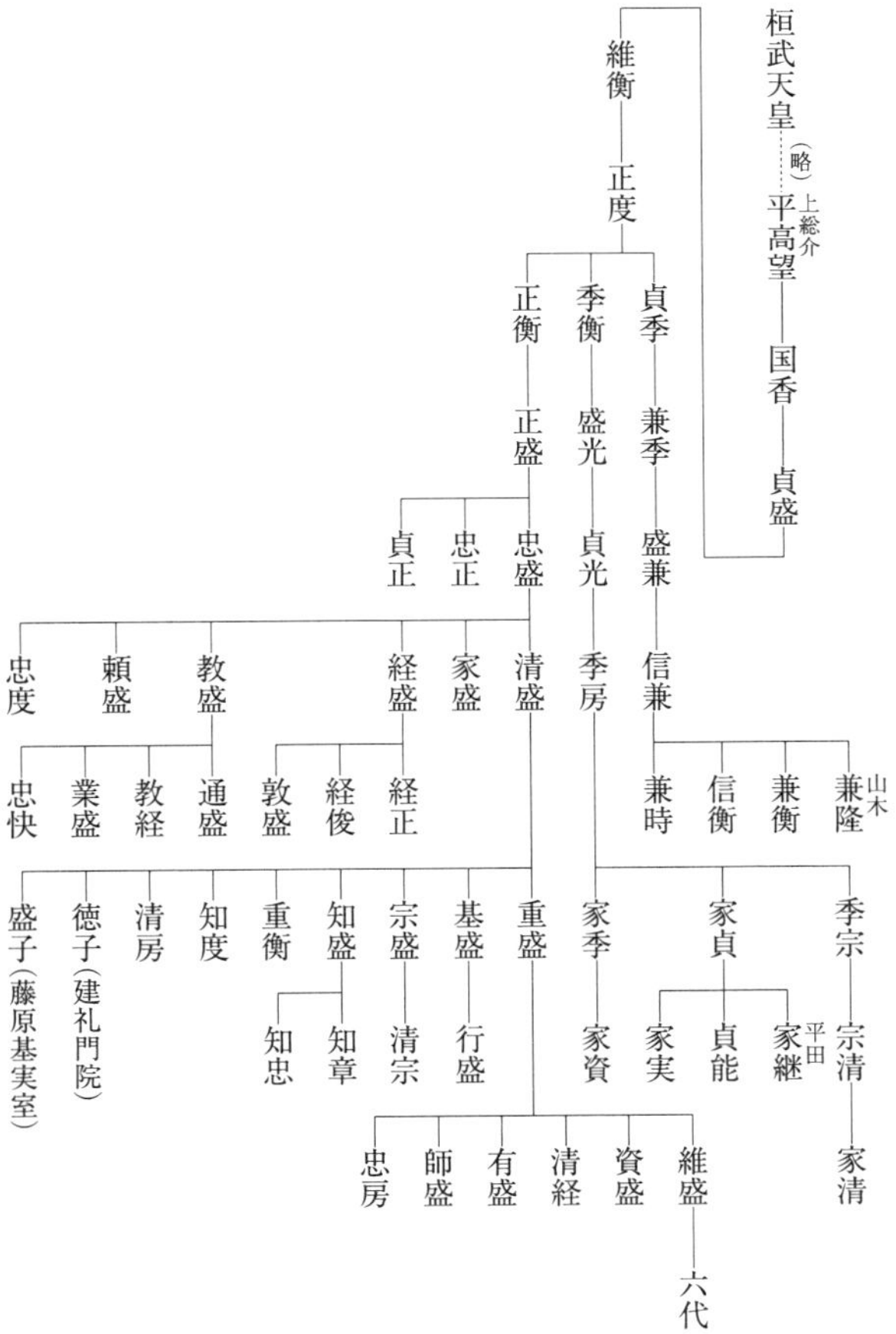
桓武天皇
（略）
上総介
平高望
国香
貞盛
維衡
正度
貞季
季衡
正衡
兼季
盛光
正盛
盛兼
貞光
忠盛
忠正
貞正
信兼
季房
清盛
家盛
経盛
教盛
頼盛
忠度
山木
兼隆
兼衡
信衡
兼時
経正
経俊
敦盛
通盛
教経
業盛
忠快
季宗
家貞
家季
重盛
基盛
宗盛
知盛
重衡
知度
清房
徳子（建礼門院）
盛子（藤原基実室）
宗清
平田
家継
貞能
家実
家資
行盛
清宗
知章
知忠
家清
維盛
資盛
清経
有盛
師盛
忠房
六代

直前に権中納言に任じられている。この段階における清盛の政治的立場は、どちらかといえば二条親政派に属していたと思われる。

清盛の二条天皇に対する奉仕として注目されるのは、応保二年（一一六二）三月に新造された押小《おしこう》路東洞院《じひがしのとういん》の里内裏《さとだいり》に宿直所《とのいどころ》を設けて、一門の武士を配置し警備を行っていた事実である。里内裏とは、大内裏のなかの本内裏ではなく、大内裏の外に設けられた京中の皇居を指し、もとは本内裏が火災にあった時などに仮の皇居として設定されたものであった。しかし平安時代末期になると、本内裏は特別な儀式・儀礼の時にのみ用いられ、天皇は日常的に里内裏に居住するようになっていた。清盛は、そうした二条天皇の里内裏である押小路東洞院殿に宿直所を造り、組織的に警固を始めたのである。このような平氏による里内裏の警固は、のちに高倉・安徳《あんとく》両天皇の里内裏である閑院内裏の警固体制へと引き継がれ、在京武士や諸国の武士が輪番で警固にあたる「大番役《おおばんやく》」として整備されていく（五味一九九九、木村二〇〇六）。

またこの時期、清盛は、二条天皇と連携する摂関家とも親密な関係を築いている。長寛《ちょうかん》二年（一一六四）二月に大殿藤原忠通が死去すると、清盛は四月十日に関白基実と娘盛子《もりこ》を結婚させ、盛子を摂関家の正妻である北政所《きたのまんどころ》の地位にすえている。摂関家にとっても、急速に台頭してきた平氏と結ぶことは、好都合だったに違いない。

平家納経と蓮華王院の造営

図6　『平家納経』法華経如来神力品第二十一（見返し，巻首）

二条親政の時代は、平氏一門にとっては政治的飛躍の段階であった。応保二年（一一六二）八月二十日に清盛は従二位に叙され、清盛の嫡子重盛《しげもり》も同年十月二十八日に右兵衛督《うひょうえのかみ》に任官し、翌応保三年一月五日には従三位にのぼり公卿となった。清盛が武士としてはじめて公卿になってから、わずか二年半しか経っていないことを考えると、この時期に平氏一門が中央政界でいかに急激に成長したかは明瞭であろう。

平氏一門の経済的基盤である知行国《ちぎょうこく》も、保元元年（一一五六）七月の保元の乱以前には、清盛の安芸《あき》国と弟頼盛《よりもり》の常陸《ひたち》国の二ヵ国であったのが、平治の乱後の永暦元年（一一六〇）には遠江《とおとうみ》（清盛）・尾張《おわり》（頼盛）・大宰府《だざいふ》（清盛）・常陸（教盛）・淡路《あわじ》（清盛）・伊予《いよ》（清盛）・伊賀《いが》（経盛）・武蔵《むさし》（清盛）の八ヵ国に増加し（五味一九九九）、その知行国支配とも密接に関連しながら一門の荘園所領も増大していった。

永暦元年（一一六〇）八月、清盛は「年来の宿願」によりはじめて安芸国厳島《いつくしま》神社に参詣し、長寛二年（一一六四）九月には、「家門の福禄」と「子弟の栄華」がもたらされたことを「伊都伎島《いつきしま》大明

図７　蓮華王院の千体千手観音像（京都市東山区）

神」に感謝するため、法華経《ほけきょう》二十八巻、無《む》量義経《りょうぎきょう》一巻、観普賢経《かんふげんきょう》一巻、阿弥陀経《あみだきょう》一巻、般若心経《はんにゃしんぎょう》一巻の全三二巻を、平氏一門・郎等三二人に一巻ずつ書写させて、美麗な装飾経に仕上げて厳島神社に奉納した。有名な『平家納経《へいけのうきょう》』である。

現存する『平家納経』には、長寛二年以降に清盛によって追加奉納された経巻も混在しているが、平氏一門の結集と栄華をアピールする最初の『平家納経』が、四十七歳の清盛が権中納言にまで昇進し、また嫡子重盛も公卿に列していた二条親政期の長寛二年に行われたことに注意したい。この時に納められた清盛の自筆願文《がんもん》には、すでに「今生《こんじょう》の願望」は満たされたとする文言があるが、のちの平氏一門の異常な繁栄ぶりを知らない当時の清盛にとっては、案外、率直な心情を語った文言だったのではないだろうか。

さて同じ長寛二年（一一六四）十二月には、清盛は知行国であった備前国《びぜん》（国司平国盛《くにもり》）の収入を投じて、後白河院のために、院御所法住寺殿《ほうじゅうじどの》の附属施設として千体観音堂《せんたいかんのんどう》の蓮華王院《れんげおういん》を造営した。慈円の

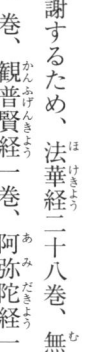

『愚管抄』によれば、この蓮華王院の落慶供養《らっけいくよう》に二条天皇の行幸《ぎょうこう》がなく、寺司《じし》に功労の賞も与えられなかったとして、後白河院は「ヤ、、ナンノニクサニ〳〵」（巻第五「二条」）と涙を流したという。ここには、応保元年（一一六一）九月以降、政権中枢から排除された院の姿が象徴的に描かれているが、清盛はそのような後白河院にも莫大な経済的奉仕を行い、良好な関係を維持しようとしたのである。

なお、長寛二年に造営された本堂は、建長《けんちょう》元年（一二四九）三月に焼失したため、内部に安置する千手観音像も含めて再興が進められ、文永《ぶんえい》三年（一二六六）四月に再建の落慶供養が行われた。これが現存する蓮華王院三十三間堂である。鎌倉時代の再建とはいえ、千一体の千手観音像《せんじゅかんのんぞう》が建ち並ぶ堂内の光景は、巨大性・奇抜性や多数量を重んじる院政期の文化的特徴をいまに伝えている（林屋一九六四）。

二条親政の性格

この時期に展開した二条親政の性格を考えるうえで参考となるのは、長寛元年（一一六三）から翌年にかけて作成された「長寛勘文《ちょうかんかんもん》」（『群書類従』雑部）と呼ばれる史料である。応保二年（一一六二）十月に甲斐守《かいのかみ》藤原忠重《ただしげ》の目代中原清弘《もくだいなかはらきよひろ》、在庁《ざいちょう》官人三枝守政《さいぐさもりまさ》らが、熊野《くまの》社《しゃ》領八代荘《やつしろのしょう》に軍兵を率いて乱入し、乱暴を働いて八代荘を停廃しようとした事件に対して、明《みょう》法博士《ぼうはかせ》などの諸官人がその罪科を検討し、上申した意見書（勘文）を集めたものである。

この「長寛勘文」によると、藤原忠重は甲斐守に任じられた際に、朝廷に申請して寛徳《かんとく》二年（一〇四五）以降の新立荘園は停止せよという宣旨《せんじ》を得て、目代清弘に国内の荘園整理を命じた。そこで、目代・在庁官人らは久安《きゅうあん》年間（一一四五〜五一）の立荘であった八代荘に乱入したが、荘園領主の熊野社側は、八代荘は鳥羽院《いんのちょうくだしぶみ》庁下文によって認められたものであり、保元元年（一一五六）閏九月に発布された保元新制《しんせい》（律令《りつりょう》を補完する法令）でも、白河・鳥羽両院庁下文を帯びる荘園は整理の対象から除外されていると主張して、八代荘を復活し、国司・目代・在庁官人らを処罰するように朝廷に要求した。

朝廷は、ただちに検非違使庁で国司忠重や目代清弘らの訊問《じんもん》を行い、その罪科を認めたうえで、学識のある官人に意見書を提出させ罪名を検討している。二条親政のもとでも、荘園認定における白河・鳥羽院庁下文の特別な効力が認められており、それを前提に審議が進められたのである。二条天皇が鳥羽院政の正統な後継者であり、将来の院権力の担い手であったことは、こうした政策にもあらわれている。

また二条は、親政を開始した直後の応保元年（一一六一）十二月十六日、自らの発議によって鳥羽院と美福門院の娘である暲子《あきこ》内親王への女院《にょいん》号の宣下《せんげ》を行った（栗山二〇〇二）。以後、暲子は八条院と称して、鳥羽院・美福門院から伝領した厖大な荘園群（八条院領）を女院司を通じて管理・経営することとなる。最近の研究においては、八条院領の内部構成は、鳥羽院の発願《ほつがん》で建立された安楽寿院《あんらくじゅいん》領をはじめ、鳥羽院・美福門院の御願寺《ごがんじ》領荘園が過半を占めており、八条院はその御願寺領荘園からの収入をもとに、鳥羽院・美福門院の追善仏事を執行する主体であったことが指摘されている（野口二〇〇六）。八条院の女院号宣下は、このような暲子による鳥羽院・美福門院の追善仏事の制度化をはかったものと理解でき、鳥羽院政の後継者としての二条親政の位置を明確に示しているといえよう。

しかし、二条天皇の執政は長くは続かなかった。長寛三年（一一六五）に入って体調を崩した二条は、四月中旬以降に病状が悪化。六月二十五日にはわずか二歳の子順仁《のぶひと》（六条《ろくじょう》天皇）に譲位し、七月二十八日ついに里内裏の押小路東洞院殿において死去した。二十三歳の若さであった。「他においては賢と謂ふべし。至孝《しこう》の儀はすでに闕《か》く」は、亡くなって数年後に、九条兼実《くじょうかねざね》の日記『玉葉《ぎょくよう》』に記された二条天皇に対する世評である（嘉応《かおう》元年四月十日条）。父の後白河院を排除して国政を主導したことが、「至孝の儀」を欠くと評価されたのである。

二条天皇の死

さて、二条の死後しばらく国政を主導したのは、六条の践祚《せんそ》とともに摂政《せっしょう》となった藤原基実である。基実は、前述したように清盛の娘盛子を正妻に迎えており、平氏と政治的に連携していた。二条死去直後の永万《えいまん》元年（一一六五）八月十七日に清盛が権大納言に昇進したのも、摂政基実と清盛との親密な関係を前提とするものであった。

ところが、摂政基実も翌永万二年（一一六六）七月二十六日、二十四歳で急死する。『愚管抄』は、「俄《にわか》ニコノ摂政ノウセラレニケレバ、清盛ノ君、『コハイカニ』ト、イフバカリナキナゲキニテアル程ニ」（巻第五「六条」）と記し、基実の突然の死を嘆き悲しむ清盛の姿を伝えている。

結局、この摂政基実の急死により、後白河院政が復活し、摂政には基実の弟基房が就任することとなる。ここに政局は新しい段階に入ったのである。

2―平清盛の国政関与

平盛子による摂関家の継承

摂政基実の死後、厖大な摂関家領の大部分を伝領したのは、摂政・氏長者《うじのちょうじゃ》の地位を引き継いだ弟の基房《もとふさ》ではなく、平清盛の娘で基実の北政所であった盛子である。『愚管抄』は、藤原忠通以来摂関家に家司《けいし》として仕え、平氏とも親密な関係にあった参議藤原邦綱《くにつな》が清盛のもとを訪れ、新摂政の基房には摂関の地位に付属する一部の荘園・寺院（殿《でん》下渡領《かわたりりょう》）を配分し、それ以外の摂関家領は、基実の嫡男基通《もとみち》（母は藤原忠隆《ただたか》娘）が成人するまで北政所盛子の管理下に置くことを進言し、清盛が大いに喜んだと伝えている（巻第五「六条」）。

この盛子による摂関家領の伝領は、かつての研究史では、平氏による摂関家領の押領《おうりょう》として論じられていた問題であるが、建長《けんちょう》五年（一二五三）に作成された「近衛家《このえけ》所領目録」には、「白河北政所（平盛子）平相国女、六条殿正室、普賢寺殿幼少の間、暫《しばら》く沙汰有り」（近衛家文書）とあり、摂関家の嫡流基通（基実）（清盛）（基通）が幼少であったため、その間の一時的措置として盛子の伝領が行われ、それが摂関家の人々にも合意されていたことは明らかである（田中一九九四）。

最近では、盛子の継承が家領だけにとどまらず、代々の文書や日記、さらには大嘗会《だいじょうえ》に際して用い

図8　藤原氏（摂関家）略系図

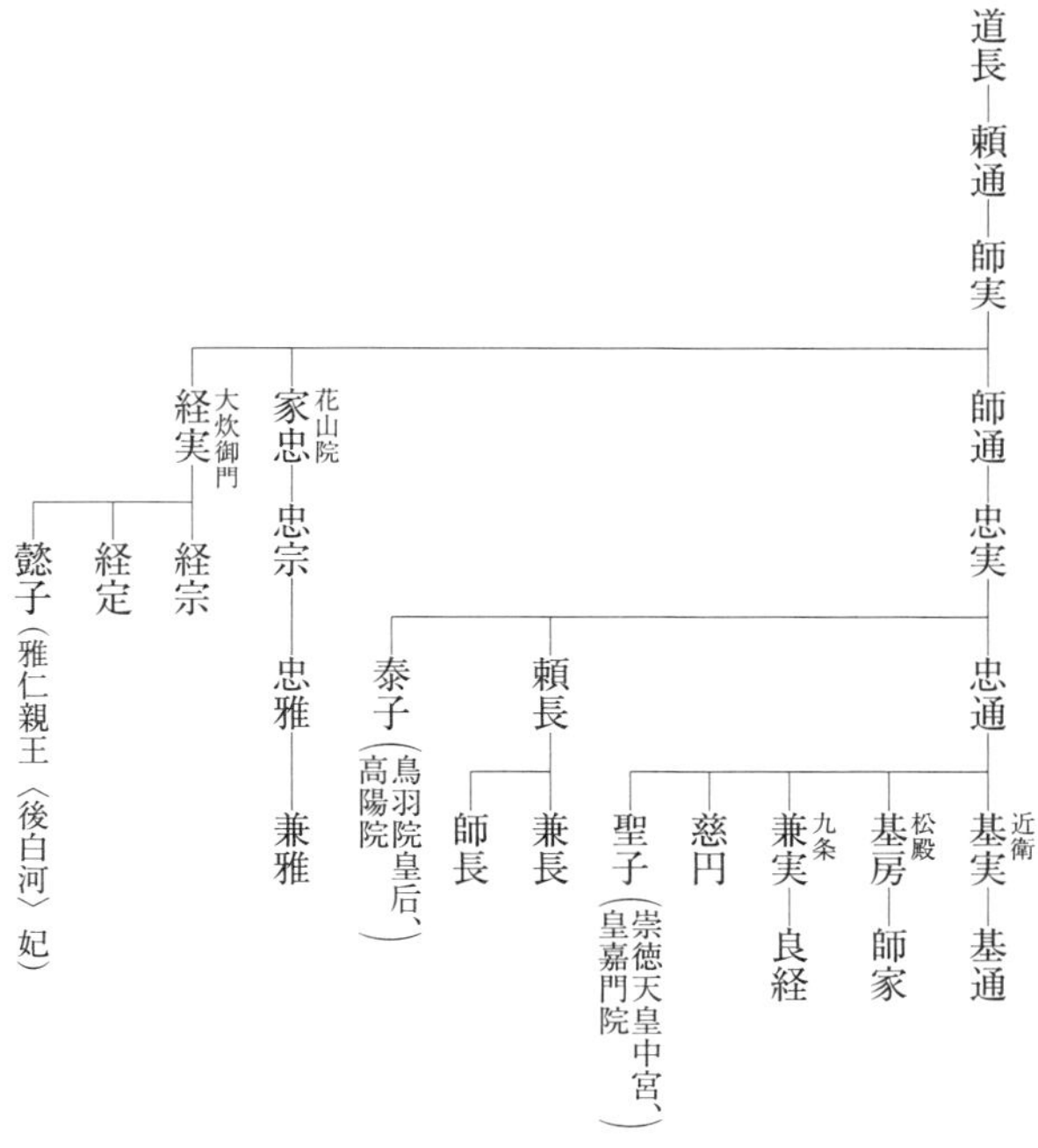

られる摂関家の唐錦《からにしき》、皇后・中宮《ちゅうぐう》の行啓《ぎょうけい》に際して使われる摂関家の糸毛《いとげの》車《くるま》など、摂関家としての「家」に特有な家産も、盛子の家政機関の管理下に置かれたことが指摘されている。忠通・基実の忌日《きにち》仏事など、摂関家の重要な仏事においても盛子が主催者となっており、盛子は基通成人までの中継ぎとして、摂関家の「家」そのものを預かっていたのである（樋口二〇〇四）。

そして平清盛は、娘盛子の家政機関を通じて摂関家に対する影響力を強めていく。基実の死から二ヵ月後の仁安《にんあん》元年（一一六六）九月、家司平信範は摂関家領の三河《みかわ》国志貴《しき》荘下《しも》条《じょう》の預所職《あずかりどころしき》に補任《ぶにん》されたが、それは清盛から盛子の家司安芸守藤原能盛《よしもり》を通じて伝えられた。また同年十一月には、内大臣となった清盛のもとに、本来は藤氏《とうし》長者の権限に属する興福寺《こうふくじ》の末寺支配に関わる訴訟が持ち込まれている。最近の摂関家研究は、これらの事実に注目して、この時期の平清盛が忠通・基実の立場を継承する存在、すなわち摂関家の大殿として意識されていたことを興味深く論じている（樋口二〇〇四）。

前述したように、この段階の日常的な国政運営は、基本的に院・天皇・摂関家の三者合議によって進められていたが、摂政基実の死によって、清盛がこうして摂関家の大殿に擬せられたことは、この頃から顕著となる清盛の国政関与を正当化するうえで大きな意味をもったに違いない。

憲仁の立太子と滋子の役割

仁安元年（一一六六）十月十日、後白河院と平滋子の間に生まれた憲仁を皇太子に立てる立太子の儀が、盛子の居所である東三条殿《ひがしさんじょうどの》において行われた。三歳の天皇に対して、六歳の皇太子が立てられたのであり、近い将来における六条天皇の退位、二条皇統の否定を見すえた後白河院の施策であった。そして、憲仁の母滋子は清盛の妻時子の妹であり、二条亡きいま、滋子を介した後白河院と清盛の政治的提携が公然と成立する。

立太子の儀では、皇太子の家政機関である春宮坊《とうぐうぼう》の長官、春宮大夫《だいぶ》に平清盛、権大夫《ごんのだいぶ》に藤原邦綱、亮《すけ》に平教盛、大進《だいじょう》に平知盛らが任じられ、乳母には平重盛の妻（藤原成親の姉妹）と藤原邦綱の娘が選ばれた。また十月二十一日には、清盛の妻時子が従二位、滋子が従三位に叙されている。応保元年

（一一六一）九月に憲仁が誕生した際には、滋子の兄平時忠の過言事件を契機として時忠・教盛らが解官され、二条親政が展開することとなったが、いまや清盛をはじめとする平氏一門が憲仁を支える体制が後白河院政のもとで固められたのである。

翌仁安二年正月十九日、後白河院は滋子とともに再建された院御所法住寺殿に入り、翌二十日には皇太子の法住寺殿への朝覲《ちょうきん》行啓が実施されるとともに、滋子に対する女御《にょうご》宣下が行われた。院政期において院と同居状態にあることは、居住形態における院の「正妻」の表現であり（栗山二〇〇五）、法住寺殿において後白河院と同居し続けた滋子は、まさに後白河院の「正妻」であった。

滋子は、仁安三年（一一六八）三月に憲仁（高倉天皇）が即位すると皇太后に、さらに嘉応《かおう》元年（一一六九）四月には院号の宣下を受けて、女院（建春門院《けんしゅんもんいん》）にまでのぼりつめていく。この間、院御所にあって、貴族と後白河院の連絡にあたり、御幸《ごこう》・参籠《さんろう》などによって院が不在の場合には、後白河に代わって日常的な政務を代行したことが知られている（栗山二〇〇二）。滋子に仕えていた健御前《たけごぜん》（藤原俊成《としなり》の娘、定家《さだいえ》の姉）は、その著『たまきはる』で、滋子について「大方の世の政事を始め、はかなき程の事まで、御心にまかせぬ事なしと、人も思言ふめりき」と回想しているが、この記事は、院の「正妻」として、そして天皇の母である「国母《こくも》」として、滋子がこの時期の国政に果たしていた重要な役割を伝えている。

平清盛の太政大臣任官

一方、憲仁の立太子によって春宮大夫となった平清盛は、一ヵ月後の仁《にん》安《あん》元年（一一六六）十一月十一日には異例の抜擢によって内大臣に任じられ、さらに翌仁安二年二月十一日には従一位太政《だいじょう》大臣となり、律令制の最高官職に昇進した。

清盛の太政大臣任官については、高等学校の教科書などでも平氏政権成立の画期として大きくあつかわれているが、しかしこの時代の太政大臣は、摂政が天皇元服《げんぷく》の儀の加冠《かかん》役を務めるに際して一時的に兼任したり、あるいは摂関家以外の重臣が最後に名誉職として就任したりするなど、官職としての実質はなく、名目的な地位として存在していた（橋本一九八六）。そのため、任官しても短期間で辞任するのが通例であり、清盛も二月十一日に太政大臣に昇進したのち、二月二十五日から四月六日までは安芸国厳島神社、四月十三日から十八日までは高野山《こうやさん》に参詣して京を留守にし、五月十七日に太政大臣を辞職している。清盛においても、太政大臣への就任が決して権力の掌握を目指したものではなく、名誉職でしかなかったことは明白である。

そしてこの間、清盛は仁安元年十二月二日に春宮大夫の地位を重盛に譲り、重盛は翌仁安二年二月の清盛の太政大臣昇進と同時に、権大納言に就任している。権大納言は、三ヵ月前まで清盛が任じられていた官職であり、清盛の内大臣・太政大臣昇進によって重盛に継承された。このことも踏まえると、わずか半年の間に行われた清盛の内大臣・太政大臣への昇進と辞任は、清盛が公的には中央政界から引退し、重盛に家督を譲ることを前提とした一連の形式的人事だったのではないだろうか。そして、有名な次の宣旨もそのような状況のなかで出されたのである。

清盛が太政大臣を辞任する直前の仁安二年（一一六七）五月十日、平重盛に対して次のような宣旨が発給された。

仁安二年の賊徒追討宣旨

仁安二年五月十日　宣旨

聞くならく、近日東山《とうさん》の駅路《えきろ》に緑林《りよくりん》の景競ひ起き、西海《さいかい》の州渚《しゆうしよ》に白波《はくは》の声静らず。或は運漕《うんそう》の租税を奪取し、或は往来の人民を殺害す。これを朝章《ちようしよう》に論ずるに、皇化《こうか》無きが如し。宜しく権大納言平卿（平重盛）に仰せて東山東海山陽南海道《とうかいさんようなんかいどう》等の賊徒《ぞくと》を追討せしむべし。

蔵人頭権右中弁平信範奉

（『兵範記』仁安二年五月十日条）

この文書は、蔵人頭が勅命を上卿《しようけい》（当日の政務担当の公卿）に伝える口宣案《くぜんあん》と呼ばれる様式の文書で、宣旨が正式に発給される過程で作成されるものである。この場合は、頭弁《とうのべん》（弁官で蔵人頭を兼ねている者）の平信範が後白河院の意思を文章化して摂政基房に内覧《ないらん》し、院に上奏したうえで、上卿の左大臣藤原経宗に示して宣旨が出されており、手続き的に六条天皇を経由せずに宣旨が発給されている。この時期は、後白河院の意思が天皇の勅旨なしにそのまま国家意思になりえたことに注意しておきたい（井原一九九五）。

図９　平重盛画像

さて、そのうえで宣旨の内容に注目すると、近日、東国の街道や西国の海上では「緑林」（山賊）や「白波」（海賊）が頻繁に出没し、運搬中の租税を奪い、往来の人民を殺害するなど、「皇化」（天皇の徳に基づく統治）が全く及ばないような事態であるため、権大納言平重盛に仰せて、東山・東海・山陽・南海道の賊徒を追討するように命じるというものである。

従来の研究は、当時、山賊・海賊の蜂起が実際に問題になっている形跡がなく、また重盛が追討使に任じられて出京した事実もないことから、この宣旨は特定の事件に対して出されたものではなく、平重盛が朝廷の賊徒追捕《ついぶ》の責任者になるという今後の方針を表明したものであることを指摘している（五味一九九九）。前述したような清盛の中央政界からの引退というこの時期の政局を見るならば、右の宣旨も、まさに清盛から重盛への地位の継承という目的にしたがって、後白河院により発給されたものと理解することができよう。

のち治承・寿永内乱期には、平貞能《さだよし》や伊《い》藤忠清《とうただきよ》など、伊賀・伊勢両国に拠点をもつ譜代《ふだい》の平氏家人《けにん》たちが、小《こ》松家《まつけ》家人（重盛の一族を六波羅東端の本邸小松殿の名から小松家と呼ぶ）の立場から、宗盛にしたがわず独自の政治的動向を示すことになるが、それもこうした軍事指揮権の移動にともなって、平氏の中核的な家人集団が清盛から重盛に引き継がれたことに基づいていたと思われる。

清盛の国政関与

仁安二年五月、清盛はこうして家督を重盛に譲るとともに、自らは太政大臣を辞して政界から引退したが、興味深いことに、清盛の国政関与はむしろこの頃から顕著になる。前述した通り、当時の日常的な国政運営は、院・天皇・摂関家の持ち回り合議によって進められていたが、清盛は「前太政大臣」としてこの合議にたびたび加わるようになるのである。

清盛が太政大臣を辞した二日後の仁安二年五月十九日、頭弁平信範が院の使者として摂政基房・前太政大臣清盛の邸宅を訪れ、小除目《こじもく》・小叙位《こじょい》について相談しており、また同年八月三十日には、頭弁信範が後白河院・前大相国《だいしょうこく》清盛（大相国は太政大臣の唐名）・摂政基房のもとをまわって、五節舞姫《ごせちのまいひめ》を献ずる公卿《くぎょう》・受領《ずりょう》を定める持ち回り合議が行われている。十二月三十日には、清盛は除目・叙位・僧《そう》事《じ》について後白河院から諮問を受け、信範が二度両者の間を往復して、「御定《ごじょう》」の内容が決められている。仁安二年段階の清盛は、院・摂政とともに国政の権力核を構成しており、後白河院政の中枢に位置したのである（玉井二〇〇〇）。

一方で重盛に家督を譲りながら、他方でこのように国政に非公式に関与する清盛の活動形態は、太政官の議政官としての現任公卿の地位よりも、貴族諸家の族長・家長の地位の方が重んじられ、しばしば公卿議定の代わりとして「有識元老の輩」である家長の意見が在宅諮問によって聴取されるという、当時の貴族社会の特質を反映するものであるが（美川一九九六）、翌仁安三年（一一六八）に入ると、こうした院・摂政・前大相国の合議体制も大きく変化することとなる。清盛が病に倒れたのである。

清盛の重病と高倉天皇の即位

清盛は、仁安三年二月二日に「寸白《すばく》」(寄生虫の病気)により体調を崩し、九日の朝には「危急」といわれるほどに病状が悪化、重体に陥った。後白河院は熊野詣に赴いて留守中であったが、頭弁平信範はこの知らせを聞いて六波羅の清盛邸に駆けつけ、白川殿《しらかわどの》盛子(当時の盛子の居所白川押小路殿にちなんで白川殿と呼ばれた)や春宮大夫重盛をはじめとする平氏一門の人々が続々と集まり、物々しい雰囲気に包まれていたことを日記『兵範記』に記している(仁安三年二月九日条)。

翌十日には、女御平滋子が兄の右衛門督平時忠とともに密々に六波羅を訪れ、清盛の病状はいったん快方に向かったが、夕方から再び悪くなり、十一日午後ついに死を覚悟して、妻の時子とともに出家した。清盛五十一歳、時子四十三歳、授戒役《じゅかいやく》は天台座主《てんだいざす》明雲《みょううん》であった。時の右大臣九条兼実は、『玉葉』に「前大相国(平清盛)、申の時ばかり出家すと云々。所悩《しょのう》重きゆえか」と出家の理由を記したうえで、「猶々前大相国の所労、天下の大事只この事にあるなり。この人夭亡《ようぼう》の後、いよいよ以て衰弊《すいへい》か」(仁安三年二月十一日条)と述べている。後白河院と連携する清盛が、この時期の朝廷においていかに重要な存在であったのかを伝えている。

清盛重体の報を聞いた後白河院は、予定を早めて十五日に帰京し、熊野詣の浄衣《じょうえ》を脱がぬまま六波羅邸に入り、病床の清盛と協議して、急遽六条天皇から東宮憲仁への譲位を行うことを決定した。清盛が生きている間に、後白河院がどうしても実現しておきたかったことは、東宮憲仁（高倉天皇）の地位を固めることであった（上横手一九八九）。

二月十九日、摂政基房の邸宅である閑院において高倉天皇の践祚が行われ、蔵人頭には清盛の弟平教盛が補任された。そして三月二十日には即位の儀が挙行され、生母滋子は皇太后《こうたいごう》となり、滋子の猶子《ゆうし》であった平宗盛《むねもり》が皇太后宮権大夫に任じられた。清盛の重病を契機に、後白河院は自らの政治路線を一気に押し進めたのである。

福原山荘への隠居

一方、生死の境をさまよった清盛は、二月二十四日頃から快方に向かった。それ以降は順調に回復したようで、六月十六日には後白河院から頭弁信範を使者として諸案件について意見を求められるまでになっている。

しかし、清盛は国政に関与し続けようとはせず、翌仁安四年（一一六九）春になると、六波羅の邸宅泉殿《いずみどの》を家督の重盛に譲り、自らは摂津《せっつ》国福原《ふくはら》に山荘を営んで隠棲し、妻の時子は京南端の西八条邸に移住した。この福原の山荘は、のちに清盛が「爰《ここ》に近年、摂州平野の勝地を占め、遁世退老の幽居《ゆうきょ》となす」（『山槐記《さんかいき》』治承四年三月五日条）と述べたように、摂津国八部《やたべ》郡福原の平野《ひらの》（兵庫県神戸市兵庫区平野）に建設された清盛の隠居のための別荘で、次節で見るような西摂津・東播磨《はりま》に形成された平氏勢力圏の中心部に位置していた。仁安四年三月二十一日、清盛は福原において天台座主明雲を導師として千部法華経を供養し、千人の持経者《じきようしや》（法華経を受持し、その読誦に堪能な僧）に読誦させているが、後白河院も高野参詣の帰りに結縁《けちえん》のため臨幸し、前日に「入道大相国《（平清盛）》福原御所」（『兵範記』仁安四年三月二十日条）に入っている。少なくともこの時点までに、清盛は完成した福原山荘（平野殿）に移り住んでいたと考えられよう。

以後、清盛は福原に常住し、山荘から望むことのできた大輪田泊《おおわだのとまり》を修築・整備して、日宋《にっそう》貿易に本格的に取り組んでいくことになる。福原は、治承《じしょう》四年（一一八〇）に安徳天皇の行幸・滞在が強行され、遷都が強引に進められたことで有名であるが、仁安四年（一一六九）から清盛の居住地として、京の六波羅・西八条とならぶ平氏権力の拠点になっていたことに注意せねばならない。

そして清盛は、以後十数年にわたり、いざという時には速やかに上洛《じょうらく》して西八条邸に入り、事を終えるとまた福原にもどるということを繰り返し、その時々の政局に大きな影響を与えた（高橋二〇〇七）。しかし、それはあくまで後白河院政に対する一時的な介入であり、『平家物語』が「入道相国、一天四海をたなごゝろのうちににぎり給ひしあひだ」（巻第一「祇王」、特に断りがない『平家物語』の引用は覚一本《かくいちぼん》『平家物語』による）と語るような、独裁的な清盛政権が存在したわけではなかったことに注意しておきたい。

3——福原と日宋貿易

西摂津・東播磨の平氏勢力圏

平清盛が、福原の所在する摂津国八部郡に何らかの権益を得たのは、二条親政下の応保二年（一一六二）のことであった。鎌倉時代初期の摂津国輪田《わだ》荘関係文書（九条家文書）には、清盛の政所《まんどころ》家司であった藤原能盛が使者となって八部郡一郡の検注《けんちゅう》（土地調査）を行い、八部郡に所在する輪田荘・兵庫《ひょうご》荘・小平野《こひらの》荘・井門《いと》荘・福原荘などの荘域を再編したうえで、平氏の知行下に組み込んだことが記されている。清盛と福原・大輪田泊との特別な関係は、この時点に始まったと考えられる。

その後、永万《えいまん》年間（一一六五～六六）には、清盛は越前《えちぜん》国大蔵《おおくら》荘との交換により八部郡山田《やまだ》荘を獲得しており、美嚢《みのう》川の支流志染《しじみ》川（山田川）の上流域と六甲《ろっこう》山地西部山間に展開する広大な地域を支配下に収めている。また仁安二年（一一六七）八月には、清盛は播磨国東部の印南野《いなみの》に大功田《だいこうでん》を拝領し、これをもとに明石郡の沿岸部から加古《かこ》郡の加古川河口部に広がる五箇《ごか》荘を成立させている。仁安四年の清盛の福原山荘への移住が、このような西摂津・東播磨における平氏勢力圏の形成を前提とするものであったことは疑いないであろう。

この西摂津・東播磨における平氏勢力圏を地図上で眺めてみると、福原や大輪田泊が所在する摂津国八部郡から播磨国加古郡にいたる海岸部の山陽道は、平氏によって押さえられており、また山陽道の「裏街道」として頻繁に利用された、山間部を通って摂津国昆陽野《こやの》と播磨国印南野を結ぶ湯山《ゆのやま》街道の山田道も、下《しも》（西下・東下）・中《なか》・原野《はらの》・谷上《たにがみ》（上谷上・下谷上）など、清盛領である山田荘内の村々を

図10　西摂津・東播磨の平氏勢力圏図（「輯製二十万分一図　兵庫県全図」に加筆）

東西に走っており、当然その管理下にあったと思われる。

さらに湯山街道山田道の西下村から、山田荘内藍那《あいな》村を通って福原西部の夢野村、そして大輪田泊（のちの兵庫津）まで南下する山中の間道が、有名な鵯越《ひよどりごえ》である。鵯越は、『平家物語』では源義経《よしつね》の軍勢が一の谷の平氏陣営に向けて「坂落し」を強行した獣道《けものみち》として描かれているが、実際には、福原・大輪田泊と山田荘・湯山街道を直近で結ぶ平氏権力膝下《しっか》の重要ルートであった。室町時代には、山田荘の年貢が兵庫津から船で京まで運送されていたことが指摘されているが（市沢二〇〇七）、おそらくは清盛の時代から、山田荘の年貢は鵯越を通って福原や大輪田泊に運搬されていたに違いない。

これまで福原は、大輪田泊・瀬戸内航路との関連からその重要性が論じられてきたが、右のような西摂津・東播磨に形成された平氏の政治的・経済的テリトリーの中心地でもあったことに注意しておきたい。

福原の発掘

二〇〇三年、神戸市中央区楠《くすのき》町の神戸大学医学部附属病院構内において、東西方向に約三九㍍にわたって平行にのびる二本の溝が見つかった（楠・荒田町遺跡）。北側の溝は、幅が約二・七㍍、深さが約一・七㍍、南側の溝は、幅が約一・八㍍、深さが約一・六㍍で、出土遺物の年代から、ちょうど平氏が福原に拠点を築いた一二世紀後半の時期に該当するものと推定されている（岡田二〇〇五）。周囲の環境や規模から考えて、この溝は軍事施設ではなく、何かの建物の区画溝と理解されるが、この地点から西方百数十㍍の距離にある荒田《あらた》八幡宮（兵庫区荒田町三丁目）近隣に、治承四年（一一八〇）四月に厳島参詣の帰りに高倉上皇が立ち寄った「池《いけの》中納言頼盛卿の山庄あら田」（『平家物語』巻第四「還御」）があったことを踏まえると、この溝も清盛の弟頼盛の邸宅に関連する施設であったと思われる。

治承三年六月に福原を訪れた前太政大臣藤原忠雅《ただまさ》は、この頼盛邸において清盛の歓待を受けているが、清盛が居住していた山荘（平野殿）から頼盛邸までを「禅門《ぜんもん》の亭を去ること四、五町」（『山槐記』治

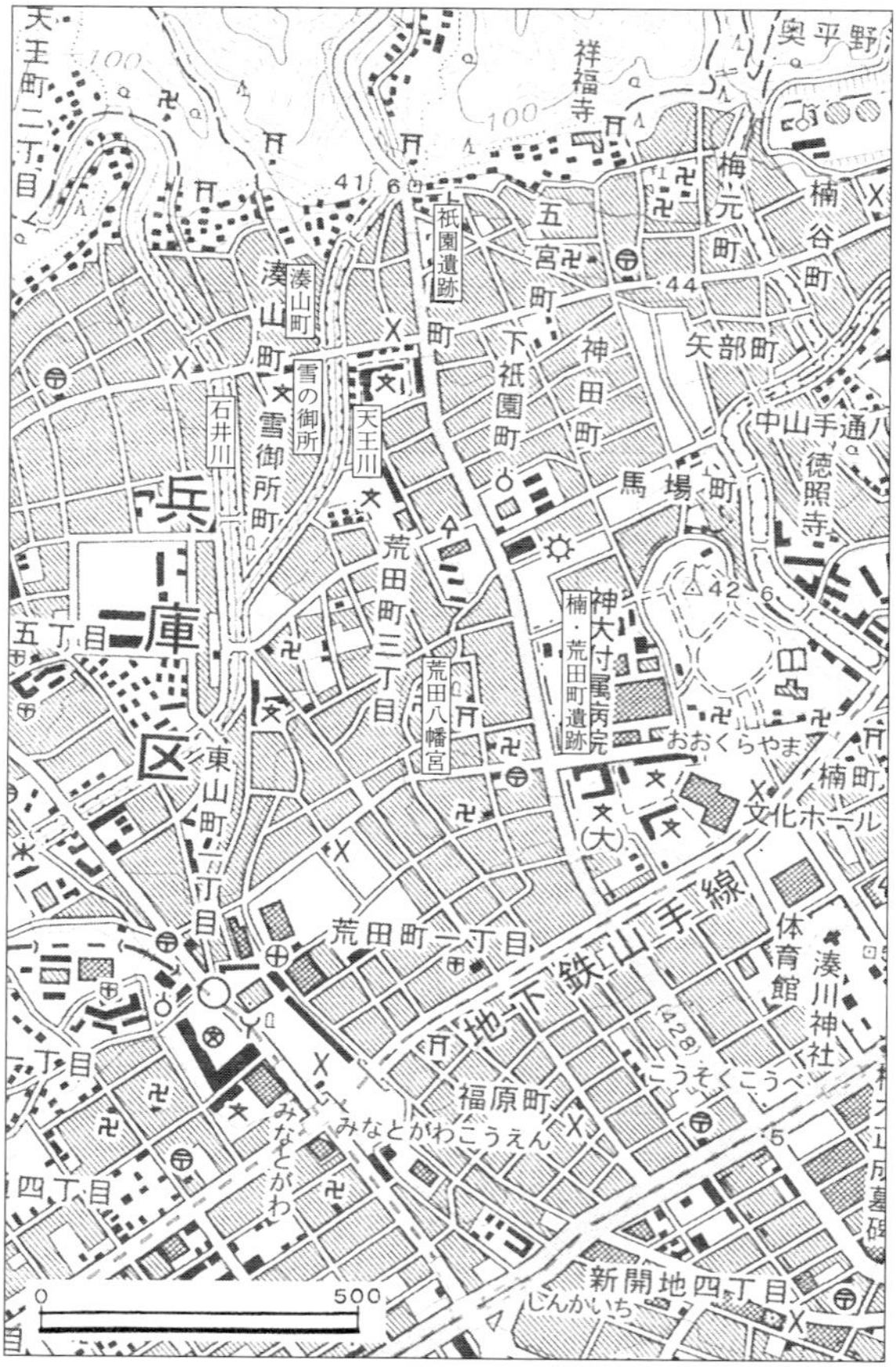

図11　福原主要遺跡分布図

承三年六月二十二日条）としており、平野の清盛の山荘は、荒田の頼盛邸から四、五〇〇メートル余の位置にあったことが判明する。その距離にほぼ合致するのが、天王《てんのう》川東岸の兵庫区平野上祇園《かみぎおん》町の祇園遺跡である。

祇園遺跡は、道路の拡張計画にともなう一九九三年の調査以来、発掘調査が重ねられ、庭園の池と導水路・排水路、石垣・土坑などが検出された。池は最初に造られてから、二度の大きな改修が行われており、出土した土器の編年から、池の存続の時間幅が一二世紀後半に収まることが明らかにされている。出土遺物としては、大量のかわらけや軒瓦《のきがわら》のほかに、日本では博多《はかた》・京都・鎌倉で数点しか発見されていない、中国江西《こうせい》省の吉州窯《きつしゅうよう》系陶器の最高級品である玳玻《たいひ》盞天目小《さんてんもくこ》碗《わん》などが出土している（須藤一九九九）。この庭園の遺構が、清盛の平野殿、あるいは清盛に近い平氏一族の邸宅に関連するものであったことは確実であろう。

図 12　雪見御所旧跡の石碑（神戸市兵庫区）
「雪の御所」の字名が残る湊山小学校北側に立つ．高倉上皇の御所となった．

　この祇園遺跡の西方、天王川と石井《いしい》川が合流してつくるY字状の空間である雪御所《ゆきのごしょ》町には、「雪の御所」という字名が残されており、一九〇六年には付近から多数のかわらけ・瓦などが出土した。「雪の御所」は、藤原忠親の日記『山槐記』にも高倉上皇の御所として記されており（治承四年十一月二十二日条）、また『平家物語』などでは「雪見の御所」（巻第七「福原落」）の名称で登場するため、同町の湊山小学校の校舎北には「雪見御所旧跡」の石碑が建てられている。

なお、『山槐記』には「禅門の家、雪の御所の北なり」と記されており、この雪の御所の北側に清盛の平野殿があったことが知られる。先に紹介した天王川東岸の祇園遺跡は、雪の御所の北東に位置し、一応条件に合致しているが、雪御所町の北に接する湊山町《みなとやま》からも明治時代に一二世紀後半の瓦が出土しており、最近はこの湊山町に清盛の平野殿があったとする説が有力になりつつある（須藤二〇〇五、髙橋二〇〇七）。

天王川と石井川は合流して湊川となり、その湊川の旧河口付近にあった大輪田泊は、平野から約三キロ南方にある。清盛の平野殿の場所については、上祇園町かそれとも湊山町か、現在のところ決め手を欠くものの、いずれにせよ清盛はこの平野の地から、瀬戸内海を航行し大輪田泊に出入りする船を眺めていたのである。

日宋貿易の展開

一一世紀後半に始まる院政期は、博多・大宰府など北九州地域を中心に宋との貿易が活発化した時代であった。平氏と日宋貿易の関係も、平清盛の父忠盛《ただもり》の代にまでさかのぼる。長承《ちょうしょう》二年（一一三三）八月、王家領の肥前《ひぜん》国神崎《かんざき》荘の預所であった忠盛は、鳥羽院の院宣《いんぜん》と号して、同荘領に来着した宋人の船に対する大宰府の関与を排除しようとして訴えられており、忠盛が神崎荘領での宋との貿易に積極的であったことがうかがえる。

清盛は仁平《にんぺい》元年（一一五一）頃に安芸守、保元元年（一一五六）七月の保元の乱直後に播磨守に任じられ、さらに保元三年八月には大宰大弐となって、目代藤原能盛や腹心の郎等前筑後守《ちくごのかみ》平家貞《いえさだ》などを下向させて九州経営にあたらせた。おそらくこの頃から、清盛は瀬戸内航路の掌握や日宋貿易の展開を志向していたものと思われるが、本格的にそれに乗り出すのは、やはり福原に居を移す準備段階になってからのことである。

すなわち、仁安二年（一一六七）八月、清盛は前述のように播磨国印南野に大功田を拝領したが、同時に肥前国杵島《きしま》郡、肥後《ひご》国八代《やつしろ》郡南郷《なんごう》・土比郷《（土北郷カ）》にも大功田を獲得し、西摂津・東播磨とともに九州における平氏の基盤を固め、また永万二年（一一六六）七月に大宰大弐に任じられた弟頼盛《よりもり》は、同年十月には従来の慣行を破って鎮西《ちんぜい》に下向し、翌仁安二年四月まで現地に滞在して、国際貿易港であった博多の掌握・整備にあたった。なお、ちょうど頼盛が大宰府に下向していた仁安二年に、一一世紀末以来、八十年以上にわたって絶えていた僧侶の入宋《にっそう》が復活し、重源《ちょうげん》が宋に渡っている。翌仁安三年には栄西《えいさい》が続き、入宋僧が次々とあらわれることになるが、これらは大宰大弐頼盛が支援を行った可能性が高い（榎本二〇〇六）。さらに仁安三年十一月には、清盛の家人であった安芸国厳島神社の神主佐伯《さえき》景弘《かげひろ》が、朝廷に破損した社殿の造営を申請し、仁安四年（一一六九）四月から造営が始められたが、この厳島神社の修築も、同年春に福原に移住した清盛の瀬戸内経営の一環をなしていたことは明らかである。

嘉応二年（一一七〇）九月、宋船がそれまでの慣例を破って門司《もじ》関《せき》より瀬戸内海を通過し、直接、大輪田泊にまで来航した。これが清盛の要請によるものであったことは容易に推測されよう。九月二十日、後白河院は京から福原にわざわざ下向し、宋人を見物したが、九条兼実は『玉葉』同日条において、次のように院を批判している。

法皇、入道《（平清盛）》大相国の福原山庄に向はしめ給ふ。これ宋人の来着、叡覧《えいらん》のためと云々。我が朝、延《えん》喜《ぎ》以来、未曾有の事なり。天魔《てんま》の所為《しょい》か。

寛平《かんぴょう》九年（八九七）に宇多《うだ》天皇が作成した「寛平遺誡《ゆいかい》」には、天子は外国人と直接対面してはならないとあり、そのような思想が浸透した当時の貴族社会において、清盛の誘いに応じて宋人を接見した後白河の行動が、いかに異常なものとして受けとられたかを伝えている。

さらに承安《じょうあん》二年（一一七二）九月になると、宋皇帝の指示を受けて、明州《めいしゅう》（浙江《せっこう》省寧波《ニンポー》）の地方官から後白河院と清盛に対して贈物が届けられた。貴族たちの多くは、宋からの送文に見える「国王に賜ふ」の文言が対等な外交関係を損なうとして、返牒《へんちょう》（正式な返書）を出すことに反対したが、清盛は翌承安三年三月に返牒を作成し、贈物として院からは色革《いろかわ》三〇枚を納めた蒔絵《まきえ》厨子《ずし》一脚と砂金百両を納めた蒔絵手箱一合、清盛からは剣一腰《こし》と手箱一合を送っている。

こうして宋との交渉は、清盛の福原移住を契機としてにわかに活発化し、清盛と後白河の二人の積極的な外交政策により、日宋貿易は拡大していく。そして次に、清盛は国際港となった大輪田泊の改修・整備に着手するのである。

経の島の築造

『平家物語』諸本のなかで最も古態を示すとされる延慶本《えんきょう》『平家物語』は、承安三年（一一七三）に清盛が家人の阿《あ》波民部《わのみんぶ》大夫《たいふ》成良《しげよし》（重能）に大輪田泊の改修を命じ、石を海中に積み上げて人工島を造り始めたことを伝えている（第三本「太政入道経島突給事」）。この人工島は、岸から沖へ突き出した半島状の防波堤のことで、入海と外海とを区切り、東南から和田（輪田）岬に吹きつける強風を防いで、入海に船を安全に停泊させるための港湾施設であった。

延慶本『平家物語』は、石の表面に一切経《いっさいきょう》を書いて船に積み上げ、船ごと海に沈める方法で工事が行われたために、この島を「経の島」と名づけたと記している。清盛は、治承四年（一一八〇）二月にも経の島の修築を朝廷に願い出て、諸国に石椋造築役を賦課することを認められている。弘安《こうあん》八年（一二八五）十月、亀山《かめやま》上皇とともに兵庫津を訪れた三条実躬《さんじょうさねみ》は、「和多御崎《わだみさき》・経の島」を見物して、「平相国（清盛）禅門、此の島を築き出すところと風聞す。風雨を防ぎ、往来の舟の宿泊となすと云々」と述べたうえで、「数百艘の舟を此の入海に繋ぐものなり」（『実躬卿記《さねみきょうき》』弘安八年十月二十一日条）と現在の賑わいぶりを記している。清盛が経の島を築造し大輪田泊を整備した記憶は、兵庫津（大輪田泊）の繁栄とともに、平氏滅亡後も長く語り継がれていたのである。

大輪田泊の整備が進むと、多くの宋船が入港するようになり、様々な「唐物《からもの》」が輸入された。大量の宋銭《そうせん》が輸入され、日本国内で流通したことはあまりにも有名であるが、例えば、宋が輸出を禁止していた中国の百科全書である『太平御覧《たいへいぎょらん》』を、清盛はいち早く入手して、治承三年（一一七九）二月

図13　宋船模型

に高倉天皇、同年十二月には皇太子の言仁《ときひと》（のちの安徳天皇）に献上している。また福原遷都の最中に、権中納言藤原忠親が大輪田泊に停泊中の宋船に従者を遣わして、薬種（漢方薬の材料）を購入したことなども知られている。一方、日本からは砂金・真珠・硫黄《いおう》をはじめとして、螺鈿《らでん》・蒔絵などの美術工芸品、さらに松・杉・檜などの材木も珍重され、宋に輸出された。

清盛は、大輪田泊に出入りする宋の貿易船に好んで乗り込み、近隣を周航したり、時には瀬戸内海を航行して厳島神社に参詣したりした。治承四年三月、厳島参詣に向かう高倉上皇が、摂津国河尻《かわじり》にあった藤原邦綱の寺江山荘に到着した際には、清盛は福原から宋船を差し向け、宋人の操る船に上皇らを乗せて難波江のうちを遊覧させている。清盛の進んだ国際感覚を物語るエピソードといえよう。

元暦《げんりやく》二年（一一八五）三月の壇ノ《だんの》浦《うら》合戦において、平氏軍の兵船のなかに宋船が交じっていたことが『平家物語』に記されているが、このことも平氏権力の特質をよくあらわしている。

清盛が福原山荘に移住した仁安四年（一一六九）三月、千部法華経の供養が福原において行われ、後白河院の臨幸があったことは先に述べた通りであるが、これ以後も清盛は、史料上確認されるものだけでも、承安二年（一一七二）三月、同十月、承安三年三月、安元元年（一一七五）十月、同三年三月の五度にわたって、福原（和田浜）において千僧供養を催しており、後白河院は、承安三年を除いてそのすべてに参加した。承安四年三月は、福原での千僧供養の記事は見えないが、ちょうどその時、清盛は後白河院や建春門院とともに厳島神社に参詣しており、また治承元年（一一七七）十月には、厳島神社で盛大な千僧供養が営まれている。福原移住後の清盛は、三月と十月の春秋二季に福原か厳島で千僧供養を催すことを恒例にしていたものと思われる（大山一九七五a）。

福原の千僧供養

千僧供養とは、「天変地妖《てんぺんちよう》」（自然災害）や「御悩《ごのう》」（天皇などの病気）に際し、天下の安穏のために催される「万事に通じ、第一の御祈なり」（『禁秘抄《きんぴしょう》』下）とされた大法会《ほうえ》で、莫大な費用を要するものであった。清盛が催した福原の千僧供養の模様について、鎌倉時代中期に成立した説話集『古今著聞集《ここんちょもんじゅう》』は次のように伝えている。

承安二年三月十五日、六波羅の太政入道、福原にて持経者千僧にて法華経を転読する事ありけり。件《くだん》の経以下御布施まで、諸院・宮・上達部《かんだちめ》・殿上人《てんじょうびと》・北面《ほくめん》までも、蔵人の右少弁親宗《うしょうべんちかむね》が奉行にて進めけり。法皇御幸なりて、その一口にいらせおはしましけり。法印《ほういん》三人がしもに御行道《ごぎょうどう》ありけり。諸国の土民、結縁のために或いは釘、或いは餅四五枚などを引きけり。法皇も受けさせ給ひけり。浜に仮屋を作りて道場にはせられたりけり。

（巻第二「平清盛、福原にて持経者千僧の法華経転読の事」）

承安二年（一一七二）三月十五日から十七日までの三日間、和田浜に法華道場の仮屋を建てて、持経者千僧による法華経の転読が行われ、後白河院も僧の一人として参加し、法印三人のあとにしたがって行道（法会の時に衆僧が列を組んで読経しながら仏堂内を廻ること）したこと、そして経巻をはじめ布施にいたる費用は、蔵人の右少弁平親宗が奉行となって諸院宮・公卿・殿上人・北面から喜捨が募られ、諸国の土民も結縁のために釘や餅を少しずつ差し出し、院もそれを受けていたこと、などが記されている。清盛主催の千僧供養は、このように上は院から下は諸国の民衆までを参加させることにより、その行事に参加した広範な人々に、天下の安穏や瀬戸内航路の安全を守る清盛の役割を再認識させる政治的意味をもっていたのである。

福原移住後、清盛は日常的な国政運営に関与することはなくなったが、後白河院との協力関係のもと、大輪田泊を修築して日宋貿易を押し進め、さらに毎年のように福原あるいは厳島において盛大な千僧供養を営むことによって、中央政界に対する影響力を保持し続けていたといえよう。

徳子の入内

福原の清盛と後白河院・建春門院滋子とのこうした政治的連携は、嘉応三年（一一七一）一月に高倉天皇が元服すると、清盛と時子との間に生まれた娘徳子《のりこ》の入内を実現

図14　平氏婚姻関係図

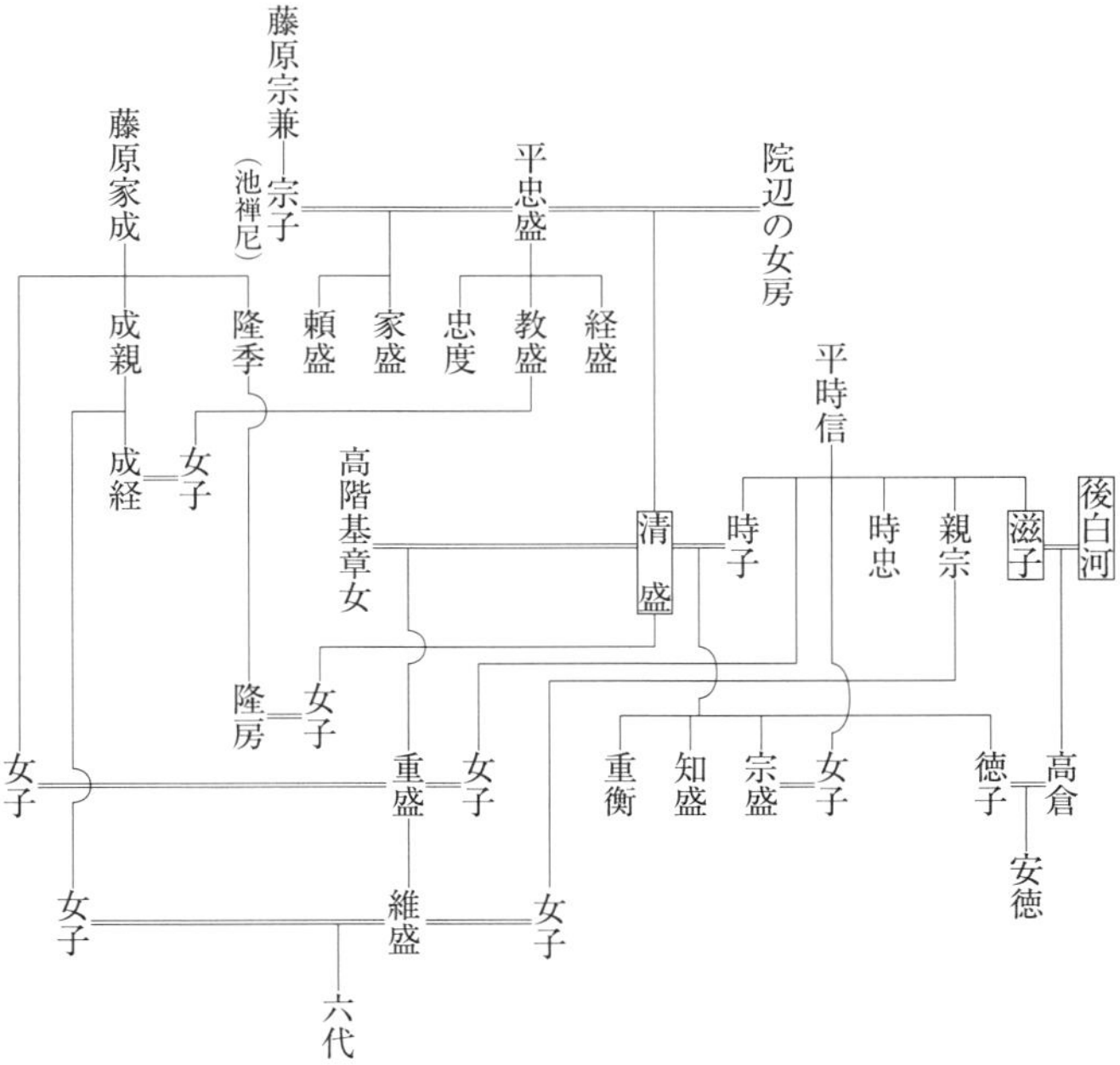

させることにもなった。徳子は、入内にあたって平重盛の猶子となり、さらに鳥羽天皇の中宮であった待賢門院の例にならって、後白河院の猶子とされたうえで、承安元年（一一七一）十二月十四日に入内、同二十六日には女御の宣旨が下され、翌承安二年二月十日に中宮となった。

徳子の入内については、清盛が摂関家を模倣して天皇の外戚となることにより、政権掌握を目指したという理解が一般的に存在するが、この段階の摂関と外戚は分離しており、天皇の外戚が政権につながるわけでは決してなく、福原に常住している清盛にはそのような意思はなかったと考えるべきであろう（元木二〇〇一a）。承安元年十二月二日に院御所法住寺殿の殿上において入内定が行われたが、九条兼実によれば、左大臣藤原経宗と権中納言平時忠の二人はあらかじめ建春門院の殿上で相談したうえで参加していたという。このことは、徳子の入内を主導したのが、徳子の叔母にあたる建春門院滋子であったことを示している。

建春門院滋子を介した後白河院と清盛との連携は、こうしてますます固められていくが、しかし次章で述べるように、この頃から京では、延暦寺大衆の強訴への対応などをめぐって、後白河院と平氏一門との間で摩擦が生じ始めていたことに注意しなければならない。それはやがて両者の対立に発展し、清盛の軍事クーデタ、そして治承・寿永の内乱の勃発へと大きく時代を動かしていくことになる。

二　京の武士社会と平氏軍制

1―京の重盛と福原の清盛

京武者の秩序

近年の中世武士論は、一一世紀後半以降の軍事的緊張が高まった京において、院・摂関家などの公家権門《けんもん》や荘園領主にしたがって軍事活動を展開した五位クラスの軍事貴族層を、当時の史料用語に基づいて「京武者《きょうむしゃ》」という概念でとらえようとしている。京武者は、諸国の武士を広汎に組織した平清盛《たいらのきよもり》・源義朝《みなもとのよしとも》などの「武門の棟梁《とうりょう》」とは異なり、小規模な所領を基盤に京を主要な活動舞台としており、白河《しらかわ》・鳥羽《とば》院政期には数多く存在したが、保元《ほうげん》の乱において活躍する平清盛・源義朝が台頭するにいたり、その役割は決定的に低下したと理解されている（元木一九八四）。

確かに、平氏一門によって組織された地方武士は全国に及んでおり、その勢力は他の軍事貴族を圧倒し、清盛はまさに武門の棟梁と呼ぶにふさわしい存在といえよう。しかし、後白河院政期のこの段階においても、京の武士社会には、のちに挙兵することになる摂津《せっつ》源氏一門の源頼政《よりまさ》をはじめ、摂津多田《ただ》源氏の多田行綱《ただゆきつな》や伊勢《いせ》平氏の平信兼《のぶかね》、美濃《みの》源氏の源重貞《しげさだ》、上野《こうずけ》の新田義重《にったよししげ》など、平氏と協調関係にありながら、平氏軍制から基本的に自立する軍事貴族＝京武者が存在した。彼らは、地方の所領と京を往来し、京では南都北嶺《なんとほくれい》の強訴《ごうそ》などに際し、朝廷や院から直接に命を受けて「官兵」として防衛にあたった。また源頼政の一族などは、この時期に平氏一門を中心に整備された高倉《たかくら》天皇の里内裏《さとだいり》である閑院《かんいん》内裏の警固役とは別に、大内《おおうち》（大内裏のなかの本内裏）を警固する大内守護《しゅご》を鎌倉幕府成立後まで担い続けており、京において独自の軍事的役割を果たしていた。

第一章で述べたように、平清盛は仁安《にんあん》四年（一一六九）春に福原《ふくはら》に移住し、それ以後、京の平氏一門の統轄者となったのは、清盛から家督を譲られた重盛《しげもり》である。重盛は、例えば承安《じょうあん》三年（一一七三）十一月に興福寺大衆《こうふくじだいしゅ》が蜂起した際には、院宣《いんぜん》を受けて、有力家人《けにん》の平貞能《さだよし》を宇治《うじ》に派遣して大衆の入洛《じゅらく》を防いでおり、院の命にしたがって軍事活動を行う点においては、他の京武者と同質の存在であった。当時の平清盛の権力を、『平家物語』などのイメージに基づいて過大に評価し、武士社会全体が清盛によって支配されているかのように論じることは、やはり史実からかけ離れた理解になる危険性があろう。

嘉応の延暦寺大衆強訴

しかし、平重盛をはじめとする京の平氏一門は、後白河院の意思と福原の清盛の意思が明確に異なる場合には、院の命にしたがわない場合があった。それがはじめて明瞭にあらわれたのが、嘉応《かおう》元年（一一六九）十二月の比叡山延暦寺《ひえいさんえんりゃくじ》の大衆による強訴事件である。

この事件は、尾張守藤原家教《おわりのかみふじわらのいえのり》の目代《もくだい》藤原政友《まさとも》が、延暦寺《えんりやくじ》領の美濃国平野《ひらの》荘の住民に乱暴を働いたことに端を発したもので、嘉応元年十二月十七日に延暦寺所司《しょし》は朝廷に使者を送り、家教の兄で尾張国知行国主《ちぎようこくしゅ》であった院近臣《いんのきんしん》の権中納言《ごんのちゅうなごん》藤原成親《なりちか》の遠流《おんる》と、政友の禁獄《きんごく》を要求した。延暦寺から訴えられた藤原成親は、鳥羽院第一の寵臣として権勢を誇った藤原家成《いえなり》の子息で、後白河院近臣の中心人物の一人であった。白河院政期に活躍した曾祖父藤原顕季《あきすえ》以来、平氏一門とも深い関係を有し、成親の姉妹は平重盛の妻、娘は重盛の子息維盛《これもり》の妻となり、平重盛の小松《こまつ》家と親密な関係を築いていた。後白河院が、そのような成親の配流《はいる》を求める延暦寺所司の訴えを無視し、裁許《さいきょ》を行わなかったために、十二月二十二日夕方より大衆が続々と下山して京極寺《きょうごくじ》に集結し、翌二十三日には大騒動となった。

後白河院はただちに検非違使《けびいし》・武士らを動員して、院御所法住寺殿《いんごしょほうじゅうじどの》の警備にあたらせるとともに、対策を協議するため公卿らを院御所に召集したが、延暦寺大衆が院御所ではなく、高倉天皇が行幸《ぎょうこう》していた大内に向かったため、院は再三にわたり内裏ではなく院御所において訴えるよう使者を送った。しかし大衆は、たとえ幼主であっても参内《さんだい》して勅定《ちょくじょう》を承るのが恒例と主張し、八基の神輿《しんよ》をかつぎあげ大内裏の待賢門《たいけんもん》と陽明門《ようめいもん》に押し寄せた。

当日、大内裏の東面の諸門はすべて閉ざされ、待賢門では清盛の弟平経盛《つねもり》が随兵《ずいひょう》を率いて警固にあたっていた。また、大内裏のなかの内裏の修明門《しゅめいもん》の左右には、平経盛の子息経正《つねまさ》と美濃源氏源重貞が

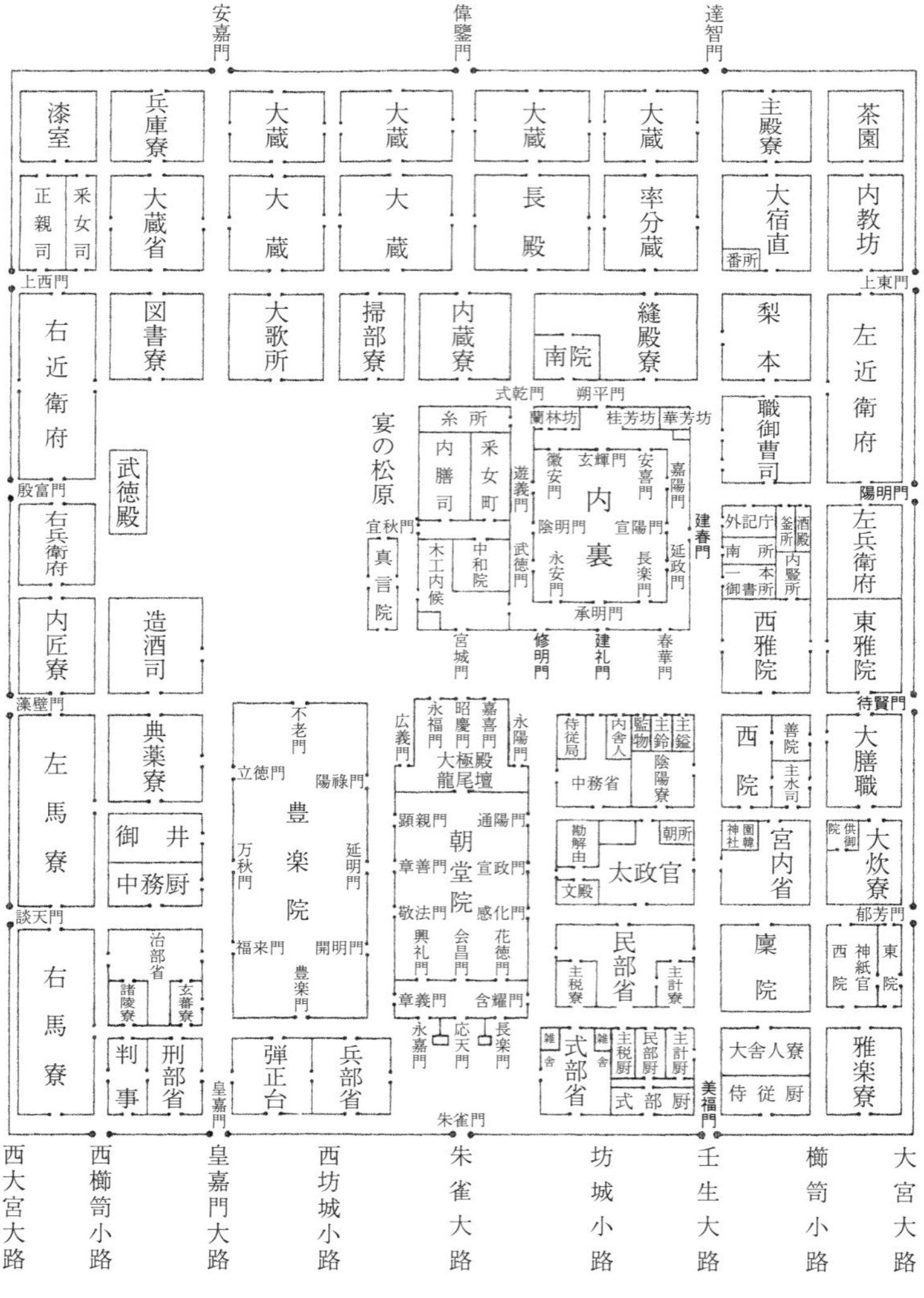
安嘉門
偉鑒門
達智門
漆室
兵庫寮
大蔵
大蔵
大蔵
大蔵
主殿寮
茶園
正親司
采女司
大蔵省
大蔵
大蔵
長殿
率分蔵
大宿直
番所
内教坊
上西門
上東門
右近衛府
図書寮
大歌所
掃部寮
内蔵寮
縫殿寮
南院
梨本
左近衛府
式乾門
朔平門
宴の松原
糸所
内膳司
采女町
蘭林坊
桂芳坊
華芳坊
職御曹司
武徳殿
殷富門
遊義門
徽安門
玄輝門
安喜門
内裏
嘉陽門
陰明門
宣陽門
建春門
陽明門
宜秋門
真言院
木工内候
中和院
武徳門
永安門
長楽門
延政門
承明門
外記庁
釜所
酒殿
南所
一本御書所
内豎所
右兵衛府
左兵衛府
内匠寮
造酒司
宮城門
修明門
建礼門
春華門
西雅院
東雅院
藻壁門
待賢門
左馬寮
典薬寮
不老門
立徳門
陽禄門
豊楽院
万秋門
延明門
福来門
開明門
豊楽門
広義門
永福門
昭慶門
嘉喜門
永陽門
大極殿
龍尾壇
顕親門
通陽門
朝堂院
章善門
宣政門
敬法門
感化門
興礼門
会昌門
花徳門
章義門
含耀門
永嘉門
応天門
長楽門
侍従局
内舎人
監物
主鈴
主鎰
陰陽寮
中務省
勘解由
朝所
太政官
文殿
西院
善院
主水司
大膳職
神社
園韓
宮内省
院
供御
大炊寮
御井
中務厨
談天門
郁芳門
右馬寮
治部省
諸陵寮
玄蕃寮
民部省
主税寮
主計寮
廩院
西院
神祇官
東院
判事
刑部省
弾正台
兵部省
皇嘉門
雑舎
式部省
雑舎
主税厨
民部厨
主計厨
式部厨
大舎人寮
侍従厨
雅楽寮
朱雀門
美福門
西大宮大路
西櫛笥小路
皇嘉門大路
西坊城小路
朱雀大路
坊城小路
壬生大路
櫛笥小路
大宮大路

図 15　大内裏図

郎従《ろうじゅう》を率いて立っており、建春門《けんしゅんもん》（左衛門府《さえもんふ》が警固にあたるため左衛門陣と呼ばれる）では源頼政《よりまさ》が守りについていたが、院御所に比べればその警固は手薄であった。延暦寺大衆は、南面の美福門《びふくもん》より大内裏に侵入して、六基の神輿を建礼門《けんれいもん》の壇上にすえる一方、左衛門陣屋に押し入って二基の神輿を建春門に安置し、大声を出し鼓を打って、気勢をあげた。

このような事態に対して、後白河院は夜に入って院御所殿上で公卿議定《くぎょうぎじょう》を開催し、伝奏《てんそう》（院に奏請《そうせい》を取り次ぐ役職）の平時忠《ときただ》を介して、大衆の強訴に対して裁許を行うべきか、あるいは武士を内裏に派遣して大衆を追い払うべきかを、公卿たちに諮問した。公卿たちの意見は、平重盛二〇〇騎、宗盛《むねもり》一三〇騎、頼盛《よりもり》一五〇騎をいま内裏に遣して、実力行使を行えば、神輿が破壊されるなどの大事にいたるのは必至であり、夜中の派兵は行うべきではないとする慎重論で一致した。そこで院は、延暦寺の要求のうち目代藤原政友の解官・禁獄のみを認め、天台座主《てんだいざす》明雲《みょううん》を通じて延暦寺大衆を説得したが、大衆はなおも知行国主の藤原成親の流罪を求めて承諾せず、翌二十四日早朝には神輿を放置したまま分散した。

こうした状況のなか、後白河院はやむをえず大衆の要求をのみ、成親の解官と備中国《びっちゅう》への配流を決定した。これを聞いて喜んだ大衆が、放置した神輿八基を帰山させて、事態は一応収まった。

院の強硬策と清盛の上洛

延暦寺大衆の強訴に対する右のような政治的決着は、当然のことながら後白河院の本意ではなかった。『玉葉《ぎょくよう》』嘉応元年十二月二十四日条によれば、二十三日夜、院は大衆を大内から追い払うために、平重盛に対して三度も出動を命じたが、夜中に外部から攻めると大衆が内裏中に乱入する危険性があるとして、重盛がこれに応じなかったという。後白河院が延暦寺大衆に強硬な姿勢を貫くことができなかった背景には、公卿議定の結論に加えて、成親と二重の姻戚関係にありながら、院の命令にしたがわず出陣しなかった重盛の態度があったことに注意したい。

しかし、後白河院はすぐさま政治的反撃を始めた。十二月二十七日、大衆強訴を制止できなかった責任を追及して、天台座主明雲の高倉天皇の護持僧《ごじそう》の地位を止め、翌二十八日には延暦寺大衆の意向に基づいて院に不実の奏事を行ったとして、権中納言右衛門督《ごんのちゅうなごんうえもんのかみ》平時忠と蔵人頭権右中弁《くろうどのとうごんのうちゅうべん》平信範《のぶのり》を解官・配流に処する一方、先に備中国に配流となった成親の召還を命じている。三十日には成親を権中納言に還任《かんにん》し、翌嘉応二年（一一七〇）一月五日にはさらに成親を右兵衛督・検非違使別当《べつとう》に任じて、貴族たちを驚かせた。

一月十三日、この措置に激昂した延暦寺大衆が再び入洛するという風聞が流れたが、後白河院は検非違使を動員して西坂本《にしさかもと》を警固させ、「制止に拘《かかわ》らずば、法に任せて射禦ぐべし」（『百練抄《ひゃくれんしょう》』嘉応二年一月十三日条）と命じ、大衆に対する武力行使もあからさまに認めた。本来、強訴における大衆の行動が、武力行使を抑制して戦闘を自発的に回避する性質をもち、一方の防御にあたる官兵も、直接攻撃を抑制してきた歴史を踏まえるならば（衣川二〇〇七）、この院の命令は、強訴をめぐる社会的通念からの逸脱といえよう。

このように京において軍事的緊張が高まるなか、同じ十三日の夜、清盛の弟平頼盛が福原の清盛に呼ばれて京を離れ、翌十四日には重盛も福原に下向した。いつ大衆が入洛するかわからない状況での、重盛・頼盛の福原下向は、平氏一門の軍勢と延暦寺大衆との直接的な衝突を回避しようとする清盛の強い意思のあらわれと理解できよう。自らの出家に際し戒師《かいし》を務めた天台座主明雲と親密な関係にあった清盛は、延暦寺との協調関係を堅持する方針を固めていたのである。

そして十七日早朝、清盛自身が福原から上洛すると、「天下物忩《ぶっそう》、六原（六波羅）の辺武士群集し、幾多《いくた》なるを知らず」（『玉葉』嘉応二年一月二十一日条）という状況となり、朝廷内の空気は一変した。清盛の上洛を知った成親は、検非違使別当の辞任を自ら申請し、二十二日には後白河院は公卿を院御所に召集して、今度は成親の再配流と時忠・信範の召還について協議させた。二十七日、延暦寺の僧綱《そうごう》らがあらためて成親の配流と時忠・信範の召還を訴えると、後白河院はついに折れ、二月六日に正式に成親の解官と時忠・信範の召還を命じる宣旨《せんじ》を発給させた。成親の配流については何とか解官だけに止めたものの、延暦寺に対する院の強硬策は、清盛の上洛によって挫折したのである。

その二ヵ月余りのち、嘉応二年（一一七〇）四月二十日に東大寺で行われた後白河院の受戒には、清盛も宇治から同行してともに受戒したが、これは康治《こうじ》元年（一一四二）五月に、鳥羽院が前関白《さきのかんぱく》藤原忠実《ただざね》とともに、東大寺《とうだいじ》で受戒した例にならったものであった。また四月二十三日には、永万《えいまん》二年（一一六六）に急死した基実の遺児基通《もとみち》の元服《げんぷく》の儀が、後白河院の沙汰《さた》によって行われたが、それを実質的に取り仕切ったのは清盛であった。のち、清盛は娘完子《さだこ》を基通の妻にしてさらに関係を強めていくが、この段階の清盛はまさに摂関家の大殿《おおとの》として、院や摂関家と接していたのである。

殿下乗合事件

しかし、福原に帰った清盛のもとに、新たな事件の報がもたらされた。『平家物語』によってあまりにも有名な「殿下乗合事件《でんかのりあい》」である。

嘉応二年七月三日、法勝寺《ほっしょうじ》の法華八講《ほっけはっこう》に向かう摂政基房《せっしょうもとふさ》の車が、重盛の子息資盛《すけもり》の車と行き逢った際に、摂政基房の舎人《とねり》・居飼《いかい》が資盛の車の無礼に怒り、その車を打ち壊すという事件が起こった。資盛の車であることを知った基房は、乱暴を働いた舎人・居飼を重盛に引き渡して勘当《かんどう》し、事の解決をはかったが、重盛が納得しなかったため、基房はさらに随身《ずいじん》・前駆《ぜんく》七人を勘当に処し、舎人・居飼の身柄を検非違使に渡している。それでも重盛は報復をあきらめず、七月十五日には、法成寺《ほうじょうじ》に向かう基房を二条京極《にじょうきょうごく》辺で武士が群集して待ち構えていたため、基房は外出を止めている。

そして三ヵ月を経た十月二十一日、高倉天皇の元服についての議定が大内で開かれることとなり、摂政基房も参内しようとしたところ、大炊御門堀川《おおいみかどほりかわ》辺で行列が重盛配下の武士たちに襲われた。前駆五人が馬から引き落とされ、そのうち四人は髻《もとどり》まで切られたという。烏帽子《えぼし》の着用が社会的身分を表徴する中世社会にあって、烏帽子の装着に必要な髻を切ることは、その人物の社会生活を否定する屈辱的な仕打ちであった。基房はそのまま引き返し、この日の高倉天皇の元服定は二十五日に延期となった。

以上が、九条兼実《くじょうかねざね》の日記『玉葉』の記述に基づいた事件の概略である。周知の通り、『平家物語』では報復を命じたのは平清盛であり、重盛はそれを厳しく戒める人物として描かれている。しかし実際には、摂政基房への報復は、京において平氏一門を代表する重盛の命によって実行されたのである。十月三十日、後白河院の使者として右少将《うしょうしょう》藤原光能《みつよし》が福原の清盛のもとに遣わされているが、おそらく事件の処理について話し合われたものと推測される。激しい性格の清盛と冷静・温厚な重盛という対照的な人物像の造型が、文学としての『平家物語』の魅力を増大させていることはいうまでもないが、史実はむしろ逆で、摂関家の大殿の立場にあった清盛は、重盛の行動を軽率なものと感じていたに違いない。

建春門院滋子の死

このように京では様々な摩擦や軋轢を生みながらも、基本的にこの段階の後白河院と清盛は、建春門院滋子《しげこ》を介して政治的に協調していた。第一章で述べた通り、承安元年（一一七一）十二月に清盛の娘徳子《のりこ》が入内し、また嘉応二年（一一七〇）九月以降、宋

図16　厳島神社（広島県廿日市市）

船が直接来航するようになった大輪田泊《おおわだのとまり》を拠点に、清盛と後白河院は協力して日宋《にっそう》貿易を押し進め、福原の千僧《せんぞう》供養にも院は毎年のように参加していたのである。

承安四年（一一七四）三月、後白河院は建春門院をともなって安芸《あき》国厳島《いつくしま》神社に参詣した。この厳島御幸について、権右中弁《ごんのうちゅうべん》藤原経房《つねふさ》は日記『吉記《きつき》』に「すでに先規無し、希代の事か」（承安四年三月十六日条）と書き記している。供の人々は、源資賢・藤原光能・藤原成経《なりつね》・平康頼《やすより》・僧西光《さいこう》らの後白河院近臣に加え、平宗盛・知盛《とももり》・重衡《しげひら》などの平氏一門も顔を揃え、清盛も福原から合流した。後白河院は、厳島の社殿と風景の美しさに魅了され、厳島神社の巫女《みこ》である厳島内侍《ないし》の舞に「伎楽《ぎがく》の菩薩《ぼさつ》の袖《そで》振りけむも斯くやありけん」（『梁塵秘抄口伝集《りょうじんひしょうくでんしゅう》』巻第十）と感嘆し、巫女の託宣《たくせん》に応じて自ら今様《いまよう》を謡った。この厳島参詣は、後白河院・建春門院と平氏一門の良好な関係を、象徴的に示す最後の大イベントであった。

安元《あんげん》二年（一一七六）三月、後白河院は法住寺殿で催された五十歳の賀宴を終えると、建春門院とともに摂津国の有馬《ありま》温泉に湯治に赴いた。この時すでに建春門院の体調は思わしくなかったものと推測されるが、六月に入ると建春門院は身体にできた腫物《はれもの》が悪化し、重体に陥った。後白河院自ら病気平癒を祈る加持祈禱《かじきとう》に加わり、加持の声は「太だ高」く院中に響きわたったと伝えられる（『玉葉』安元二年七月八日条）。しかしそのかいなく、建春門院は七月八日酉《とり》の刻（午後六時頃）に法住寺殿内の最《さい》勝光院《しょうこういん》において亡くなった。三十五歳の若さであった。七月十日に葬礼が行われ、遺体は後白河院の山陵予定地であった蓮華王院《れんげおういん》東の法華三昧堂《ほっけざんまいどう》に葬られた。

翌安元三年三月、福原では恒例の千僧供養が催され、三月十五日より三日間は千壇《せんだん》供養法、十八日より三日間は千口持経者《せんくじきょうしゃ》の供養が行われた。前者は清盛が主催したもので、百壇で護摩《ごま》を焚き、その中央の壇を後白河院が修し、それ以外を東寺をはじめ天台・真言各宗の長者以下が務めた。また後者は、後白河院が建春門院の菩提を弔うために催したもので、その持経者には、院殿上人《いんのてんじょうびと》や北面《ほくめん》・武者《むしゃ》所《どころ》の武士、さらに院庁《いんのちょう》の主典代《さかんだい》・庁官《ちょうかん》などの職員までが、ことごとく宛てられたという。清盛は帰京する院に対して、日宋貿易で入手した「唐物《からもの》等」の珍しい品々を引出物として贈っている（『玉葉』安元三年三月二十二日条）。

こうして安元三年春の福原の千僧供養は、建春門院を菩提を弔う法会《ほうえ》となったが、後白河院による福原の千僧供養への参加は、実はこの時が最後となるのである。

2――安元三年の政変と「鹿ヶ谷事件」

安元三年（一一七七）三月二十一日、後白河院が福原で行われた千僧供養から帰京したその日に、都では延暦寺大衆が加賀守《かがのかみ》藤原師高《もろたか》の配流を朝廷に要求して下山するという風聞が流れた。

安元の延暦寺大衆強訴

事の発端は、院の寵臣として名高い西光（藤原師光《もろみつ》）の子息であった加賀守藤原師高とその弟目代師経《もろつね》が、前年に白山中宮《はくさんちゅうぐう》の末寺涌泉寺《ゆうせんじ》と所領問題をめぐって対立し、師経が涌泉寺の堂舎を焼き払ったことにあった。白山衆徒《しゅと》の訴訟を受けた本寺延暦寺は、加賀守藤原師高の配流を朝廷に要求したが、後白河院は三月二十八日に目代師経だけを備後《びんご》国に配流し、その矛先をかわそうとした。延暦寺大衆はこの措置に満足せず、ついに四月十三日、神輿七基を奉じて高倉天皇の居住する閑院内裏に押し寄せ、強訴に及んだ。

十二日夜半から下山して祇陀林寺《ぎだりんじ》に集まった延暦寺大衆は、十三日には二〇〇〇余人に膨れ上がり、二条大路を西に進んで、二条大路南・西洞院《にしのとういん》大路西の閑院内裏に向かった。閑院内裏の西洞院大路に面する四足門《よつあしもん》（左衛門陣）周辺には、平重盛の有力家人であった左衛門尉伊藤忠清《いとうただきよ》が、重盛配下の軍勢を指揮して警固についていたが、延暦寺大衆はこの軍勢ともみ合いながら、瓦礫《がれき》で武士を打ち、京

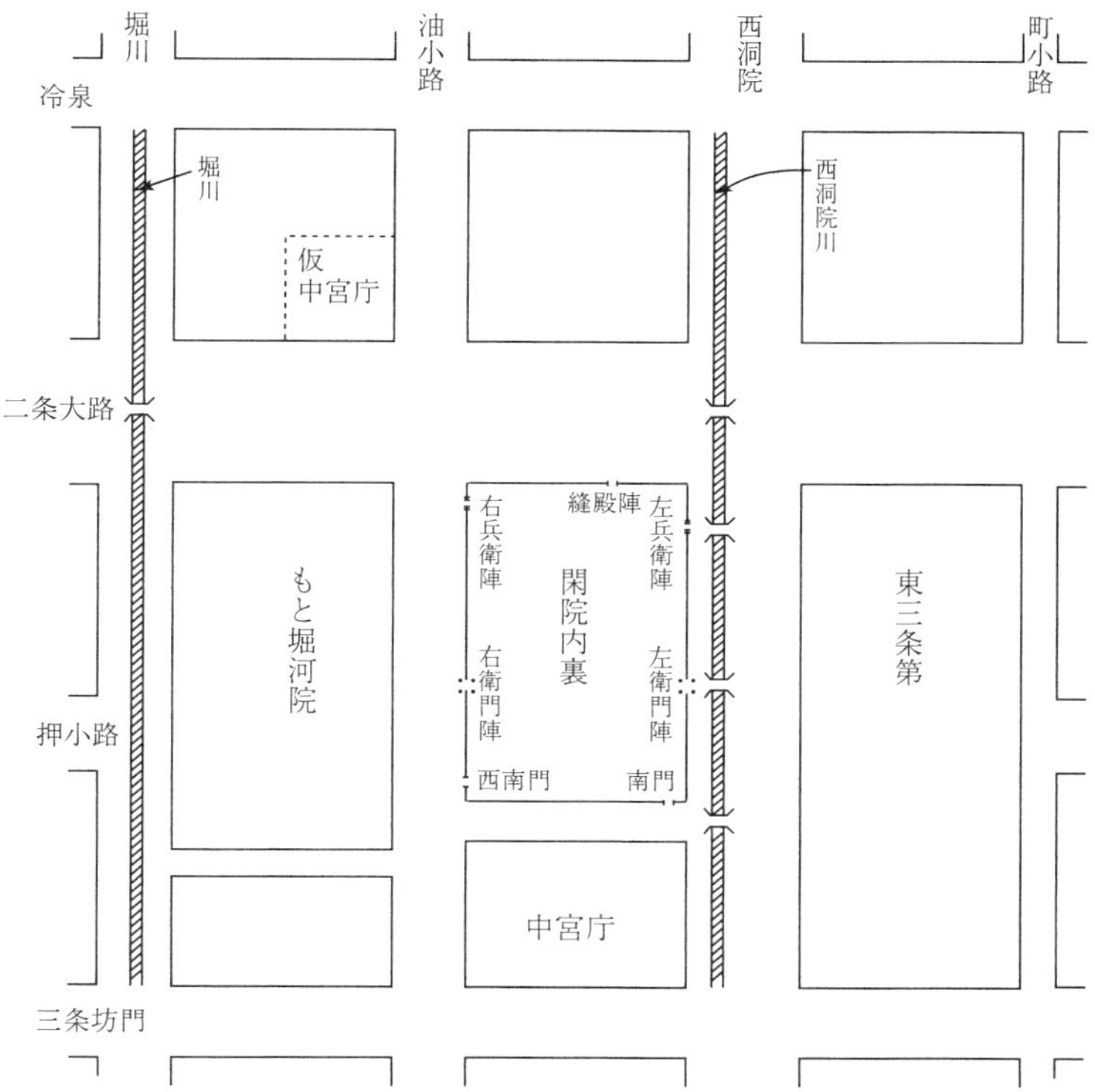

図 17　閑院内裏図（野口孝子「閑院内裏の空間領域」『日本歴史』674, 2004 年所収図を一部変更）

中の辻々に構えてあった逆茂《さかも》木《ぎ》（木の枝を束ねて結った木柵）を引き抜いて武士を突くなどして、西洞院大路の閑院内裏の門の前まで進んだ。そこで警固にあたっていた軍勢が、矢を放って威嚇攻撃したところ、流れ矢が日吉《ひえ》十禅師社《じゅうぜんじしゃ》の神輿に命中し、大衆側に数名の死傷者が出る大事件に発展した。大衆は神輿七基を二条大路に放置したまま帰山したが、伊藤忠清が武力行使を指揮したのは、後白河院の「院宣」によるものであったという（『顕広王記《あきひろおうき》』安元三年四月十三日条)。

翌十四日、この事態に激昂した延暦寺大衆が、武装して再度強訴に及ぶことを通告してきたため、高倉天皇と中宮徳子《ちゅうぐうのりこ》は閑院内裏から院御所法住寺殿に緊急避難し、まるで「内裏炎上」のような様相を呈することとなった(『玉葉』安元三年四月十四日条)。この時、三種の神器の一つである神鏡《しんきょう》(内侍所)も法住寺殿に移すかどうか問題となったが、公卿たちの反対でそのまま閑院内裏に安置しておくこととなり、後白河院は平清盛の弟経盛に内侍所の守護を命じた。しかし経盛は、高倉天皇と一緒にいるように清盛から命じられているとして、これにしたがわなかったため、院はかわりに源頼政を閑院内裏に派遣した。

同日夜、朝廷は延暦寺大衆の強訴を、国家に対する反逆である「謀叛《むほん》」として厳しく非難しながらも、この事態を重く見て、加賀守藤原師高の配流と、神輿を射た武士の禁獄を決定し、賀茂祭《かものまつり》が終わったのちに執行することを天台座主明雲に伝えた。これにより大衆との合意が成立し、翌十五日には高倉天皇も閑院内裏に戻った。なお、権大納言三条実房《ごんのだいなごんさんじょうさねふさ》の日記『愚昧記《ぐまいき》』安元三年四月十五日条は、師高だけでなく、同時にその父西光も配流されると伝えている(高橋・森田二〇〇四)。誤報ではあるが、西光までが流されるという情報が、貴族社会で飛び交っていたことに注意しておきたい。

四月二十日、加賀守藤原師高の解官・尾張国配流と、神輿を射た武士たちの禁獄を命じる宣旨が発給された。神輿を射た武士として禁獄されたのは「内府郎従六人」(『愚昧記』安元三年四月二十日条)、すなわち内大臣《ないだいじん》平重盛の郎従六名であったが、平田《ひらた》家継《いえつぐ》の子息平家兼《いえかね》、中務丞《なかつかさのじょう》平家資の子息平利家《としいえ》、伊藤忠清の子息藤原光景《みつかげ》など、伊賀・伊勢を中心とする譜代の平氏家人の若武者六名が記されており、次世代の棟梁である平重盛の郎等にふさわしい顔ぶれが並んでいる（川合二〇〇四）。この六人の禁獄は、延暦寺大衆が要求したことではなく、重盛が自ら進んで申し出たものであり、何とか事態を丸く収めようとする重盛の姿勢がうかがえる。

明雲の配流と奪還

こうして延暦寺の強訴事件の一応の決着がはかられ、ようやく平穏な日々に戻るかと思われた四月二十八日、今度は突然の大火が京中を襲った。

亥《い》の刻（午後一〇時頃）に樋口富小路《ひぐちとみこうじ》辺に発生した火事は、南東の強風や辻風に煽られて北西に燃え広がり、平安・鎌倉時代の都の情勢を伝える歴史書『百練抄』の同日条によれば、東は富小路、西は朱雀《すざく》、南は樋口、北は二条の範囲の、一八〇余町が炎に包まれたという。閑院内裏は、中宮庁など南の一部の建物が焼失しただけで免れたが、大内裏では大極殿《だいごくでん》以下の建物が焼亡し、数多くの人屋とともに、関白藤原基房・内大臣平重盛をはじめ公卿一四人の邸宅も灰となった。のちにこの大火は「太《た》郎焼亡《ろうしょうぼう》」と呼ばれたが、「火災盗賊、大衆の兵乱、上下の騒動、緇素《しそ》の奔走、誠にこれ乱世の至りなり。人力の及ぶところにあらず」（『玉葉』安元三年四月二十八日条）という九条兼実の述懐は、おそらく京中すべての人々に共通するものであったに違いない。

後白河院も大火災を体験して、何か思うところがあったのか、延暦寺に対する態度を一変させた。

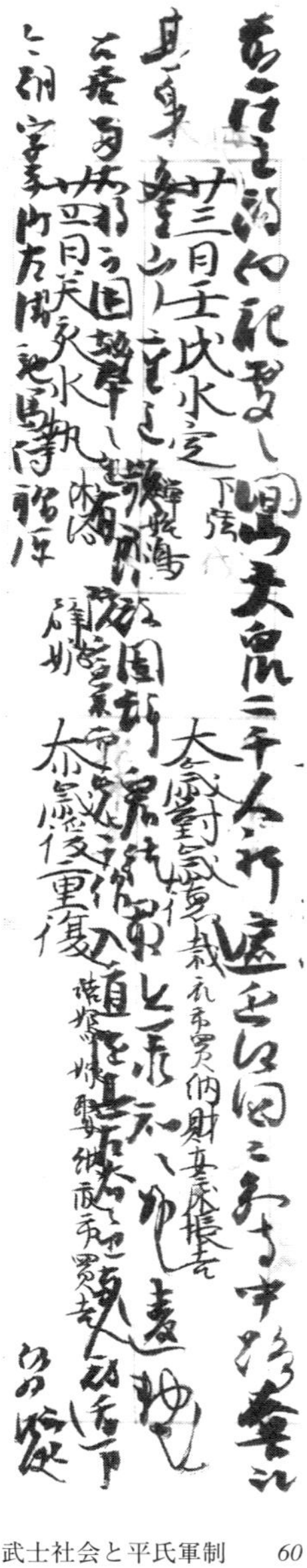

図18『顕広王記』（自筆本）安元三年五月二十四日条
後白河院が御使の「宇平内左衛」を福原の清盛に遣わしている。

院は、嘉応・安元の二度にわたる延暦寺大衆の強訴を陰で操っていたとして、天台座主明雲の罪科を問い始めたのである。五月四日、明雲の里坊《さとぼう》である白河高畠坊《しらかわたかばたけぼう》に検非違使惟宗信房《これむねののぶふさ》らを派遣して監禁し、翌五日に明雲の天台座主職を解任、十一日には覚快法親王《かくかいほっしんのう》（鳥羽院の第七皇子）を後任の天台座主に任じ、明雲の知行する所領群を朝廷に没官《もっかん》した。十三日、延暦寺大衆が明雲を奪い取るために下山するという噂が京中に広がったため、院は検非違使平兼隆《かねたか》に命じて明雲の身辺を守護させ、もし大衆によって明雲が奪われそうになった時は、「只明雲の頸《くび》を切るべし」（『愚昧記』安元三年五月十六日条）と命じている。ちなみにこの平兼隆は、平氏一門から自立して活動する伊勢平氏平信兼の子息で、のちに伊豆《いず》において頼朝から最初に討たれることになる山木判官《やまきほうがん》兼隆である。

五月二十日、明雲の罪名を決定する陣定《じんのさだめ》が開かれたが、参加した公卿の多くは明雲の還俗《げんぞく》・流罪《るざい》に慎重な態度を示し、その宥免《ゆうめん》を主張する公卿定文《さだめぶみ》が作成された。しかし翌二十一日、後白河院は定文の内容を無視し、明雲の伊豆配流を決定した。二十二日夜、後白河院は伊豆国の知行国主であった源頼政に対して、明雲を伊豆に護送するために国兵士を付けるように要請したが、頼政が「異様の郎徒一両」(『玉葉』安元三年五月二十三日条)しか遣わさなかったために、二十三日に行われた明雲の伊豆配流は、領送使《りょうそうし》と伊豆国兵士五、六騎で下向することになったという。果たして、近江《おうみ》国の勢多橋《せたはし》の手前、国分寺《こくぶんじ》中路《なかみち》において二〇〇〇人もの延暦寺大衆が明雲の下向を待ち受けており、固辞する明雲を比叡山に連れ去っていったのである。

この報に接した後白河院は、非協力的な態度をとった源頼政を召し出して叱責するとともに、頼政の養子源兼綱《かねつな》と多田行綱に大衆を追わせたが、途中で引き返してきたため、すぐさま東西の坂本を固めて比叡山延暦寺に武力攻撃をかける決意を示し、左大将《さだいしょう》の平重盛、右大将の平宗盛に対して坂本への出陣を命じた。しかし、両人とも福原の清盛の意向にしたがうと述べて、兵を動かさなかった。そのため後白河院は清盛の了解を得るために、急遽、二十四日朝に「字平内左衛(平家長カ)」を「御使」として福原に遣わし(『顕広王記』安元三年五月二十四日条)、翌日には、清盛からの明確な返事はなかったものの、清盛が上洛するという知らせが届いている。そして二日後の五月二十七日夜、清盛が福原から上洛した。

安元三年の政変

清盛が上洛すると、翌五月二十八日に後白河院は院御所で清盛と対面し、比叡山麓の東西の坂本を固めて延暦寺に武力攻撃を行うことを納得させた。それまで明雲や延暦寺と親密な関係を築いてきた清盛は、しぶしぶこれに同意したものの、「入道内心悦ばず」（『玉葉』安元三年五月二十九日条）という様子であったという。

そして五月二十九日夜半、西八条邸にあった清盛は、加賀守藤原師高の父で「法皇第一の近臣」といわれた西光を突如として搦め取った。今回の事件で天台座主明雲のことを後白河院に讒言《ざんげん》し、配流を進言したことが理由であった。翌六月一日には、院の寵臣で以前から延暦寺大衆と対立していた権大納言藤原成親も、西八条邸に招かれて捕えられ、面縛《めんばく》されたうえで召し籠められた。右大臣九条兼実の『玉葉』や前神祇伯《じんぎはく》顕広王《あきひろおう》の『顕広王記』など、当日の貴族たちの日記には、閑院内裏をはじめ洛中には軍兵が満ちあふれ、さらに多くの「院近習者」が処罰されるだろうと、様々な憶測が書き連ねられている。後白河院が延暦寺への武力攻撃を決定した僉議《せんぎ》に、「師高親父師光(西光)法師・法勝寺執行《しぎょう》権少僧都俊寛《ごんのしょうそうずしゅんかん》・権大納言成親等」が参加していたことを伝える記録もあり（『年号次第』、牧野一九九九）、事実経過から見ても、清盛による西光・成親らの捕縛は、明らかに延暦寺への武力攻撃を阻止するために強行されたと理解される。

六月二日未明、西光は五条坊門朱雀において首を刎《は》ねられ、成親は武士二、三人に付き添われて備前《びぜん》国に配流された。また、「西光尋ね問はるる間、入道相国(平清盛)を危くすべきの由、法皇及び近臣等、謀議せしむるの由を承伏す。またその議定に預る人々の交名《きょうみょう》を注し申すと云々」（『玉葉』安元三年六月二日条）という情報も九条兼実の耳に入っており、尋問を受けた西光の告白によって、清盛の命を狙った「謀議」までが派生的に問題となってくるのであるが、清盛の行動の基本はあくまでも、後白河院と院近臣が主導する延暦寺への武力攻撃を阻止する軍事介入としてとらえるべきであろう。一日の夕方に西坂本の下り松付近まで下山していた延暦寺大衆は、使者を清盛のもとに送り、「敵を伐たしめ給ふ条、喜悦少からず」（『玉葉』安元三年六月三日条）と述べて、今後の協力関係を申し出ているが、延暦寺大衆のこのような反応がまさに政変の本質を示している。

三日夜になると、清盛は院近習の法勝寺執行僧都俊寛・卜部《うらべ》基仲《もとなか》・山城守《やましろのかみ》中原基兼《なかはらもとかね》・検非違使左衛門尉惟宗信房・同平資行《すけゆき》・同平康頼の六人を捕え、また木工頭《もくのかみ》平業房《なりふさ》と式部《しきぶ》大夫《たいふ》藤原章綱《まさつな》も連行したが、二人については院の再三の懇願にあって放免している。五日、成親と二重の姻戚関係を結んでいた平重盛が左大将を辞し、翌六日にはそれまで流人とされていた前天台座主明雲の召還宣旨が発給された。そして九日、事件の発端となった加賀守藤原師高とその弟たちが、配所の尾張国において殺害され、十八日には、権大納言成親と子息右少将丹波守《たんばのかみ》成経らが正式に解官されることとなった。二十三日、成経は福原に戻った清盛のもとに送られることとなり、のち俊寛や平康頼とともに薩南《さつなん》諸島の鬼界《きかい》が島（硫黄島《いおうじま》）に配流されたことは、『平家物語』の記事によってあまりにも有名であろう。一方、備前国に流されていた成親は、平重盛から密かに衣類を送られるなど援助を受けていたが、七月に入って同地で殺された。

後白河院と院近臣が押し進めようとしていた延暦寺への武力攻撃は、こうして清盛の軍事介入によって回避された。清盛は、当初の西光・成親を除いては、後白河院の許可を得たうえで院近習の処罰を進めており、院を必要以上に刺激することは避けていたと思われる。また、明雲の配流に慎重論を唱えた公卿たちや、明雲の伊豆配流に非協力的な態度をとった伊豆国知行国主源頼政の動きを想起すれば、清盛の軍事介入は、手段は別としても、当時の貴族社会では一定の正当性をもって受け入れられたと判断するべきであろう。

同年十一月十五日に行われた京官除目《きょうかんじもく》では、九条兼実が「今度の除書《じょしょ》、一向内の御沙汰たるべし。院知し食すべからざるの由申さると云々」（『玉葉』治承元年十一月十五日条）と書き記したように、「内」すなわち高倉天皇が最終的な判断を行っている。そしてこれ以降、日常的な国政運営は、高倉天皇・後白河院・関白藤原基房の三者合議によってなされることになるが、その中心に位置したのは後白河院ではなく高倉天皇であった（下郡一九九九）。高倉天皇は後白河院と協調して国政を運営したため、これを「高倉親政」と表現してよいかどうかは迷うところであるが、いずれにせよ清盛の軍事介入は、朝廷内における高倉天皇の主導性を確立させたのである。

「鹿ヶ谷事件」への疑問

以上、延暦寺大衆強訴から展開した安元三年の政変について、本書では貴族の日記などの一次史料に依拠して述べてきたが、よく知られているように、この政変は通常「鹿ヶ谷《ししがたに》事件」として理解されている内容を含んでいる。すなわち「鹿ヶ谷事件」とは、京都東山の鹿ヶ谷の山荘における後白河院・藤原成親・西光らによる平氏打倒の謀議を、摂津多田源氏の多田行綱が裏切って平清盛に密告したことから、成親・西光をはじめとする院近臣の一斉逮捕にいたったというもので、高等学校の教科書などでも、必ず「平氏政権」の項などで大きくあつかわれる事件である。

この「鹿ヶ谷事件」を最も詳しく描いているのは『平家物語』であるが、承久二年（一二二〇）頃の成立とされる『愚管抄』や、貞応年間（一二二二〜二四）の成立とされる『六代勝事記《ろくだいしょうじき》』、鎌倉時代後期に成立した歴史書『百練抄』にも、多田行綱の謀議の密告によって西光や成親が清盛に捕縛されたことが記されており、従来の研究は、延暦寺への武力攻撃をめぐる緊迫した情勢と、この鹿ヶ谷の謀議の密告が、あまりにもタイミングが合いすぎていることに疑問を抱きながらも、おおむね「鹿ヶ谷事件」を史実として認めてきた。しかし、それは妥当であろうか。

図 19　鹿ヶ谷山荘への道（京都市左京区）
俊寛の鹿ヶ谷山荘を顕彰する石碑はこの道を登った山中にある.

まず第一に注意しておきたいのは、西光と藤原成親は、嘉応・安元の延暦寺大衆強訴に関わる直接の当事者であり、明雲の配流、延暦寺への武力攻撃を主張した中心人物であったことを踏まえれば、清盛による西光・成親の捕縛は、目前に迫った延暦寺への武力攻撃を阻止するための行動として自然に理解できるものであって、平氏打倒の謀議への参加などという平氏の利害に限定された動機を、あえて想定せねばならない理由が存在しない点である。確かに、先にも触れたように、西光に対する尋問の過程で「入道相国を危くすべき」謀議が告白され、それに参加した院近臣の交名（名簿）が作成されているから、清盛のこの軍事介入に、謀議の問題が拍車をかけ、一段と厳しい処分が院近臣に向けられたであろうことは想像に難くない。しかし、「鹿ヶ谷事件」という歴史理解が正しいかどうかは、「謀議」が存在したかどうかではなく、清盛による西光・成親の処罰が「謀議」を理由に行われたかどうかであり、秘密裏に行われた謀議への参加だけを理由に有力貴族を処罰できるほど、清盛の権力は絶大ではなく、中央政界もそれほど無秩序ではなかったと思われる。

第二に注意しておきたいのは、同時代人の慈円《じえん》が著した『愚管抄』では、多田行綱が摂津国福原の清盛のもとに謀議を密告し、それを聞いた清盛がただちに上洛したことになっており、延暦寺攻撃の協力を得るために、後白河院が福原の清盛のもとに「御使」の「宇平内左衛（平家長カ）」を派遣したという先に述べた史実と明らかに矛盾している点である。なお、『平家物語』諸本のうち覚一《かくいち》本や屋代《やしろ》本などは行綱の密告場所を京の西八条邸としているが、これは『平家物語』がこの段階の清盛の日常的な居所を、福原ではなく西八条邸として描いていることと関係していよう。

第三に注意したいのは、清盛に密告を行ったとされる多田行綱の動向についてである。多田行綱は、摂津国川辺《かわべ》郡の多田荘を本拠地として、同郡の昆陽野《こやの》や河尻《かわじり》など、摂津国中央部の水陸交通の要衝を勢力圏に収める摂津国最有力の武士であり、「日来、平家に属す」(『玉葉』寿永二年七月二十二日条)といわれたように、西摂津・東播磨《はりま》に勢力圏を形成した清盛とは古くから協調関係にあったものと思われる。その一方で、彼は京の六条坊城《ぼうじょう》などに邸宅をもっていたことが知られ、京において「官兵」として活動する京武者の一人であって、延暦寺大衆が明雲を山上に連れ去った際には、後白河院の命を受けて、源兼綱とともにそれを追ったことは前述した通りである。その行綱が、もしかりに鹿ヶ谷の謀議を清盛に密告したのであれば、少なくともそれ以降は、彼の京武者としての活動は見られなくなるはずであるが、これ以後も行綱は後白河院の命を受けながら京や摂津で軍事活動を展開しており、例えば寿永《じゅえい》二年(一一八三)十一月に木曾義仲《きそよしなか》軍が後白河院の御所を襲撃した法住寺合戦の際には、行綱は子息とともに院方の中心的武力として戦っているのである。こうした事実を見る限り、行綱の密告は史実ではなく、またそのような風聞も、少なくとも行綱が鎌倉の源頼朝から追放される元暦《げんりゃく》二年(一一八五)頃までは、存在しなかったと判断するべきであろう。

以上の点から、いわゆる「鹿ヶ谷事件」は史実と判断することはできず、平氏一門や多田行綱の没落後において、清盛の権力を「おごり」に満ちた独裁的権力として印象づけるために、安元三年の政変から清盛の軍事介入の局面のみを切り離して語られた「物語」であったと結論づけられよう。「鹿ヶ谷事件」の物語がいつどこで生み出されたのかは、残念ながらいまは不明であるが、鎌倉前期の段階でこの物語を書き記した慈円は、安元三年当時は比叡山無動寺《むどうじ》において千日籠山《ろうざん》修行の最中であり、その師は事件の最中に明雲にかえて天台座主に後白河院から任命された覚快法親王であった（多賀一九八〇）。このような慈円の立場が、政変の背景にあった後白河院の近臣勢力と延暦寺大衆との政治的対立を隠蔽して、清盛の軍事介入の局面だけを「鹿ヶ谷事件」として語らせた可能性もあろう。また、多田行綱が謀議の密告者とされたのも、慈円が「満仲《みつなか》ガ末孫ニ多田蔵人行綱ト云シ者」（『愚管抄』巻第五「高倉」）と記しているように、安和《あんな》二年（九六九）三月の安和の変において密告者となった源（多田）満仲のイメージと重なっていたからではないだろうか。いずれにせよ、「鹿ヶ谷事件」の物語は、『平家物語』における「おごれる人も久しからず」の「おごれる」清盛像に不可欠の要素であり、『平家物語』の形成に関わる問題としてあらためて検討していく必要があろう。

3――武士社会のネットワークと平氏家人制

閑院内裏大番役の実態

ところで、安元三年（一一七七）の一連の騒動には、平氏による閑院内裏の警固の実態がうかがえる場面がいくつも存在する。例えば、四月十三日に延暦寺大衆が閑院内裏に強訴を行った際には、平重盛の有力家人であった伊藤忠清が、伊賀・伊勢の譜代家人を中心とする重盛配下の軍勢を指揮して、閑院内裏東の西洞院大路に面する四足門（左衛門陣）の警固にあたっており、日吉十禅師社の神輿に矢を射立てる失態を演じたことは、先に述べた通りである。

この強訴から一ヵ月が経った五月十三日、明雲の処分に関連して延暦寺大衆が再び下山するという噂が流れたため、左大臣藤原経宗は二度にわたって使者に閑院内裏周辺を見に行かせたところ、使者は次のように報告した。すなわち、①閑院内裏西の油小路《あぶらのこうじ》に面する四足門（右衛門陣）を固める部隊として、重盛の子息維盛が閑院の西隣にあたる二条堀川の直廬《じきろ》（宿直所《とのいどころ》）に一〇余人ほどの武士とともにあったこと、②閑院内裏東の左衛門陣を固める部隊としては、伊藤忠清が閑院の東隣にあたる東三条殿の敷地で五〇人ほどの武士とともに警備にあたっていたこと、③平資盛が兄維盛と交替して右衛門陣の警備につく予定であること、などである。

図 20　閑院内裏跡の石碑（京都市中京区）
押小路通と小川通が交差する地点に立つ．かつての閑院内裏の敷地内である．

延暦寺大衆による閑院内裏への強訴のルートが、下山して二条大路を西に進んでくる以上、左衛門陣の方が右衛門陣よりも武士の人数が多いのは当然であるが、緊張が高まった非常時においても、閑院内裏の警固は、この程度のものであったことに注意する必要があろう。

また安元の大火の二日後、四月三十日夜半には、閑院内裏の北西に隣接する二条北・油小路西角の仮中宮庁に、強盗数人が乱入する事件が起こった。強盗は雑物をことごとく盗み取ったうえに、庁守の男を斬り伏せ、放火して逃げ去ったが、逃走の際に閑院内裏に向かって矢を放ち、右衛門陣の四足門と築垣《ついがき》に矢が二本射立ったという。

藤原経房の日記『吉記』には、「大番の兵士申して云はく、火事においては聞き付くと云々。強盗は知らざるの由と云々」(安元三年四月三十日条)とあるので、閑院内裏を警固する大番兵士が、当日の夜も任務につき、仮中宮庁の火事を聞きつけていたことは確かであるが、『玉葉』に「一昨日の夜、中宮庁焼失し、右衛門陣に矢二つ立つ事、これを語る。彼の夜の守護経盛卿と云々。しかるに一切人無し。仍つて搦め留むること能はずと云々」(安元三年五月二日条)と記されているのを見ると、どうもその夜は、右衛門陣には警固の者が一人もおらず、そのために強盗を捕えることができなかったらしい。「彼の夜の守護経盛卿と云々」とあるように、その夜の右衛門陣警固の指揮官は平経盛であり、経盛が任務を怠っていたことが問題となっている。なお、火事を聞きつけた大番兵士とは、西洞院大路に面する左衛門陣を警固していた武士であったと推測される。

この事件からは、この段階の閑院内裏の警固体制が、番に編成された平氏諸将と大番兵士によって担われ、一定の整備がなされていることがはじめてうかがえる一方で、事件当日、右衛門陣には誰もいなかったように、あまり制度として過大に評価できない状況が見て取れよう。内裏の警固が平氏によって始められたのは、清盛が一門を率いて二条天皇の里内裏である押小路東洞院殿の守護にあたった段階であるが、大番役《おおばんやく》としてそれが整備されたのは、仁安三年（一一六八）二月に高倉天皇が閑院において践祚《せんそ》し、閑院が里内裏として恒常的に用いられるようになってからと推測される（木村二〇〇六）。とすれば、ちょうどその時期は、清盛から重盛に家督が移行した段階にあたっており、閑院内裏大番役は重盛によって制度化されたと理解することができよう。ただし、このような成立期の内裏大番役については、承久の乱後、鎌倉幕府のもとで拡大・整備された京都大番役のイメージを前提にするのではなく、警固の実態に即して検討していくことが重要である。

平氏家人制と内裏大番役

こうした内裏大番役の実態の問題は、平氏家人制の理解とも関わることになる。内裏大番役をめぐる従来の研究は、平氏によって組織・編成された軍役としてとらえつつも、その賦課《ふか》は必ずしも平氏家人に限定されたものではなく、公役として諸国の武士一般を対象としていたとする理解でほぼ一致している。そして、鎌倉幕府が編纂した歴史書『吾妻鏡《あずまかがみ》』や『平家物語』などには、平氏のもとで大番役勤仕《ごんし》を行った東国武士の事例がいくつも見られることから、平氏による内裏大番役の編成と東国武士の家人化は、密接に関連して進行したと考えられてきた（五味一九七九）。

しかし、平氏のもとで大番役を勤仕したと伝えられる東国武士を見てみると、大番衆になる以前から在京活動を行っていた武士が多いことに気づく。例えば、下総《しもうさ》国の千葉《ちば》胤頼《たねより》は、治承四年（一一八〇）五月に大番衆として在京中に以仁王《もちひとおう》・源頼政挙兵事件を体験し、六月に帰国が許されると、大番衆の傍輩であった相模《さがみ》国の三浦義澄《みうらよしずみ》とともに伊豆に配流されていた頼朝を訪ね、密かに頼朝に挙兵を勧めた人物として有名であるが、この胤頼は、大番衆となってはじめて京にのぼったわけではなく、若年の時より上洛して蔵人所の滝口《たきぐち》に出仕し、その後、文覚《もんがく》の父であった遠藤持遠《えんどうもちとお》の推挙によって上《じょう》西門院《さいもんいん》に仕え、その御給によって従五位下に叙されていた。

また、下野《しもつけ》国の宇都宮朝綱《うつのみやともつな》や武蔵《むさし》国の畠山重能《はたけやましげよし》・小山田有重《おやまだありしげ》兄弟の場合は、『平家物語』に「去治承四年七月、大番のために上洛したりける畠山庄司重能・小山田別当有重・宇津宮《(宇都宮)》左衛門朝綱、寿永までめしこめられたりしが」（巻第七「聖主臨幸」）とあり、内乱勃発後の治承四年七月に大番衆として上洛したと記されている。しかし、宇都宮朝綱は京を中心に活動していた武士で、治承四年一月には左衛門権少尉に任じられているから、そのまま在京していた可能性が高い。畠山重能・小山田有重についても、『愚管抄』に「平家世ヲ知テ久クナリケレバ、東国ニモ郎等多カリケル中ニ、畠山荘司・小山田別当ト云者兄弟ニテアリケリ」（巻第五「安徳」）と見え、東国出身の代表的な平氏郎等として慈円に知られていたことを考えるならば、彼らの在京活動も大番衆の時期だけではなかったはずである。内乱勃発後、彼らが朝綱とともに平氏軍から離脱して関東に下向する場面を、延慶《えんきょう》本『平家物語』が「廿余年ノ好ミナレバ、ナゴリハヲシク思ケレドモ」（第三末「筑後守貞能都へ帰リ登ル事」）と描いていることも参考になろう。

もちろん、『吾妻鏡』には武蔵国の熊谷直実《くまがいなおざね》が幕府成立以前に同国の傍輩とともに大番役を勤仕していたことが記されており、平氏の閑院内裏大番役も一国単位の編成・動員があったことは否定しないが、その一方で、在京武士を個別に編成して閑院内裏の大番衆に割り当てることがあったとしても、何ら不思議ではない。貞永《じようえい》元年（一二三二）十二月、鎌倉幕府は在京御家人に対する京都大番役の賦課を免除し、在京御家人が本来担うべき洛中警固と、閑院内裏や院御所を警固する大番役との制度的分離をはかっていくが（木村英一二〇〇二a）、平氏によって大番役が創始された段階では、むしろ在京武士が閑院内裏の大番衆に編成されることが多かったのではないだろうか。少なくとも平安時代末期の内裏大番役においては、国衙《こくが》守護《しゆご》人《にん》などが国内武士を動員・統率して内裏の警固にあたるという、制度的に確立されたイメージを、疑ってみる必要があるように思われる。

とすると、平氏による東国武士団との連携やその家人化も、基本的には在京武士を中心に展開していたと理解できるのではないだろうか。そしてそれは、決して平氏権力の限界を示すものではなく、京を結集核に、京と地方とが緊密に結びついて形成された院政期の武士社会の在り方に対応するものであったと考えられるのである。

京における東西武士の交流

近年の東国武士論は、草深い農村を基盤とする東国武士が鎌倉幕府に結集して、朝廷や荘園領主に対抗していくというかつての通説的図式を批判し、東国武士が院政期において蔵人所の滝口や院の武者所、女院庁などに出仕し、中央権力と密接な関係を築いていたことを明らかにしている（野口一九九四b）。このように在京する東国武士と西国武士、あるいは京の貴族たちの間では、様々な交流が展開した。

例えば、先に触れた下野国の宇都宮朝綱は、鳥羽院武者所・後白河院北面に祗候《しこう》し、仁安三年（一一六八）一月に右兵衛尉、治承四年（一一八〇）一月には左衛門権少尉に任官するなど、東国武士として異例の昇進をとげているが、父の八田《はった》宗綱《むねつな》も武者所に出仕した経歴をもち、また妹（のちの寒河尼《さむかわのあま》）も久安三年（一一四七）に京で生まれた源頼朝の乳母になっており、宇都宮氏が一二世紀前半から下野国内だけではなく、京を一方の活動拠点とする武士の家であったことがわかる。この宇都宮氏が、意外にも伊勢平氏一族で「入道大相国(平清盛)の専一腹心の者」（『吾妻鏡』元暦二年七月七日条）といわれた平貞能の外戚にあたっており、貞能と宇都宮朝綱が親交を結び、治承・寿永内乱期には敵・味方に分かれながらも、互いに援助し合った事実が知られるのである。おそらく宇都宮氏出身の女性が、平忠盛《ただもり》・清盛の郎等であった平家貞《いえさだ》の妻となり、貞能を生んだものと推定される。

鳥羽院や美福門院に授戒を行った西念《さいねん》（三滝上人）によって草創された洛北の大悲山《だいひざん》峰定寺《ぶじょうじ》には、長寛元年（一一六三）六月に「平貞能母尼」が願主《がんしゅ》となって造立された金剛力士《こんごうりきし》像が残されている（毛利一九七一）。この時点でも、貞能の母尼は在京しており、宇都宮氏と平家貞・貞能との結合の要になっていたものと想像される。

東国武士が京で形成した人的ネットワークは、何もこうした武士の家同士に限られていたわけではない。武蔵国の足立遠元《あだちとおもと》は、京に出仕して右馬允《うまのじょう》の官職についていたが、その娘は後白河院近臣で参議となる藤原光能の妻となり、知光《ともみつ》・光俊《みつとし》をもうけている。知光は仁安元年（一一六八）の生まれであるから、婚姻はそれ以前であり、鎌倉時代に多く見られるようになる東国武士の家と貴族諸家との「公武婚」の先駆けとなる事例である（金沢一九七九）。

図21　峰定寺仁王門（京都市左京区）

また相模国の波多野《はたの》氏も、一二世紀前半から代々中央に出仕していた武士の家であるが、波多野氏において特徴的なことは、朝廷の実務官人である中原《なかはら》氏との婚姻関係を何重にも結んでいたことである。典膳大夫《てんぜんだいぶ》中原久経《ひさつね》の母親が、のちに源義朝の妻となって朝長《ともなが》を生む波多野義通《よしみち》の妹であったことは有名であるが、鎌倉幕府の重臣となる中原親能《ちかよし》も、母親は波多野氏出身の女性と考えられ、京で活動する以前は、義通の弟にあたる相模国の波多野経家《つねいえ》のもとで養育されて成長し、伊豆に配流されていた源頼朝とは「年来の知音《ちいん》」（『玉葉』治承四年十二月六日条）であったと伝えられる（目崎一九七四）。波多野義通の嫡子義常《よしつね》は、平氏方武士として、挙兵した源頼朝に敵対して滅亡することになるが、実務官人の中原久経や親能が挙兵直後から源頼朝に仕え、さらに親能が父中原広季《ひろすえ》の養子として朝廷に出仕していた大江広元《おおえのひろもと》を鎌倉に招いたことなどを考えると、京と相模とを緊密に結ぶ波多野氏の院政期における存在形態そのものが、のちの鎌倉幕府権力の成立に大きな意味をもったことになる。

以上のように、院政期の武士社会については、従来のような東国と西国、あるいは都と地方という固定的な枠組みで区分してとらえるのではなく、広域的な人の移動とネットワークの存在を前提に理解しなければならないであろう。そして、このような武士社会の歴史的特質は、やがて都での以仁王・源頼政の挙兵事件をきっかけに、反平氏の蜂起が全国一斉に展開する治承・寿永の内乱をもたらすことにもなるのである。

三　平氏クーデタと治承・寿永の内乱の勃発

1——治承三年のクーデタと高倉院政

皇子言仁の誕生

安元《あんげん》三年の政変は、平氏一門の家督であった重盛《しげもり》にも大きな打撃を与えた。前述したように、政変の最中の六月五日に左大将《さだいしょう》を辞し、翌治承《じしょう》二年（一一七八）二月八日には内大臣《ないだいじん》の辞表も提出した。しかし、同年五月二十四日に中宮徳子《ちゅうぐうのりこ》の懐妊が判明したため、入内《じゅだい》にあたって徳子の養父となっていた重盛の辞表は、結局受理されず、六月十日に返却された。以後、重盛は頼盛《よりもり》・時忠《ときただ》・維盛《これもり》らとともに、徳子の出産に精力的に奉仕していくことになる。

徳子懐妊の報を聞いた清盛《きよもり》は、早速六月二日に福原《ふくはら》から上洛《じょうらく》し、翌日には後白河院《ごしらかわいん》のもとに参向している。閏《うるう》六月二十七日、重盛が清盛から継承した六波羅《ろくはら》の泉殿《いずみどの》が中宮の産所に定められ、七月二十八日には徳子が六波羅泉殿に移動、同所では安産を祈って様々な祈禱が行われた。十月二十五日に守《しゅ》覚法親王《かくほっしんのう》が孔雀経法《くじゃくきょうほう》を始めた際には、中門南廊《なんろう》において清盛が密かに聴聞していたという。

十一月十二日、待望の皇子が誕生した。この皇子言仁《ときひと》こそ、のちの安徳《あんとく》天皇であり、乳母《めのと》には、急死した宗盛《むねもり》の妻に代わって時忠の妻が選ばれた。皇子誕生を見届けた清盛は、十六日にいったん福原に戻り、二十六日に再び上洛して、皇子を早急に皇太子《こうたいし》に立てるよう後白河院に要請した。十二月八日、言仁に対する親王宣旨《しんのうせんじ》が発給され、そして十五日には、立太子《りったいし》の儀が中宮御所となっていた六波羅の泉殿において執り行われ、東宮傅《とうぐうふ》に藤原経宗《ふじわらつねむね》、春宮大夫《だいぶ》に平宗盛、権《ごん》の大夫に藤原兼雅《かねまさ》、亮《すけ》に平重衡《しげひら》、権亮に平維盛らが任じられた。

十二月二十四日の叙位《じょい》・除目《じもく》において、七十五歳の源頼政《みなもとのよりまさ》が従三位に叙された。九条兼実《くじょうかねざね》は「今夜頼政三位に叙す。第一の珍事なり」（『玉葉《ぎょくよう》』治承二年十二月二十四日条）と述べたうえで、これが清盛の奏請《そうせい》によるものであったことを記している。頼政は安元三年の延暦寺強訴《えんりゃくじごうそ》事件においても、明雲《みょううん》の伊豆《いず》への護送を命じた後白河院に非協力的な態度を示して、平氏一門と共同歩調をとっており、清盛は頼政に対して全幅の信頼を寄せていたと思われる。この清盛の奏請は、中宮徳子の言仁出産、言仁の立太子と平氏一門の慶事が続き、その繁栄への自信から生まれた頼政への配慮と考えられよう。その頼政が、わずか一年半後に平氏に反旗を翻すことになろうとは、誰も予想できなかったに違いない。

治承二年新制の発布

治承二年（一一七八）閏六月十七日、朝廷は新制《しんせい》十七ヵ条を発布した。この新制は、前年の安元三年の政変を受けて、高倉《たかくら》天皇が主導する国政の方針を明らかにするものであり、高倉天皇の意思に基づいて作成・発布された（下郡一九九九）。

当初、高倉天皇は保元《ほうげん》新制から取捨選択して発布する予定で、三月から蔵人頭《くろうどのとう》藤原光能《みつよし》を使者として貴族たちに在宅諮問を行い、意見聴取を進めたが、右大臣九条兼実が、保元一代に限ることなく長《ちょう》保《ほう》元年（九九九）以後の新制から広く取捨し、また現実の社会状況に応じて法を定めることを主張したため、そのように方針が変更された。

六月八日、兼実は十五ヵ条の新制案を光能に提出し、光能はその案をもって、徳子懐妊を知って六日前にたまたま福原から上洛していた清盛のもとに相談に向かっている。のちに兼実に入った情報によれば、関白《かんぱく》藤原基房《もとふさ》の支持もあり、兼実が提案した十五ヵ条のうち、十四ヵ条が採用されたという。それに三ヵ条が加えられ、十七ヵ条で発布されたが、現在知られるのはそのうちの十二ヵ条で、山陰《さんいん》道《どう》諸国司宛に通達されたものである（『続左丞抄《ぞくさじょうしょう》』第二、水戸部一九六二）。

図 22　高倉天皇画像

①年中諸祭祀の勤行《ごんぎょう》
②年中諸仏事の勤行
③五節《ごせち》の舞における過差《かさ》の停止
④六斎日《ろくさいにち》における殺生の停止
⑤鴨河堤《かもがわつつみ》の営築
⑥中央の諸司による諸国済物《さいもつ》の過度な催促の停止

⑦私出挙《しすいこ》の利息制限
⑧所領をもつ社司《しゃし》・諸寺別当《べっとう》による本社・本寺の修造
⑨陸海盗賊・放火犯の逮捕
⑩国中を往反《おうはん》し濫行《らんぎょう》する諸社神人《じにん》・諸寺悪僧《あくそう》の逮捕
⑪諸国人民による神人・悪僧への私領寄進の停止
⑫人身売買人の逮捕

これらの項目を見れば、当時、朝廷がどのような政治課題に直面していたのかが、よくわかるであろう。特に⑩の諸社神人・諸寺悪僧（僧兵）の取締令は、延暦寺や興福寺《こうふくじ》などの強訴が頻発したこの時代の最重要課題であり、⑦の私出挙の利息制限や、⑪の神人・悪僧への私領寄進の停止令も、高利貸などの神人・悪僧の経済活動を封じ込めようとするものである。⑨の陸海盗賊・放火犯の取締令は、どこにでもある一般的な法令でありながら、安元の大火や仮中宮庁への強盗・放火事件など、具体的な騒動が高倉天皇や貴族たちの頭に浮かんでいたに相違ない。また③の過差（奢侈《しゃし》）の停止令は、五節の舞に限られたものではなく、内容が伝わっていない条文にも京中官人の過差停止令のあったことが、別の史料から確認される（佐々木二〇〇八）。翌治承三年（一一七九）四月二十一日の賀茂祭《かものまつり》において、新制を破る過差が盛んに行われ、それを見た高倉天皇が「不快」となり、特に華美であった左馬助《さまのすけ》藤原為保《ためやす》には籠居《ろうきょ》が命じられた（『玉葉』治承三年四月二十一日条、『山槐記』同年四月二十三日条）。高倉天皇は、官人たちに実際に新制を遵守させようとしていたのである（下郡一九九九）。

沽価法と宋銭容認政策の提案

治承三年（一一七九）八月三十日にも、高倉天皇が中心となって新制三十二ヵ条が発布された。全容は不明であるが、そのなかには前年の新制に九条兼実が提案し、削除された一ヵ条の「万物沽価法《ばんぶつこかほう》」（物価安定法）が含まれていた。前年は削除されながら、なぜ治承三年にあらためて沽価法が取り上げられたのだろうか。

同年七月二十五日に出された高倉天皇綸旨《りんじ》は、二つの政策について貴族たちに諮問している。第一は、近年大いに混乱している万物の沽価（物価）を安定させるために、どのような沽価法を採用するかという問題であり、第二は、日宋《にっそう》貿易によって国内に大量に流入している宋銭《そうせん》について、「私鋳《しちゅう》銭《せん》」ではないので、その使用を容認してはどうかという問題であった（『玉葉』治承三年七月二十五日条）。治承三年の沽価法は、このように宋銭流通の公認問題とセットにして、高倉天皇側から提案されたのである。

諮問を受けた九条兼実は、検非違使《けびいし》で明法博士《みょうぼうはかせ》の中原基広《なかはらもとひろ》に意見を求め、基広は沽価法については最も詳細な延久《えんきゅう》の沽価法の採用を提言し、宋銭の使用については「私鋳銭」と同じであり、停止するべきであると回答した。兼実も宋銭使用について「愚存《ぐぞん》に叶ひ了《おわ》んぬ」（『玉葉』治承三年七月二十七日条）と記し、同意見であったことがうかがえる。

結局、高倉天皇が提起した二つの政策のうち、第一の沽価法だけが治承三年八月の新制に採用されることとなった。九月十九日には、新制に背いて物価を吊り上げる違犯者が多いので、検非違使が「五箇日に一度分番」して東西の市に向かい、違法を取り締まることが宣旨《せんじ》によって命じられている（「大夫尉義経畏申記」）。高倉天皇はここでも、新制を形式的なものに終わらせず、実効力のある法令として機能させようと意図しているのである。

ところで、第二の宋銭流通を公認する政策は、貴族たちの反対にあって新制に取り込むことができなかった。大輪田泊《おおわだのとまり》を拠点とする日宋貿易を押し進めたのは、平清盛と後白河院であり、この宋銭流通の公認政策も、高倉天皇と平氏が協調して提案したものであったことは、いうまでもないであろう。そのためか、九条兼実や中原基広らが主張した宋銭流通停止令も、発布されることはなかった。最近の研究は、宋銭流通は公認されなかったものの、事実上、宋銭流通が容認される結果となり、宋銭が急速に社会のなかに浸透していったことを指摘している（井原二〇〇一）。はじめて宋銭停止令が出されるのは、平氏滅亡後の文治《ぶんじ》三年（一一八七）にいたってからであった。

平盛子・重盛の死

治承二年（一一七八）、中宮徳子の皇子出産により喜びの絶頂にあった清盛を、翌治承三年に襲ったのは、相次ぐ子供の死であった。第一章でも述べたように、摂政藤原基実《もとざね》の正妻であった娘の盛子《もりこ》は、永万《えいまん》二年（一一六六）七月に基実が急死したのち、摂関領をはじめとする摂関家の家産を、嫡男基通《もとみち》が成長するまで管理する役割を果たしていたが、治承三年の春頃より病となり、病状が回復しないまま、六月十七日夜に白川押小路殿《しらかわおしこうじどの》において亡くなった。

二十四歳の若さであった。

また、家督として京の平氏一門を代表していた重盛も、二月二十二日の東宮の百日《ももか》の祝に出仕したのち、体調を崩して籠居するようになり、三月に熊野詣《くまのもうで》を行ってやや回復するものの、吐血してからは病状が悪化した。五月二十五日に出家し、六月二十日には重体に陥ったため、翌日に後白河院が六波羅の小松殿《こまつどの》を訪れて、重盛を見舞っている。その後も病状は快方に向かわず、七月二十日には危篤状態となり、二十九日早朝ついに亡くなった。享年四十二であった。

清盛は、六月八日に福原において前太政大臣《さきのだいじょうだいじん》藤原忠雅《ただまさ》を歓待し、あたかも身内の不幸から逃げるかのように、十日から忠雅に同行して安芸国《あき》厳島《いつくしま》神社に参詣しており、盛子の死に立ち会っていない。忠雅は六月二十二日に帰京したが、清盛の入京の時期については不明である。

盛子が病死した直後の六月二十日、盛子がそれまで管領していた厖大な摂関家の家産は、「皆悉《ことごと》く内の御沙汰《ごさた》たるべし」(『玉葉』治承三年六月二十日条)とされ、高倉天皇の管理下に置かれることとなった。この措置は、盛子が高倉天皇の准母《じゅんぼ》であったことに基づいており、摂関家の大殿《おおとの》として活動していた清盛の了解もあらかじめ得ていたと思われる。

しかし、実際に盛子の遺産を管理する白川殿倉預《くらあずかり》に補任《ぶにん》されたのは、後白河院近習《きんじゅう》の前大舎人頭《さきのおおとねりのかみ》藤原兼盛《かねもり》であった。慈円《じえん》の『愚管抄《ぐかんしょう》』は、この間の事情について、関白の藤原基房が摂関家の家産を相続するために後白河院に働きかけ、それを聞き入れた院が特に命じて実現させたことを伝えている。

藤原兼盛の白川殿倉預への補任は、摂関家の家産を一時的に院のもとで管理し、やがてそれを基房の子息師家《もろいえ》に相続させるための措置であり、清盛や盛子が、基実の嫡男基通を摂関家の嫡流に位置づけ、基通に摂関家の家産を相続させようとしてきた長年の計画を否定するものであった。

このような後白河院と関白基房の動きは、十月九日の除目においてより露骨な形であらわれた。関白基房の子息師家が、わずか八歳で、二十歳の右中将藤原基通らを追い越して、権中納言《ごんのちゅうなごん》に任じられたのである。「古今例無し」(『玉葉』治承三年十月九日条)といわれたこの人事は、師家が摂関家の嫡流であることを誇示するものであった。

それとともに同日、仁安《にんあん》元年(一一六六)以来の重盛の知行国《ちぎょうこく》であった越前国《えちぜん》が、平氏一門から取り上げられ、院分国《いんぶんこく》に編入されたうえで、院近臣《いんのきんしん》の藤原季能《すえよし》が越前守に補任された。安元三年の政変以降、高倉天皇によって主導されてきた国政は、平盛子・重盛の死を契機として、再び後白河院・関白基房の強い干渉を受けることになったのであり、平氏に対して挑発的ともいえる政策が次々と打ち出されたのである。

また同じ頃、比叡山延暦寺の内部では、学問や修行に従事する上層の僧侶である学衆《がくしゅ》と、堂に奉仕し雑用や力役《りきえき》を務めた下層の僧侶である堂衆《どうしゅ》が激しく対立し、武力衝突が繰り返されていた。十月三日、朝廷は平教盛《のりもり》に近江《おうみ》三ヵ荘を拠点とする堂衆の追討を命じ、教盛は五〇〇騎の軍兵を派遣して堂衆を退散させたが、その後も比叡山横川《よかわ》に城郭を構え抵抗したため、十九日にさらに平知盛《とももり》・経盛《つねもり》に堂衆の追討を命じた。しかし、彼らはすぐには出動せず、二十五日には朝廷は堂衆に対して学衆との和平を命じている。しかし、十一月に入っても、山上において学衆と堂衆の激しい合戦が行われ、多くの死者が出たうえに、堂舎五宇、房舎三〇余宇が炎上した。

福原の清盛が、厳島参詣に向かった宗盛を途中で呼び戻し、数千騎の軍勢を率いてともに上洛したのは、京周辺がこうした緊迫した状況にあった十一月十四日のことである。

清盛によるクーデタの決行

清盛が大軍を率いて西八条邸《にしはちじょう》に入ると、人々が家財を東西に運び出すなど、京中は騒然とした雰囲気に包まれた。『玉葉』や『山槐記《さんかいき》』によれば、清盛が上洛した理由は、①後白河院が重盛の知行国であった越前国を収公したこと、②院が白川殿の倉預に藤原兼盛を補任し、摂関家の家産を自らの管理下に置いたこと、③三位中将師家が二位中将基通をこえて権中納言に補任されたこと、の三点に憤慨したからであった。清盛は、①と②は「法皇の過怠《かたい》」、③は「博陸《はくりく》の罪科」(博陸は関白の唐名)としたうえで、後白河院と関白基房が結んで国政を乱したことを厳しく批判したという(『玉葉』治承三年十一月十五日条、『山槐記』治承三年十一月十四日条)。

翌十五日になると、清盛は使者として重衡を閑院内裏《かんいんだいり》の高倉天皇のもとに遣わして、中宮徳子と東宮言仁を連れて福原に下向すると通告して圧力をかけ、清盛の奏請によって、基房の関白と師家の権中納言が停止され、基通が関白・内大臣に任じられた。後白河院は、二度にわたって使者を清盛のもとに派遣し、弁明を行ったが、結局、今後は一切国政に介入しないことを約束した。

十六日には、比叡山の騒動の責任を問われて天台座主《てんだいざす》覚快《かくかい》が解官され、安元三年の延暦寺強訴事件で解任された明雲が、再び天台座主に補任された。ちなみに、延暦寺の学衆と堂衆の抗争は、清盛のクーデタ後の十一月二十二日に終結し、和平が成立している。大軍を率いての清盛の入京は、おそらく延暦寺の堂衆に対する政治的威圧としても意図され、実際にその効果があらわれたのである。

そして翌十七日、後白河院・前関白基房と親密な貴族・官人が根こそぎ解官された。太政大臣藤原師長《もろなが》、権大納言源資賢《すけかた》、春宮大夫《とうぐうだいぶ》藤原兼雅《かねまさ》、右衛門督《うえもんのかみ》平頼盛《よりもり》、権中納言藤原実綱《さねつな》、参議《さんぎ》藤原光能、越前守藤原季能、大蔵卿《おおくらきょう》高階泰経《たかしなやすつね》など、三九人が一斉に官を解かれ、その徹底ぶりは、平氏一門のなかで清盛に次いで重きをなした弟の平頼盛や、清盛の婿として春宮大夫に任じられていた藤原兼雅までが、院や前関白の近臣として解官されたことに示されている（なお頼盛・兼雅らは、翌治承四年一月には出仕を許されている）。

また、この政変では諸国の受領《ずりょう》の多くが改替され、院分国や院近臣の知行国も平氏のもとに集積されることとなった。平氏知行国は、平氏一門・平氏与党・平氏家人の知行国から構成されるが、その変化を追究した近年の研究は、治承三年のクーデタ前は一七ヵ国であったのに対して、クーデタ後は三二ヵ国に激増しており、また平氏一門の知行国だけでも、九ヵ国から一九ヵ国に倍増したことを明らかにしている（五味一九九一）。このクーデタが平氏知行国をいかに飛躍的に増大させたのかは明瞭であろう。東国においても、以前からの平知盛の知行国であった武蔵《むさし》国に加えて、常陸《ひたち》国の知行国主に平氏与党の藤原経宗、上総介《かずさのすけ》に伊藤忠清《いとうただきよ》が補任され、平氏の影響力が強まる契機となった。

しかし、清盛による後白河院や前関白基房らに対する処分は、これだけにとどまらなかった。十八日には、前関白基房を大宰権帥《だざいのごんのそち》に任じて九州に配流することを決めるとともに、院近習の平業房《なりふさ》を伊豆に配流し、前太政大臣藤原師長や前大納言源資賢父子を畿外に追放することを決定した。そして二十日、ついに後白河院までも鳥羽殿《とばどの》に幽閉した。院のもとには数人の近臣・僧侶・女房が参入しただけで、人々が出入りできないように門戸が閉ざされ、武士が警備を固めていたという。

同日、清盛は福原に帰っていったが、途中、鴨川《かもがわ》・桂川《かつらがわ》の合流点にある木津殿《きづどの》の前で船を停泊させ、篝火《かがりび》を焚いて、連行した院近習を処刑し河中に投げ入れたと伝えられ、院から白川殿倉預に補任された藤原兼盛に対しても、手首を切るという凄惨な刑罰が行われた。前関白の藤原基房は、二十一日に鳥羽西方の古河宿《ふるかわ》において出家し、翌日には淀川《よどがわ》を下って福原に向かったが、配流地が変更され、淡路《あわじ》国を経て、清盛と親密な関係にあった前大納言《さきのだいなごん》藤原邦綱《くにつな》の知行国備前《びぜん》国に送られた。

高倉院政の成立

十一月二十八日、新たに関白・氏長者《うじのちょうじゃ》となった藤原基通の関白家政所《まんどころ》の家司《けいし》補任が行われ、藤原光雅《みつまさ》が筆頭家司の執事《しつじ》、平重衡が年預《ねんよ》、平知度《とものり》が上厩別当、藤原親雅が下厩別当、藤原兼光《かねみつ》が勧学院《かんがくいん》別当などに任じられた。平氏一門や、平氏と親密な関係にある貴族ばかりでなく、権右中弁《ごんのうちゅうべん》藤原光雅や右中弁藤原兼光など、実務官人貴族が重要な役職に登用されたことが注目される。クーデタによって後白河院政を停止し、高倉親政を実現させた平氏にとって、政務経験のない関白基通の職務遂行体制を整備することは、緊急の課題だったのである。

十二月に入って再び入京した清盛は、十二月九日に東宮言仁の垂髪《すいはつ》の儀を行い、十一日には高倉天皇や時忠と相談して、来年正月に着袴《ちゃっこ》・魚味《ぎょみ》の儀、二月に高倉天皇の譲位、四月に東宮言仁（安徳天皇）の即位という国政上の重要事項を「内々」に決定し、春宮大夫となった藤原忠親《ただちか》に連絡している。高倉親政のもとでの国政運営は、基本的には高倉天皇と関白基通の合議を中心に、九条兼実など経験豊かな貴族への諮問によって進められたが、重要事項の決定については、こうした清盛を中心とする「内議《ないぎ》」が大きな意味をもっており、それはのちに成立する高倉院政においても同様であった（田中一九九四）。

さて、「内議」で定められた政治日程に見られるように、クーデタから一ヵ月も経たない時点で、清盛はすでに高倉天皇の譲位、言仁の即位を計画している。一般的には、清盛は安徳天皇の外戚となって独裁的な政権を確立させたといわれているが、ちょうど同じ時期に、高倉天皇の家政機関である後院庁《ごいんちょう》（天皇在位中に退位後の居所として設けた後院と、それに付属する所領などを管掌する機関）が設置され、国政の実務に熟練した参議左大弁藤原長方《ながかた》や蔵人頭左中弁藤原経房《つねふさ》が後院別当に補任された事実を見ると、この計画は、高倉上皇《じょうこう》を「治天《ちてん》の君《きみ》」とする高倉院政を成立させることを目的としていたと理解される。

翌治承四年（一一八〇）二月五日、後白河院の執事別当として院中の庶務を統轄していた権大納言藤原隆季《たかすえ》が、大蔵卿藤原雅隆《まさたか》とともに後院別当に加えられた。そして二月二十一日、高倉から言仁(安徳天皇)への譲位が行われると、高倉院庁が設置され、後院別当がそのまま別当に任じられるとともに(執事別当は隆季・雅隆)、権大納言藤原実国や蔵人頭左中将平重衡、権中納言平時忠、参議源通親《みちちか》らも別当に補任され、院庁の組織が拡充された。こうして後白河院政に代わる高倉院政が発足したのである。

2—治承・寿永の内乱と頼朝の挙兵

高倉上皇の厳島御幸

治承四年(一一八〇)三月、高倉上皇は譲位後初の社参《しゃさん》として、平氏一門が特に信仰していた安芸国厳島神社に参詣することになった。しかし、新上皇の厳島御幸は、石清水《いわしみず》・賀茂・春日《かすが》・日吉《ひえ》などに参詣してきた先例を無視するものとして、園城寺《おんじょうじ》の大衆《だいしゅ》が反発し、三月八日には日頃対立していた延暦寺・興福寺の衆徒《しゅと》にも呼びかけて、後白河院と高倉上皇を迎え取る計画を立てたと伝えられる。

厳島御幸を二日後にひかえた三月十五日夜中に、その計画が明るみに出ると、重盛死後、京で平氏一門を代表するようになった平宗盛を中心に、高倉院別当であった藤原隆季・平時忠・源通親らが協議して、厳島社参の延期を決定した。早速、宗盛は家人源季貞《すえさだ》を福原の清盛のもとに遣わして、今後の指示を仰ぐとともに、平通盛《みちもり》や経正《つねまさ》を後白河院が幽閉されている鳥羽殿に派遣し、警備を厳重に固めている。

結局、高倉上皇の厳島御幸は、二日間延期されて三月十九日に強行された。別当の藤原隆季・源通親らも同行し、同日は摂津《せっつ》国河尻《かわじり》の藤原邦綱の寺江《てらえ》山荘、翌日は福原において清盛の歓待を受けたのち、厳島に向かっている。なお、福原まで供をした平宗盛は、京の情勢が不安定なため清盛の命によって帰洛した。

高倉上皇の一行が、無事に厳島参詣を終え、帰京したのは四月九日のことである。そして同二十二日には、安徳天皇の即位の儀が本内裏の紫宸殿《ししんでん》において行われた。だがその時、八条院蔵人源行家《ゆきいえ》は、諸国の源氏諸族や武士に挙兵を呼びかけた以仁王《もちひとおう》の令旨《りょうじ》をもって、伊豆国の流人《るにん》源頼朝《よりとも》のもとに向かっていたのである。

以仁王の挙兵計画

高倉宮以仁王は、後白河院の第三皇子として生まれ、二条《にじょう》の弟、高倉の兄にあたる。母は権大納言三条季成《さんじょうすえなり》の娘成子《なりこ》（女房高倉三位）で、幼くして天台座主最《さい》雲《うん》の弟子となったが、応保《おうほう》二年（一一六二）に最雲が死去したため出家の機会を失い、永万元年（一一六五）十二月に元服《げんぷく》した。八条院暲子内親王の猶子《ゆうし》となり、高倉即位後も皇位継承者としての可能性をもち続けていたが、治承四年（一一八〇）に入って高倉院政が開始され、安徳天皇が即位したことで、以仁王の皇位継承は絶望的な状況となった。

また治承三年十一月の清盛のクーデタに際しては、以仁王が師の最雲から譲られて知行していた常《じょう》興寺《こうじ》とそれに付属する荘園が没収され、天台座主に再任された明雲に給付されている。以仁王が清盛に対して個人的に恨みを抱いていたことは確実である。

周知の通り、『平家物語』では源頼政が以仁王の三条高倉の御所を密かに訪ね、以仁王に平氏の横暴を訴えて挙兵を勧める場面が印象的に描かれているが、清盛の推挙で従三位に叙され、出家もとげていた七十七歳の頼政が、自らの意思で平氏打倒の挙兵を決断したとは考えにくい。むしろ平氏に不満を募らせていた以仁王が挙兵を決意し、有力な京武者《きょうむしゃ》であった源頼政一族の武力を頼みにして、頼政を説得したと理解するのが妥当であろう。

治承四年四月九日、以仁王は平氏追討を呼びかける令旨を発した。令旨の内容は、治承三年のクーデタにおける清盛の悪行を数え上げたうえで、自らを天武《てんむ》天皇や聖徳太子《しょうとくたいし》になぞらえて、王位簒奪《さんだつ》者・仏法破壊者である平氏一門を追討して即位することを宣言し、源氏などの諸国の武士に合力《ごうりき》するよう命じるものであった。そしてこの令旨を、伊豆国に配流されていた源頼朝をはじめ各地の武士に伝達する役割を担ったのが、源為義《ためよし》の十男で頼朝の叔父にあたる源行家であった。『吾妻鏡《あずまかがみ》』によれば、行家は四月九日に以仁王令旨を所持して出京し、同二十七日には伊豆国北条館《ほうじょうのたち》において頼朝にこれを伝えたという。

しかし、以仁王の挙兵計画は事前に発覚した。治承四年(一一八〇)五月十日、突如として平清盛が福原から上洛し、京中は武士が満ちあふれ、不穏な空気に包まれた。この時すでに以仁王の計画は平氏側に察知されており、対応策を指示した清盛は翌日に福原に帰ったが、十四日には三〇〇騎もの武士が厳重に警戒するなか、後白河院が鳥羽殿から八条坊門南烏丸西《はちじょうぼうもんみなみからすまにし》の藤原季能邸に移されている。

そして十五日夜、以仁王の土佐《とさ》国への配流が決定され、検非違使源兼綱《かねつな》・同光長《みつなが》が使庁《しちょう》官人を率いて三条高倉の御所を囲んだ。しかし、以仁王はこの動きを知ってすでに逃走しており、以仁王家人の長谷部《はせべ》信連《のぶつら》との間で小規模な戦闘が起こったものの、間もなく信連は捕縛された。なお、美濃源氏の光長とともに以仁王の逮捕に向かった源兼綱は、実は摂津源氏頼行《よりゆき》の子で、伯父頼政の養子になっていた人物である。この時点では、兼綱ですら、以仁王の挙兵計画への父頼政の参画を知らなかったのである。

また、その日の捜索は八条院のもとで養育されていた以仁王の子息にも及んだ。八条院の御所には、八条院女房を妻にもち、平氏一門のなかで八条院と最も親密であった平頼盛が参入して、御所内で子息を捜し求め出家させている。なお、王のもう一人の子息がのちに北陸道に逐電《ちくでん》したが、その人物は北陸宮《ほくりくのみや》と呼ばれ、やがて内乱の表舞台に登場することになる。

翌十六日、以仁王が園城寺に逃れたことがわかると、以仁王の引き渡しを求めるため、検非違使別当平時忠の使者が宗盛配下の武士五〇騎とともに園城寺に向かったが、園城寺大衆が引き渡しを拒絶したため、二十一日、ついに二日後に園城寺に武力攻撃をかけることが決定され、宗盛以下、頼盛・

教盛・経盛・知盛・維盛・資盛《すけもり》・清経《きよつね》・重衡・頼政の一〇人が「大将」に任じられた（『玉葉』治承四年五月二十一日条）。

園城寺攻めの大将の一人とされた頼政が、近衛《このえ》河原の自邸に火を放ち、以仁王に合力するために嫡子仲綱《なかつな》・養子兼綱ら五〇騎を率いて園城寺に入ったのは、その日の夜半のことであった。

宇治川合戦

五月二十二日に頼政の謀叛《むほん》への加担が明確になると、平氏は安徳天皇を大内から八条坊門櫛笥《くしげ》の平時子《ときこ》の西八条邸に、高倉上皇を西八条邸からその東隣の八条坊門大宮《おおみや》に移し、守りを固めた。京中では、官兵が洛中諸人一人も残らず引き連れて、福原に下向するという噂までが広がった。

二十四日、天台座主明雲は自ら比叡山に登り、延暦寺衆徒に対して以仁王の挙兵に合力しないように説得を行った。その説得が成功し、園城寺・延暦寺・興福寺の三寺連合から延暦寺が離脱することが明らかとなり、また園城寺の僧団内部においても分裂が生じてきたため、以仁王と源頼政はこのまま園城寺にとどまるのは危険と考え、二十五日夜半に園城寺を出て、興福寺大衆の蜂起を期待して五〇騎ばかりで南都に向かった。

二十六日寅《とら》の刻（午前四時頃）、その情報がもたらされると、平氏家人の検非違使藤原景高《かげたか》・同忠綱《ただつな》らが三〇〇騎の軍勢を率いてただちに出動し、宇治橋《うじばし》の橋板をはずして平等院《びょうどういん》で休息していた以仁王・源頼政らに追いついた。宇治川を挟んで両軍の交戦が始まったが、平氏軍は宇治川を突破するた

図23　宇治川（京都府宇治市）

めに、景高の父藤原景家《かげいえ》の部隊は橋桁《はしげた》をつたって攻撃をしかけ、また、忠綱の父伊藤忠清の部隊は馬を河中に打ち入れて浅瀬を進んだ。平氏軍が宇治川を渡りきると、平等院前で頼政軍と激しい死闘が繰り広げられたが、特に、頼政の養子兼綱の奮戦ぶりは、あたかも「八幡太郎（源義家）」のようであったという（『玉葉』治承四年五月二十六日条）。

結局、多勢に無勢で、頼政・仲綱・兼綱らはこの地で討死し、戦場から逃れた以仁王も、南都に向かう途中の山城《やましろ》国相楽《そうらく》郡光明山寺《こうみょうせんじ》の鳥居前で討ち取られたと『吾妻鏡』は伝えている。藤原忠親の日記『山槐記』には、①藤原景高の軍勢が討ち取った首として、源頼政・仲家（源義賢《よしかた》の子息で頼政の養子）のほか、頼政の郎等であった摂津国渡辺党の源勧《すすむ》、下総《しもうさ》国住人の安房《あわ》太郎など七人、②藤原忠綱の軍勢が討ち取った首として、源兼綱のほか、渡辺党の源唱《となう》・副《そなう》など四人、③官兵として追討にあたった左兵衛尉《さひょうえのじょう》源重清《しげきよ》（美濃源氏）の軍勢が討ち取った首として、渡辺党の源加《くわう》など五人が記されている。宇治川合戦における頼政軍は、日常的に頼政の周辺に仕え、緊急に召集しうる範囲の軍勢にすぎなかったはずであるが、そこに渡辺党の武士などと並んで下総国の安房太郎の名前が見えることは、当時の京武者の恒常的な武力組織に東国武士が組み込まれていたことを示している。

翌二十七日、高倉上皇の院御所において公卿議定《くぎょうぎじょう》が開催され、以仁王の行方が不明なまま、謀叛に加担した園城寺と興福寺に対する処分が討議された。すでに退散した園城寺の大衆については、張本だけを逮捕することで一致したが、興福寺に対しては、官兵を派遣して追討するべきだという源通親・藤原隆季の意見と、まずは使者を派遣して事情を調査するべきだという九条兼実らの意見が対立し、激論の末、後者の慎重論に落ち着いている。

宇治川合戦に勝利しても、このように以仁王の生死や興福寺大衆の動向がはっきりしない以上、京周辺の軍事的緊張は容易に解消されなかった。合戦当日の二十六日夕方に上洛した清盛は、こうした状況のなか、来る六月二日に安徳天皇・高倉上皇・後白河院の三人を福原に移すことを決意するのである。

福原への行幸

治承四年（一一八〇）六月二日の早朝、安徳天皇の福原行幸が行われ、高倉上皇や後白河院、摂政藤原基通も清盛とともに福原に向かった。行幸には、大納言藤原実定《さねさだ》・権中納言平時忠・参議藤原実守《さねもり》・同源通親の四人の公卿や、近衛府の上級官人として左中将藤原泰通《やすみち》・右中将藤原隆房《たかふさ》、蔵人頭として平重衡・藤原経房らが随行し、高倉上皇の御幸には、権大納言藤原隆季や前大納言藤原邦綱らがしたがった。翌朝、一行は福原に到着して、安徳天皇は頼盛邸、高倉上皇は清盛の山荘（平野殿《ひらのどの》）、後白河院は教盛邸、摂政基通は安楽寺《あんらくじ》別当安能《あんのう》の房《ぼう》に入ったが、随行した人々の宿所が足りず、道路に座り込む状態であったという。なお二日後に、安徳が清盛邸、高倉が頼盛邸に入れ替わった。

周知の通り、この福原への行幸は、通常「福原遷都」と呼ばれている。しかし、新都を福原に造営したうえでの天皇の移動では決してなく、福原に営まれていた平氏一門の別邸に天皇以下がまずは移動し、それから福原の南方に隣接する和田《わだ》（輪田）の地に新都建設を進めようとするものであった。しかし、この和田京遷都計画は、平安京と同じ規模の都を建設するには土地が狭すぎるという理由で、六月十五日には早くも見直されることとなり、新たに高倉上皇から、広大な平野部をもち、水陸交通の要衝でもある摂津国昆陽野《こやの》に新都を造営する計画が示されている。その昆陽野京建設計画も、翌日の十六日には厳島内侍《ないし》の託宣《たくせん》によって中止され、清盛の権力基盤があった播磨《はりま》国印南野《いなみの》に新都を建設する案に変更されるなど、新都造営計画は迷走を続けた。

第一章ですでに検討したように、和田（輪田）や印南野は、西摂津・東播磨に形成された平氏勢力圏の中心地域であり、その印南野と湯山《ゆのやま》街道で結ばれる摂津国中央部の昆陽野は、平氏と協調関係にある多田《ただ》行綱《ゆきつな》が押さえる地域であった。したがって、この新都造営計画は、摂津中央部から西播磨にまたがって創出された地域的な平氏勢力圏内において様々に模索されたことになる。しかし結局のところ、これらの案は実現に向かうことはなく、七月半ばには福原をしばらく皇居とし、同地の道路や宅地を開発・整備していく方針が示され、さらに八月四日には、平安京はそのまま維持したうえで、福原を離宮と位置づけて暫定的な皇居とし、大内や八省院《はっしょういん》は福原に設けないとする高倉上皇の意思が、京の九条兼実のもとに伝えられている（山田二〇〇五）。

清盛は、その後も福原に新都を造営しようとする強い姿勢を示していたが、一方では高倉上皇の健康状態の悪化も加わって、八月に入ると、高倉院別当の藤原隆季と平時忠が清盛に対して平安京への還御を進言するなど、還都論も出始めていた。

そうした時期にあたる八月十七日、伊豆国において流人源頼朝が兵を挙げた。そしてさらに八月から九月にかけて、紀伊《きい》国で熊野権別当湛増《たんぞう》、甲斐《かい》国で武田信義《たけだのぶよし》、信濃《しなの》国で木曾義仲《きそよしなか》、九州北部で菊池《きくち》隆直《たかなお》らが次々と挙兵し、内乱は瞬く間に全国に広がった。九月二十二日、右少将平維盛が東国追討使として福原を出発し、維盛の乳母夫であった上総介伊藤忠清が参謀の侍大将として付き添った。追討軍はいったん六波羅に入ったのち、忠清の意見にしたがって凶日を避け、二十九日になってようやく東国に向けて下向した。

福原では、高倉上皇が九月二十一日に病をおして厳島参詣に出発し、十月六日には、上皇と入れ替わりに、今度は清盛が厳島神社ならびに宇佐宮《うさぐう》に向かっている。清盛は東国の反乱軍の勢いを甘く見ていたのかもしれない。清盛が福原に戻ってきたのは、維盛を大将軍とする追討軍が駿河国富士川《ふじがわ》で東国の反乱軍に追い返されたという情報が、すでに京に伝わっていた十一月二日のことである。

流人頼朝のネットワーク

流人と聞くと、孤立無援な世界のなかで過酷な生活を強いられている姿をイメージする人が多いのではないだろうか。しかし、流刑《るけい》自体は当時の貴族社会ではそれほど珍しいことではなく、むしろ赦免されて帰京することを前提に執行される場合も多かった。都から配流された流人は、現地において様々な庇護を受けることが普通であり、在地勢力の婿に迎えられることも決して特殊な事例ではない。伊豆に配流された源頼朝と北条時政《ときまさ》の関係も、まさにそのようなものであった。

平治《へいじ》元年（一一五九）十二月に起こった平治の乱での敗走中に、父義朝《よしとも》の一行とはぐれた十三歳の頼朝は、翌永暦《えいりやく》元年（一一六〇）二月に、近江国において平頼盛の郎等平宗清《むねきよ》に捕えられた。近年の研究が明らかにしたところによれば、その後、頼朝の身柄は一貫して池家《いけ》（頼盛の一族を六波羅の本邸池殿の名から池家と呼ぶ）のもとに確保され、頼盛の生母池禅尼《いけのぜんに》の保護下に置かれたうえで、伊豆の配所では禅尼の姪（牧《まき》の方）の夫となる北条時政の監視と庇護を受けることになったという（杉橋一九九四）。当時の流刑が、国家的刑罰としての体裁をとりながら、私刑の側面を色濃くもって進められたことを解明した貴重な研究成果である。頼朝が池家家人の平宗清に捕えられたことは、一つの小さな偶然にすぎないが、それはその後の頼朝の人生、あるいは鎌倉幕府成立史にとってきわめて大きな意味をもつことになるのである。

頼朝の配所は、北条時政の本拠地である伊豆国田方《たがた》郡北条の蛭《ひる》ケ島《しま》に設けられた。蛭ケ島とは、狩《か》野《の》川が田方平野につくり出した中州の一つであり、願成就院《がんじょうじゅいん》や史跡北条氏邸跡などが残る北条の中心地から約一キロ余り東方に、頼朝配所の伝承地が存在する。この場所は、江戸時代中期の郷土史家秋山《あきやま》富南《ふなん》が頼朝配所と考証した地で、それを記念する寛政《かんせい》二年（一七九〇）の「蛭島碑記」が建てられており、近年は公園として整備されている。

図24　蛭ヶ島（静岡県伊豆の国市）
頼朝配所の伝承地で写真の右に見えるのが「蛭島碑記」

ただ、二〇年間に及ぶ流人生活の間に、頼朝の居所も蛭ヶ島から北条の中心部に移っていたと考えられ、『吾妻鏡』に時政の「北条館」と区別して登場する「北条御亭《ほうじょうのごてい》」が頼朝の邸宅にあたると思われる（韮山町史刊行委員会一九八五）。頼朝の居所には北条氏だけでなく、様々な人々が出入りしたが、その関係を先行研究に基づいて整理すれば、①伊豆・相模《さがみ》の在地武士、②頼朝の乳母関係者、③浪人（亡命者）などに分類することができる（野口一九九四b）。

まず、①の伊豆国の在地武士としては、北条時政の一族のほか、工藤茂光《くどうしげみつ》・宇佐美祐茂《うさみすけしげ》・天野遠景《あまのとおかげ》などが、挙兵前から頼朝のもとに祗候《しこう》していたことが『吾妻鏡』から確認され、また相模国の武士としては、土肥実平《どいさねひら》・岡崎義実《おかざきよしざね》などの名があげられる。なお土肥実平は在京経験をもち、平氏のもとで閑院内裏の大番役《おおばんやく》などを務めており、その際に預かった囚人の興福寺西金堂衆土佐房昌俊《とさのぼうしょうしゅん》を配所の頼朝に祗候させたと伝えられる。

②の頼朝の乳母については、保元四年（一一五九）三月に亡くなった頼朝の生母が、在京して活動する熱田大宮司《あつただいぐうじ》藤原季範《すえのり》の娘であり、頼朝も京で生まれ育ったために、多様な人々が関わっている。そのなかでもまずあげられるのは、頼朝の伊豆配流とともに、夫の掃部允《かもんのじょう》をともなって京から武蔵国比企《ひき》郡に下向し、配所の頼朝を援助し続けた比企尼であろう。比企尼は、娘の婿に迎えた安達盛長《あだちもりなが》・河越重頼《かわごえしげより》・伊東祐清《いとうすけきよ》に対して、流人の頼朝を扶助するように命じたと伝えられ、実際に、武蔵国の安達盛長は、流人頼朝に近侍し側近として活動した。盛長の年長の甥にあたる足立遠元《あだちとおもと》は、第二章で述べたように京に出仕し、娘を後白河院近臣の藤原光能の妻にしていたが、盛長自身も京に人脈をもち、「洛陽放遊の客」（『吾妻鏡』治承四年八月二日条）であった大和判官代《やまとはんがんだい》藤原邦通《くにみち》を、頼朝に右筆《ゆうひつ》（書記役）として推挙している。流人であった頼朝は、側近の盛長を通して京の事情にも通じていたと思われる。なお、京の最新情報については、頼朝の乳母の妹を母にもつ朝廷の実務官人の三善康信《みよしやすのぶ》が、毎月三度使者を頼朝のもとに遣わして、洛中の出来事を知らせていたという。

また土肥実平の所領である相模国早河《はやかわ》荘には、源義朝の乳母（摩々局《ままのつぼね》）と頼朝の乳母（摩々《まま》）が京から戻り住んでいたことが知られ、二人とも実平と同じ中村氏一族であったと推測される。とすれば、実平の頼朝に対する献身的な奉仕も、乳母関係者の活動としてとらえられよう。

③の浪人（亡命者）としては、近江国の佐々木秀義《ささきひでよし》や伊勢国《いせ》の加藤景員《かとうかげかず》が有名である。佐々木秀義は、平治の乱後に本拠地の近江国佐々木荘を没収されたため、奥州藤原秀衡《ひでひら》を頼り、子息を連れて相模国まで下ったところ、渋谷《しぶや》荘を本拠地とする渋谷重国《しげくに》に引き留められ、重国の婿となって二〇年にわたり同地に滞在したという。その間、子息の定綱《さだつな》・盛綱《もりつな》を配所の頼朝に祗候させて、惜しみない援助を行った。加藤景員は、伊勢国北部を本拠地とする平氏家人であったが、同じ平氏家人の伊藤氏と紛争を起こして伊勢を逐電し、子息を連れて伊豆国の工藤茂光のもとに身を寄せたと伝えられる。佐々木秀義と同じように、景員も茂光の婿となって長期にわたり伊豆に滞在し、子息の光員《みつかず》・景廉《かげかど》が頼朝のもとに祗候した。石橋山《いしばしやま》合戦に際して北条政子《まさこ》を匿《かくま》うなど、頼朝に協力した伊豆走湯山《そうとうさん》（伊豆山神社）の僧文陽房覚淵も、その兄弟の一人であった。

このように流人頼朝の周辺には、近隣の東国武士だけでなく、畿内近国に本拠地をもっていた武士や、京の官人など、様々な人々や情報が集まっていたのである。

頼朝挙兵の背景

通常、源頼朝の挙兵は、以仁王令旨の呼びかけに応じたものとして説明されることが多い。しかし、先にも述べたように、叔父源行家が頼朝に令旨を届けたのは四月二十七日のことであり、頼朝が実際に挙兵したのは八月十七日のことである。この間、三ヵ月以上が経っており、頼朝の挙兵は、以仁王の令旨に応じてなされたものではなかったと考えるのが自然であろう。それでは、なぜ頼朝は八月に入ってから挙兵したのだろうか。

そこで注目したいのは、『吾妻鏡』によれば、六月十九日に以仁王・源頼政の挙兵が失敗したことを頼朝に伝えた三善康信が、挙兵事件との関連で、令旨を受けた諸国の源氏が追討される可能性があるとして、頼朝に早急に奥州に逃れるように進言したことである。二〇年間、平穏に流人生活を送っていた頼朝が、にわかに挙兵の準備を始めたのはこの報に接してからであり、六月二十七日には、在京して大番衆を務めていた下総国の千葉《ちば》胤頼《たねより》と相模国の三浦《みうら》義澄《よしずみ》が、下向途中に頼朝のもとを訪れて、挙兵について密談を行っている。

実際、頼朝が流人生活を送っていた伊豆国は、以仁王・源頼政の挙兵後、平氏による監視の目が最も強く向けられた地域であった。というのも、伊豆国は、仁安二年（一一六七）から源頼政の嫡子仲綱が長期にわたって国守を務め、承安《じょうあん》二年（一一七二）以降は頼政が知行国主の地位にあったことが確認されており、頼政・仲綱が宇治川合戦で討死した時は、伊豆守仲綱の子息伊豆冠者有綱《ありつな》が、目代《もくだい》として伊豆国に在国していたからである。

宇治川合戦後、伊豆国知行国主には平時忠、伊豆守には時忠の猶子時兼《ときかね》が任じられたが、この伊豆の源有綱を追討するために、「伝へ聞く、近曾仲綱の息追討のために素より関東に住むと云々、武士等を遣はす大庭三郎景親と云々。これ禅門私に遣はすところなり」（『玉葉』治承四年九月十一日条）と記されているように、清盛は追討使派遣という形式をとらずに、在京していた平氏家人の相模国の大庭景親を主命により急ぎ下向させた。大庭景親らが本国に到着したのは、『吾妻鏡』によると八月二日であり、すでに有綱は奥州に逃走したあとであったが、平氏側のこうした一連の動きが、頼朝周辺に極度の緊張をもたらしたことは想像に難くない。八月九日、渋谷重国のもとに身を寄せていた浪人の佐々木秀義が、親しかった大庭景親に招かれて、頼朝の動向が平氏側に警戒されていることを聞かされると、秀義は太郎定綱を頼朝のもとに遣わして、早急に挙兵する決断を迫ったと伝えられる。こうした状況のなか、八月十七日、ついに頼朝は反乱の兵を挙げたのである。

山木館の夜討ち

頼朝が最初の攻撃目標に定めたのは、伊豆国田方郡山木郷《やまき》に居住していた山木判官平兼隆《かねたか》である。兼隆は、清盛の平氏一門からは自立して河内守《かわちのかみ》・和泉守《いずみ》・出羽《でわ》守などを歴任した伊勢平氏の平信兼《のぶかね》の子息であり、安元三年（一一七七）の延暦寺強訴事件の際には、第二章でも述べたように、検非違使として後白河院の命を受けて前天台座主明雲の身辺の警備にあたるなど、京武者として活動していた武士である。治承三年（一一七九）一月、理由は不明であるが、父信兼の訴えによって右衛門尉を解官され、伊豆国山木郷に配流されていた。

平氏一門でも平氏家人でもなかった平兼隆が、頼朝の最初の攻撃目標となった理由は、田方郡山木北方に本拠地をもつ堤権守信遠《つつみごんのかみのぶとお》が流人兼隆の庇護者になったことと、頼政敗死後に伊豆国知行国主となった平時忠が、検非違使別当の時に部下であった兼隆に憐憫《れんびん》をかけ、一ヵ月ほど前に兼隆を伊豆国目代に登用したことにあったと思われる。頼朝の後見である北条時政は、同じ田方郡内の在地勢力として、兼隆の後見となった堤信遠と競合関係にあり、兼隆の伊豆国目代への任用は、地域社会における自らの存亡に関わる重大事であったに違いないからである。流人をめぐる人的ネットワークが、不運なことに、平氏一門でも家人でもない兼隆を頼朝旗挙げの攻撃目標に押し上げたといえよう。

伊豆国一の宮の三島社《みしましゃ》の祭礼が行われた八月十七日の深夜、北条時政と子息宗時《むねとき》・義時《よしとき》、佐々木定綱・経高をはじめとする三、四〇人ほどの軍勢が、北条の頼朝邸から北東へ約二キロの位置にある兼隆の山木館《やまきのたち》を目指して進んだ。軍勢は途中で二手に分かれ、佐々木兄弟は山木北方の堤信遠の館、北条氏の一族は山木館を攻撃し、佐々木兄弟の軍勢は、激戦の末に信遠を討ち取った。一方、北条勢が攻撃した兼隆の山木館では、三島社祭礼に参詣した兼隆郎従《ろうじゅう》の多くが、酒宴のため黄瀬川宿《きせがわしゅく》に逗留したため、警備が手薄であったにもかかわらず、兼隆勢の奮戦により容易に勝負は決しなかった。山木館の方角から火の手があがらないことに不安を抱いた頼朝は、館で留守を守っていた加藤景廉・佐々木盛綱らに長刀を手渡して加勢に向かうように命じ、また信遠を討ち取った佐々木勢も山木館に駆けつけて、激しい戦闘が繰り広げられた。ようやく明け方近くになって加藤景廉が平兼隆を討ち取り、山木館に火がかけられた。こうして頼朝の挙兵は、辛くも成功したのである。

石橋山の敗戦

八月十九日、頼朝は妻政子らを伊豆走湯山の僧覚淵のもとに預けると、翌日には、挙兵後に集まってきた伊豆・相模の在地武士三〇〇騎ほどを率いて、伊豆北条から土肥実平の本拠地である相模国土肥郷に向かった。頼朝軍が東方に移動したのは、挙兵前にあらかじめ密約を結んでいた相模国の三浦氏の軍勢と合流するためであり、二十三日早朝には、相模灘を見下ろす早河荘内石橋山に陣を構えた。頼朝軍が掲げた源氏の白旗の横上には、以仁王の令旨が付けられており、自らの反乱を以仁王令旨によって正当化しようとする頼朝の政治姿勢が示されている。

源有綱を追討するために本国の相模に下向し、戦闘態勢を整えていた大庭景親は、頼朝挙兵の報に接すると、ただちに相模・武蔵の武士三〇〇〇余騎を率いて頼朝軍の前方に立ち塞がり、さらに伊豆の伊東祐親《すけちか》が率いる三〇〇余騎も、頼朝軍を追ってその後方に迫った。三浦義澄や和田義盛《わだよしもり》をはじめとする三浦氏の一族は、二十二日に本拠地の三浦を出発し、翌二十三日には酒匂川《さかわがわ》（丸子河《まるこがわ》）東岸にまで到達したものの、日が暮れたためにその地にとどまり、近隣の大庭景親の党類の家屋を焼き払った。それを三浦氏の軍事行動と察した大庭景親は、三浦勢が酒匂川を渡る前に勝負を決するのが得策と判断して、その夜のうちに頼朝の陣を大軍で急襲した。激しい雨が降りしきるなか、岡崎義実の子息佐奈田義忠《さなだよしただ》が奮戦の末に壮絶な最期をとげるなど、小勢の頼朝軍も必死に戦ったが、やがて総崩れとなって山中に逃走した。翌二十四日には、大庭景親・伊東祐親の軍勢による掃討戦が展開され、北条宗時が逃走中に伊東祐親の軍勢に討たれ、工藤茂光は歩けなくなり自殺した。『愚管抄』には、鎧を脱いで自

図25　石橋山古戦場（神奈川県小田原市）

佐奈田義忠討死の伝承地．二所詣に向かう途中，頼朝はこの地を通るたびに涙を流したという．

図26　鵐の窟（しとどのいわや，神奈川県足柄下郡真鶴町）
石橋山合戦に敗れた頼朝が身を潜めたという伝承をもつ．天文14年（1545）に連歌師の宗牧が真鶴の鵐の窟を訪れており，伝承が中世に遡ることが知られる．

害しようとする頼朝に対して、土肥実平が「大将軍」としての作法を教えたという逸話までが記されており（巻第五「安徳」）、頼朝がいったんは死を覚悟するところまで追い込まれたことが知られる。

後年、頼朝は走湯山・三島社・箱根《はこね》山に奉幣する二所詣《にしよもうで》をたびたび行ったが、最初に走湯山に向かう途中、石橋山古戦場で佐奈田義忠らの墳墓を見て哀傷の涙を流すので、文治六年（一一九〇）一月に参詣の順序が逆に変更されたという。石橋山敗戦の記憶は、頼朝にとって生涯忘れられないものだったのである。

しかし、頼朝は奇跡的にこの窮地から脱する。この合戦が土肥実平の所領である早河荘内で行われたことが幸いしたのであろう。実平とともに椙山《すぎやま》の山中を逃げきった頼朝は、箱根山（箱根神社）別当行実《ぎようじつ》の手引きによって箱根山の僧坊に匿われたのち、二十八日に真鶴岬《まなづるみさき》から実平が手配した小舟に乗って安房国に渡った。二十九日、頼朝・実平は安房国平北《ひらきた》郡猟島《りようしま》に到着し、先に安房に渡っていた北条時政・岡崎義実たちと無事に合流した。

一方、二十四日に酒匂川東岸で頼朝軍が大敗したことを知った三浦一族は、三浦に引き返す途中の鎌倉由比《ゆい》ヶ浜《はま》において、武蔵国の秩父《ちちぶ》氏一族の畠山重忠《はたけやましげただ》の軍勢と合戦になり、犠牲者を出しながらもこれを制して、三浦氏の本拠である衣笠《きぬがさ》城に入った。なお、畠山重忠の母は三浦義明《よしあき》の娘であり、武蔵国の秩父氏と相模国の三浦氏の間には親密な関係が結ばれていたが、その関係はここでいったん断ち切られることとなった。

二十六日には、秩父氏の家督河越重頼をはじめ、江戸《えど》重長《しげなが》・畠山重忠ら秩父氏の軍勢が、三浦氏の衣笠城を攻撃した。八十九歳になる三浦義明は逃げ延びることができず討死したが、三浦義澄らは城を出て、海路安房国に逃走した。三浦半島対岸の安房西部には、浦賀《うらが》水道をこえて三浦氏の勢力が及んでおり、安房への渡海は、敗北した場合の逃走ルートとして、頼朝と三浦氏の間であらかじめ計画されたものだったのである。

千葉・上総氏の動向

安房に着いた頼朝は、早速、以前から縁故のあった下野国の小山《おやま》朝政《ともまさ》、下総国の下河辺《しもこうべ》行平《ゆきひら》、武蔵国の豊島《としま》清元《きよもと》、下総国の葛西《かさい》清重《きよしげ》らに頼朝軍への参加を呼びかけた。九月三日には、安房国東部の長狭《ながさ》郡に本拠を有する長狭常伴《つねとも》が頼朝を襲撃しようとしたが、現地の事情に通じた三浦義澄が、この計画を事前に察知して撃退し、安房において長年続いた三浦氏と長挟氏の対抗関係に決着がつけられている。こうした動きを見て、翌日には、安房国安西《あんせい》郡を本拠地とする安西景益《かげます》が一族や在庁官人を連れて頼朝のもとに参上し、安房は頼朝率いる反乱軍の制圧下に入ることとなった。

頼朝は続いて、上総国の有力武士上総広常《ひろつね》のもとに和田義盛、下総国の有力武士千葉常胤《つねたね》のもとに安達盛長を遣わし、反乱軍への参加を促した。上総広常は千葉常胤と相談すると述べて、態度を明確に示さなかったが、常胤は頼朝の挙兵を喜び、軍勢を率いて参向すると返答した。そこで頼朝は、九月十三日に三〇〇余騎を率いて安房国を北上して上総国に入り、十七日には千葉常胤と子息胤正《たねまさ》・師常《もろつね》・胤頼以下三〇〇余騎の軍勢が出迎える下総国府まで進んだ。

千葉氏は、直前の九月十三日に平氏方の下総国目代を襲撃し、さらに翌十四日には平忠盛《ただもり》の婿として下総国内に大きな勢力を有していた千田《ちだ》親政《ちかまさ》と戦い、親政を生け捕りにして頼朝のもとに連行している。千田親政の祖父藤原親通《ちかみち》が下総守となって同国に留住し、千葉氏の所領である相馬《そうま》郷・立花《たちばな》郷を没収した経緯などを踏まえると、千葉氏による千田親政の捕縛は、親政が平氏方であったからというよりは、下総国内における長年の競合関係を克服しようとする現実的利害に基づいていたと理解されよう。千葉氏にとって頼朝の挙兵は、千田親政を倒す絶好の機会だったのである。

九月十九日、上総広常が頼朝軍のもとにようやく参上した。『吾妻鏡』によれば、広常は上総国内から二万騎の軍兵を動員して見参したが、頼朝は遅参を厳しく叱責し、その威厳のある態度を見て、かえって広常は帰伏することになったという。広常が率いた二万騎という数字は、そのまま信用することはできないものの、上総国最大の武士団である上総氏の参加によって、頼朝軍が一挙に大軍に膨れ上がったことは間違いないであろう。

前年の治承三年（一一七九）十一月の清盛のクーデタによって、上総国では平氏の有力家人伊藤忠清が受領に補任されたが、上総国の在地把握を進めようとする伊藤忠清と、それまでの権益を保持しようとする上総広常との間に対立状況が生まれていた。上総氏の場合も、千葉氏と同様に、国内での地位や地域社会における利害と密接に関わって、頼朝の反乱軍に参加するという政治的選択を行ったのである（野口一九八二）。

以上のように、頼朝の反乱は、地域社会に存在する在地領主間の競合や矛盾に媒介されて拡大していったのであり、かつての源氏家人が平氏打倒のために立ち上がったわけでも、以仁王の令旨にしたがったわけでも決してなかったのである。

鎌倉に向かう頼朝軍

さて、千葉常胤・上総広常の参向によって房総を制圧した頼朝軍は、源頼義《よりよし》以来の「御嚢跡《ごのうせき》」（先祖ゆかりの地）である相模国鎌倉に入部するために、武蔵国に入る準備を始め、九月二十八日に頼朝は秩父氏一族の江戸重長に対して使者を遣わした。江戸重長は、八月二十六日に三浦氏の衣笠城を攻撃し、三浦義明を討死させた張本の一人であったが、あえて重長の罪を許し、「武蔵国においては、当時汝すでに棟梁たり」（『吾妻鏡』治承四年九月二十八日条）とまで述べて参向を促している。武蔵国を制圧するためには、同国内で卓越した勢力をもつ秩父氏の協力がどうしても必要であり、秩父氏の家督である河越重頼や、平氏郎等として在京中であった畠山重能《しげよし》・小山田有重《ありしげ》に代えて、重長を秩父氏の家督と認めることで、頼朝はその取り込みをはかったのである。

しかし、江戸重長がただちに頼朝のもとに馳せ参じる意思を示さなかったため、頼朝は翌二十九日に秩父氏の庶流で挙兵する時点から頼朝と通じていた葛西清重に、大井川《おおいがわ》の要害に重長を呼び出して謀殺するように命じた。葛西清重やその父豊島清元は、頼朝の命をただちに実行せず、重長に対して頼朝軍に参加するように必死に説得を行ったものと思われる。

頼朝軍は八切《やぎり》（矢切渡）から大井川を渡り、十月一日には葛西清重が準備した鷺沼《さぎぬま》の旅館を経て、翌二日には隅田宿より隅田《すみだ》川を渡って対岸の武蔵国石浜《いしはま》に着岸した（今野一九九六）。延慶本《えんきょう》『平家物語』には、この時、葛西清重の説得を受け入れた江戸重長が隅田川東岸の頼朝のもとに参向し、隅田川に浮橋を組んで無事に頼朝軍を武蔵国に迎え入れたと記されている。武蔵国に入国すると、河越重頼や畠山重忠などのほかの秩父氏一族も頼朝のもとに参向し、在京する畠山重能・小山田有重らを除いて、一斉に頼朝に臣従した。

さて十月五日、頼朝は武蔵国府において、秩父氏家督の地位を示す武蔵国留守所惣検校《るすどころそうけんぎょう》職を江戸重長に与え、翌六日には畠山重忠を先陣として相模国に入り、そして七日、頼朝はついに父祖ゆかりの地である鎌倉に到着した。鎌倉に入った頼朝は、まず鶴岡八幡宮《つるがおかはちまんぐう》を遥拝したのち、父源義朝が居住した亀谷《かめがやつ》の旧跡を見学し、新たな邸宅を造営する場所の検討を始めた。十一日には北条政子が伊豆から鎌倉に到着し、十二日には先祖源頼義が由比郷に勧請《かんじょう》した鶴岡八幡宮を頼朝は小林《こばやし》郷北山《きたやま》に遷している。こうして鎌倉は、新しい権力の所在地として急速に整備されていくのである。

治承四年（一一八〇）八月から九月にかけて東国で引き起こされた反乱は、右に述べてきたような源頼朝の挙兵だけではない。『吾妻鏡』同年九月七日条は、信濃国木曾を拠点とする木曾義仲が、村山義直《むらやまよしなお》・栗田寺別当範覚《くりたじはんかく》らとともに、平氏方の笠原頼直《かさはらよりなお》と信濃国水内郡市原《みのちいちはら》で戦い、頼直を越後国の城氏のもとに敗走させたことを伝えている。

木曾義仲の挙兵

木曾義仲の父源義賢は、源為義の二男として生まれ、保延《ほうえん》五年（一一三九）には春宮帯刀先生《たちはきせんじょう》に任じられ、兄義朝にかわり一時は為義の嫡男と目されていた人物である。仁平《にんぺい》三年（一一五三）夏、武蔵・上野に勢力をもつ児玉党《こだまとう》を頼って上野国多胡荘《たご》に下向し、さらに秩父重隆《しげたか》の養子となって武蔵国比企郡大蔵《おおくら》に進出した。しかし、外祖父の三浦義明を後見として、同じく児玉党や秩父氏一族の畠山重能と結び、鎌倉を拠点に武蔵・上野に勢力を伸ばそうとする甥の義平《よしひら》（義朝子息、頼朝の異母兄）と対立することとなり、久寿《きゅうじゅ》二年（一一五五）八月、義賢と秩父重隆は武蔵国大蔵館において義平の軍勢に殺された。

当時二歳であった義仲は、乳母夫の中原兼遠《かねとお》に抱かれて武蔵国大蔵から兼遠の本拠地である信濃国木曾に逃れたと『吾妻鏡』は伝えている。兼遠の子息樋口兼光《ひぐちかねみつ》は、児玉党の婿になっていたことも知られるから、幼児であった義仲は、信濃・上野・武蔵という国境をこえて広がっていた武士団のネットワークのなかで保護されたと理解されよう。

図27　清和源氏略系図

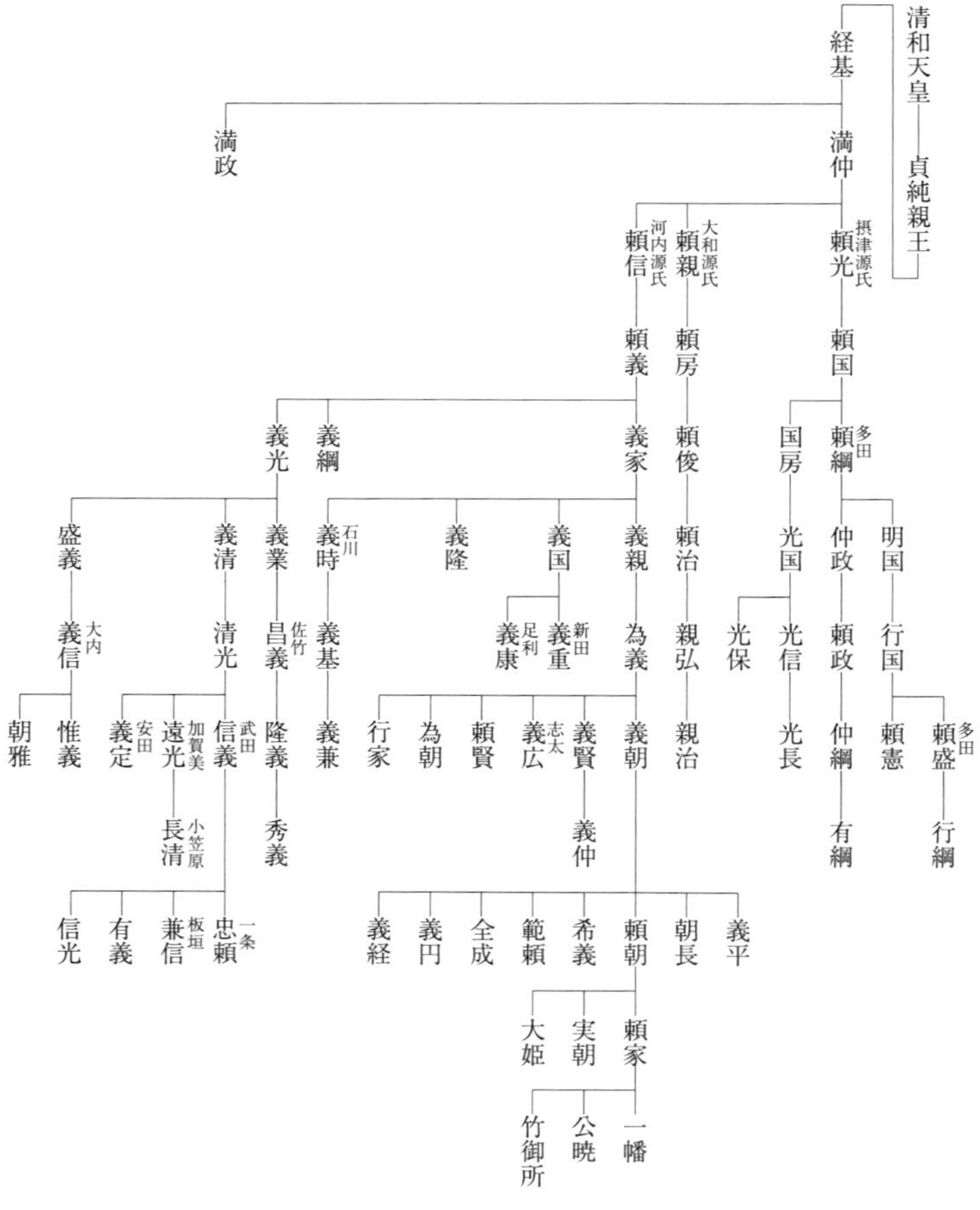

清和天皇
貞純親王
経基
満仲
満政
摂津源氏
頼光
大和源氏
頼親
河内源氏
頼信
頼国
頼房
頼義
多田
頼綱
国房
頼俊
義家
義綱
義光
明国
仲政
光国
頼治
義親
義国
義隆
石川
義時
義業
義清
盛義
行国
頼政
光信
光保
親弘
為義
新田
義重
足利
義康
義基
佐竹
昌義
清光
大内
義信
多田
頼盛
頼憲
仲綱
光長
親治
義朝
義賢
志太
義広
頼賢
為朝
行家
義兼
隆義
武田
信義
加賀美
遠光
安田
義定
惟義
朝雅
行綱
有綱
義仲
秀義
小笠原
長清
義平
朝長
頼朝
希義
範頼
全成
義円
義経
一条
忠頼
板垣
兼信
有義
信光
頼家
実朝
大姫
一幡
公暁
竹御所

その二五年後、樋口兼光・今井《いまい》兼平《かねひら》兄弟らの軍勢を率いて挙兵した義仲は、信濃国南西の木曾谷から北上して市原合戦に勝利したのち、碓氷《うすい》峠をこえて十月十三日には父義賢の遺跡《ゆいせき》である上野国多胡荘に入部した。興味深いことに、頼朝が父義朝・兄義平の遺跡である相模国鎌倉に入ってから、わずか六日後のことである。彼らにとって亡父ゆかりの土地の掌握は、自らの権力の由緒を誇示し在地武士の組織化を進めるうえで、きわめて重要なことだったのである。ここに、かつての大蔵合戦直前の義平・義賢両勢力の対峙が再現されることになったが、頼朝による武蔵・上野武士の組織化が先行していたため、十二月二十四日に義仲軍は上野から信濃に撤退した。

甲斐源氏の挙兵

東国で勃発した諸反乱のなかで、もう一つ見落としてはならないのは、甲斐源氏の挙兵である。甲斐源氏は、当時、大きく三つの勢力に分かれていた。

第一は、甲斐源氏の家督であった武田信義と、子息の一条忠頼《いちじょうただより》・板垣兼信《いたがきかねのぶ》・武田有義《ありよし》・石和《いさわ》信光《のぶみつ》らで、北巨摩《こま》から甲府《こうふ》盆地中央部の中郡《なかごおり》、石和方面に勢力圏を広げていた。第二は、安田《やすだ》義定《よしさだ》と子息義《よし》資《すけ》らで、山梨郡八幡《やわた》荘内安田郷を本拠地として東郡《ひがしごおり》と呼ばれる甲府盆地東部を勢力下に収めていた。第三は、加賀美遠光《かがみとおみつ》と子息小笠原長清《おがさわらながきよ》らで、巨摩郡加々美荘を本拠地として釜無《かまなし》川右岸の西郡《にしごおり》から富士川の両岸地域に勢力を有していた。これらの甲斐源氏一門は、内乱期にそれぞれが独自の動向を示し、第一と第二の勢力は、頼朝の権力から自立して内乱を主導し、第三の勢力は積極的に頼朝に接近することとなる（秋山一九九一・二〇〇〇）。

甲斐源氏のなかで最初に兵を挙げたのは、第一の武田信義・一条忠頼父子であった。『吾妻鏡』は、甲斐国の武田信義・一条忠頼父子が頼朝の挙兵に呼応して、治承四年九月十日に平氏方の信濃国伊那《いな》郡大田切郷《おおたぎり》の菅冠者《すげのかじや》を攻撃したと記しているが、九月七日に前太政大臣藤原忠雅に届けられた上野国の新田義重《にったよししげ》書状には、「義朝子、伊豆国を領す。武田太郎(信義)、甲斐国を領す」(『山槐記』治承四年九月七日条)とあり、武田信義らの反乱はすでに八月下旬に始まっていたと推測される。そのため平氏家人の大庭景親は石橋山合戦後に俣野景久《またのかげひさ》と駿河国目代橘遠茂《たちばなとおしげ》の軍勢を甲斐国に向けて派遣したが、八月二十五日に富士北麓の波志太山《はしだやま》において安田義定らの軍勢と遭遇し、激戦ののち敗走した。

東国の反乱を鎮圧するために、平維盛を大将軍とする追討軍が、九月二十九日に京を出発したことはすでに述べた通りであるが、その追討軍が十月十三日に安倍《あべ》川西岸の駿河国手越《てごし》宿まで進むと、駿河国目代橘遠茂は戦況を有利にしておくために、再び国内の兵二〇〇〇余騎を率いて甲斐に向かった。この動きを知った武田信義・一条忠頼・安田義定らの軍勢は、若彦路《わかひこじ》を通って河口湖の北にあたる大石駅に出て、翌十四日に鉢田《はちだ》において遠茂の軍勢を迎撃して大勝し、八〇余人の首を路頭に晒したという。

こうした情勢のなかで、いよいよ平維盛率いる追討軍が東国の反乱軍と対峙することになるのである。

ところで、京の藤原経房はある者から伝え聞いた情報として、駿河国目代と甲斐源氏の合戦の様子を『吉記《きつき》』治承四年十一月二日条に次のように記している。

権亮（平維盛）駿河国に下着するの節、一国の勢二千余騎を以て目代、棟梁となす、甲州に寄せしむるのところ、皆率入るるの後に路を塞ぎ、樹下巌腹に隠し置きたる歩兵、皆悉く射取らしむ。異様の下人少々の外、敢へて帰る者無し。

戦闘の実態

すなわち、甲斐源氏の軍勢が駿河国目代の軍勢を山中の間道に引き入れたうえで、道を塞いで立往生させ、そこを狙って樹木や岩陰に隠れていた歩兵が一斉に矢を放って、大勝利を収めたという。源平合戦と聞くと、騎馬武者同士が原野で馬を走らせて矢を射合う馳射《はせゆみ》の一騎打ちをイメージしがちである。しかし、治承・寿永《じゆえい》内乱期には、このように地形や樹木、あるいは「城郭」（堀や土塁、逆茂木、掻楯などで構築された交通遮断施設）を利用することによって、敵の騎馬隊の機動性を封じ込め、味方の歩兵の遠矢・投石などの集団的な攻撃力を生かす戦闘法が、一般的に展開するようになる。こうした戦闘では、敵がいったん退けば、「城郭」の木戸口から味方の騎馬隊が追撃するという歩兵と騎馬武者の連携も見られ、また、多くの民衆が歩兵や「城郭」の構築・破壊にあたる人夫・工兵として、戦場に駆り出されていたことに注意しておきたい（川合一九九六）。

富士川合戦

さて、維盛を大将軍とする追討軍は、十月十六日に駿河国高橋《たかはし》宿に到着したが、十七日の朝、武田信義の使者二人が維盛の宿所を訪れて、次のような書状を届けたという。

武田方より使者を以て消息を相副ふ、維盛の館に送る。其の状に云はく、年来見参《げざん》の志ありと雖も、今に未だその思ひを遂げず。幸に宣旨の使として、御下向あり。須《すべから》く参上すべしと雖も、程遠く一日を隔つと云々、路峻《みちけわ》しく、輙《たやす》く参り難し。また渡御煩《とぎょわずら》ひあるべし。仍《よ》つて浮嶋原《うきしまがはら》において甲斐と駿河との間の広野と云々、相互に行き向ひ、見参を遂げんと欲すと云々。

（『玉葉』治承四年十一月五日条）

平氏一門への見参をこれまで果たせずにいたが、幸いにも追討使（宣旨の使）として維盛が下向したので、富士川の東に広がる浮島原で一戦を交えて見参の志をとげたいと思う、という実に挑発的な開戦状である。大将軍維盛に参謀として付き添っていた侍大将の伊藤忠清は、使者を尋問したのち、「兵法」を無視して使者二人を斬首している。

十月十八日、富士川の西岸に仮屋《かりや》を構えて陣を張った追討軍は、軍議を開いて明暁に攻撃する態勢を整えていたが、各部隊が休息している間に、数百騎の官兵が武田方の陣営に投降した。「残るところの勢、僅《わずか》に一二千騎に及ばず。武田方四万余と云々。敵対に及ぶべからざるに依り、竊《ひそか》に以て引き退く。これ則《すなわ》ち忠清の謀略なり」（『玉葉』治承四年十一月五日条）と伝えられているように、追討軍は一、二〇〇〇騎、武田方は四万騎という圧倒的な兵力の差を前に、無謀な戦闘を避けて密かに撤退するよう伊藤忠清が再三にわたって維盛を説得し、兵を退くことになったという。

しかし、その撤退は整然とは行われなかったらしい。藤原経房の日記『吉記』は、追討軍が引き返す途中の手越宿で失火が起こり、それを敵の襲来と思い込んで、「上下、魂を失ふの間、或いは甲冑を棄て、或いは乗馬を知らず、逃げ帰り了んぬ」（治承四年十一月二日条）と、あわてふためいて敗走したことを伝えている。また藤原忠親の日記『山槐記』には、「暫《しばら》く逗留せば、後陣を囲み塞がんと欲すと云々。忠景《（忠清）》等此の事を聞き、戦はんと欲するの心無きの間、宿の傍らの池の鳥、数万俄《にわか》に飛び去

図 28　富士川（静岡県富士市）

図 29　六所神社（神奈川県中郡大磯町）
相模国総社で国府六所宮と呼ばれた．鎌倉を出陣した頼朝が戦勝祈願を行ったと伝承される．

る。その羽音、雷を成す。官兵皆軍兵寄せ来たると疑ひ、夜中に引き退く。上下競ひ走る」（治承四年十一月六日条）とあり、撤退しようとしていた追討軍が、宿所の傍らの池の鳥の羽音を敵の襲来と勘違いして総崩れになったことが記されている。周知の通り、『吾妻鏡』や『平家物語』は、決戦前夜に富士沼に群集する水鳥が一斉に飛び立った羽音に驚いて、追討軍が敗走したことを描いているが、『山槐記』の記事は、そのような富士川合戦の有名な物語が、当時すでに都の貴族たちの間で噂として広まっていたことを示しているのである。

このように平氏の追討軍が、駿河国富士川で反乱軍と戦わないまま敗走状態に陥った理由は、その前哨戦である波志太山・鉢田合戦において、甲斐源氏の軍勢に駿河国目代橘遠茂の軍勢が大敗していたことや、あるいは追討軍が遠征軍であったために、路次地域で徴発された戦闘員（駆武者《かりむしゃ》）の占める割合が高く、戦況を見た彼らの戦線離脱を食い止めることができなかったことなどがあげられよう。こうして甲斐源氏の軍勢は、平氏の追討軍を富士川で迎え撃つことに成功したのであり、その結果、駿河国は武田信義、遠江《とおとうみ》国は安田義定の制圧下に入ることになったのである。

頼朝軍の黄瀬川宿駐留

一方、頼朝軍は十月十六日に鎌倉を出発して、その夜は相模国府六所宮《ろくしょのみや》にいたり、富士川合戦直前の十八日夜に伊豆・駿河国境の黄瀬川宿に到着した。鎌倉幕府が編纂した『吾妻鏡』には、その日に甲斐源氏・信濃源氏と合流し、二十日には富士川東岸の嘉島《かしま》に陣を構えたとあって、頼朝軍があたかも富士川合戦の当事者であったかのように記載しているが、すでに検討してきたように、富士川合戦は頼朝の権力から自立する甲斐源氏によって主導されたものであり、『吾妻鏡』の記事を信頼することはできない。頼朝軍は黄瀬川宿に逗留したまま、合戦の行方を見守っていたと考えられる（木村茂光二〇〇二b）。

十月二十一日、頼朝は千葉常胤・三浦義澄・上総広常らの意見にしたがって、次の軍事目標を、敵対していた常陸国の有力武士佐竹《さたけ》氏に設定し、軍勢を黄瀬川宿から常陸へ移動させることを決定する。佐竹氏は頼朝と同じ源頼義の流れを汲む源氏一族であるが、奥州藤原氏と姻戚関係にあり、頼朝の権力を背後から脅かし続けていた。この段階では上野国の新田義重もいまだ頼朝に臣従しておらず、頼朝の権力は関東全域を制圧するにはいたっていなかったのである。

黄瀬川宿から撤収することが決まったこの日、奥州から異母弟の義経がわずかな手勢を引き連れて、頼朝のもとに参陣した。これ以後、義経が、同じく頼朝のもとに馳せ参じた範頼《のりより》とともに平氏追討戦争に活躍することは、第四章で詳述したい。

敵方所領没収と没収地給与

黄瀬川宿を出発した頼朝は、十月二十三日に相模国府において御家人に対する論功行賞を行い、軍功のあった御家人には、新恩《しんおん》として敵方武士から没収した所領を給与し、また御家人の所領を保障する本領安堵《ほんりようあんど》を行った。

この敵方所領の没収と給与は、挙兵直後から頼朝軍のもとで進められていたらしく、安房国知行国主であった藤原経房のもとに現地から駆け付けた脚力《かくりき》は、駿河国住人五百余騎、伊豆国に発向し、頼朝を攻む。頼朝党、筥根山《はこねやま》に引き籠る。八日晦日、頼朝等筥根山を出でて乗船し、夜半に安房国に着く。九月一日、諸郡を与力《よりき》の輩に分与し、人家を追捕し、調物《ちょうもつ》を奪取す。

(『山槐記』治承四年十月七日条)

と語ったと伝えられる。すなわち、安房国に渡った頼朝軍は、諸郡の敵方武士の所領を御家人に分配し、また敵方の住宅や国衙《こくが》の倉庫などに押し入って、資財や官物などを奪い取っていたのである。

頼朝の反乱軍が押し進めた敵方所領没収と没収地給与は、敵方本拠地の軍事占領という戦争行為であると同時に、頼朝に味方した御家人に対する新恩給与の最も基本的な在り方であった。例えば、千葉氏が戦って生け捕りにした千田親政の所領は、没収されて千葉氏に給与されるというように、御家人の地域社会における利益を頼朝の権力が保障する行為であり、頼朝のもとに各地の武士を結集させるうえできわめて大きな意味をもっていた。

こうした敵方所領は、平氏などの官軍の場合は、謀叛人所領として朝廷が没収して「没官領《もつかんりょう》」とされ、その給与も朝廷が主体となって行うために、清盛が自由に家人に分配することは不可能であった。他方、頼朝が朝廷の許可もなく、勝手に敵の所領を没収して味方の武士に給与することができたのは、頼朝自身が朝廷に対する謀叛人として出発したからである。敵方所領没収と没収地給与は、まさに反乱軍の軍事体制として展開したのである。

なお、このように敵方所領没収が広く行われると、一方で御家人が知行している所領（当知行地）を保障し、敵方に奪われた旧領を回復させる行為も同時に展開していくことになる。これは本領安堵と呼ばれた。敵方没収地の新恩給与と本領安堵は、論功行賞において頼朝や御家人が最も重視したものであり、頼朝の権力の根幹に位置していた。

鎌倉殿の誕生

さて、相模国において論功行賞や降人の大庭景親の梟首などを行った頼朝は、十月二十七日に常陸国に向けて進発し、十一月四日に常陸国府に到着、翌五日に金砂城《かなさ》を攻めて佐竹秀義を敗走させた。戦後処理などを行ったのち、十七日には鎌倉に戻り、御家人を統括する侍所《さむらいどころ》別当に和田義盛を任じている。

十二月十二日、鎌倉大倉郷《おおくら》に頼朝の新邸が完成し、盛大な移徙《わたまし》の儀礼（転居の祝い）が行われたが、『吾妻鏡』はそれを「しかりしより以降、東国皆その有道《ゆうどう》を見て、推して鎌倉の主となす」（治承四年十二月十二日条）と述べている。謀叛人として朝廷に敵対するこの段階の頼朝の権力は、まさに「鎌倉の主」である鎌倉殿を国王とする東国の独立国家であり、この儀式は国王の戴冠式を意味していたのである（上横手一九九一）。

これ以降、頼朝は積極的な対朝廷外交を行いながらも、寿永二年（一一八三）閏十月までは、決して鎌倉軍を京に向かわせなかった。駿河・遠江両国が自立的な甲斐源氏の勢力に押さえられており、寿永二年（一一八三）七月に安田義定が木曾義仲らに合わせて入京するまでは、黄瀬川より西に容易に進むことができなかったからであるが、しかしそれゆえにこそ、頼朝は挙兵から三年間も関東から軍勢を動かさず、東国における権力の基盤を固めることができた。内乱期固有の政治情勢のなかで、鎌倉幕府権力は創り上げられていったのである。

3――清盛の死と養和の大飢饉

福原からの還都

富士川から敗走した平維盛は、十一月五日の夜わずか二〇騎足らずで帰京した。維盛はあらかじめ使者を福原の清盛のもとに送り、この間の事情を説明したが、厳島から帰ってきたばかりの清盛は、これを聞いて激怒し、当初は維盛の入京を許そうとしなかったほどであった。また同じ頃、福原で清盛と宗盛の間で還都をめぐって激しい口論のあったことが、『玉葉』に記されている。そして十一月八日には、遠江以東の十五ヵ国が反乱軍に与力して、「草木《そうもく》に至るまで靡《なび》かざるはなし」（『玉葉』治承四年十一月八日条）と報じられ、十二日には美濃源氏が関東の反乱に呼応したため、清盛が急ぎ郎従を派遣したという情報が京に伝わった。富士川合戦での敗北により、反乱はさらに各地に広がったのである。

そうしたなか、反乱鎮圧に専念するため、ついに清盛が高倉上皇や宗盛の主張する還都に同意した。福原の新造内裏で十一月十七日から二十日まで五節が行われたのち、還都は二十三日夕方から始められた。福原を出発した一行は二十六日夜に京に入り、安徳天皇は藤原邦綱の五条東洞院《ひがしのとういん》邸、高倉上皇は六波羅の平頼盛の池殿、後白河院は六波羅の泉殿に入った。清盛も福原を出て二十九日に入京し、翌治承五年（一一八一）閏二月四日に病死するまで在京し続け、福原に帰ることはできなかった。

近江騒動の展開

さて、こうしている間にも蜂起は広がり、十一月二十日には、近江源氏の山本義《やまもとよし》経《つね》とその弟柏木義兼《かしわぎよしかね》（甲賀入道）の軍勢が、伊勢国に向かっていた平氏家人藤原景家の郎等たちを近江国勢多《せた》・野路《のじ》において襲撃し、反旗を翻した。さらに琵琶湖《びわこ》の船をすべて東岸に着けさせて、北陸道《ほくりくどう》からの運上物《うんじょうぶつ》を差し押さえたため、大津《おおつ》周辺は騒然となった。二十二日夜には、山本義経の弟で摂津国豊島《てしま》郡を本拠地としていた手島冠者が、本宅に火を放って近江の反乱軍に加わり、さらに延暦寺堂衆や園城寺衆徒の一部も近江源氏と連携して、反平氏行動を展開した。

還都を行った平氏は、全力をあげてこの「近江騒動」の鎮圧に乗り出した。十二月一日、まず平貞《さだ》能《よし》の兄にあたる伊賀国の平田家継《ひらたいえつぐ》が、軍勢を率いて近江国柏木御厨《みくりや》の柏木義兼の居館を攻撃し、手島冠者を討ち取り、義兼を敗走させた。翌二日には、近江道は平知盛、伊賀道は平資盛、伊勢道は伊勢守藤原清綱《きよつな》を大将軍として、三手に分けて追討軍を派遣し、反乱軍の掃討にあたらせた。九日、延暦寺堂衆三、四〇〇人が園城寺悪僧と結託して園城寺に立て籠もったため、翌十日に、平盛俊《もりとし》の郎等二〇騎ほどが様子を探ろうと園城寺に向かったところ、山科《やましな》東辺で堂衆四〇余騎と出会って戦闘となり、堂衆四人が斬首された。十一日、平氏軍は延暦寺堂衆が立て籠もっている園城寺を攻撃し、近隣と寺中の房舎を焼き払って堂衆を敗走させた。なお、火は園城寺の金堂にも燃え移ったが、平盛俊がそれを消し止めたという。

十三日には平知盛と資盛の軍勢が合流して、近江源氏の拠点である蒲生《がもう》郡馬淵《まぶち》城を攻撃して、山本義経・柏木義兼を敗走させた。二〇〇余人が梟首《きょうしゅ》され、四〇余人が捕虜となったと伝えられ、ここに近江源氏の勢力は大きく後退した。その後も山本義経・柏木義兼らは神崎郡山本城に籠もって抵抗を続けるが、やがて近江から退散し、十二月末までには平氏は近江国の制圧に成功した。

南都焼討ち

平氏が近江騒動の鎮圧に乗り出した十二月になると、今度は南都興福寺の大衆が蜂起した。十二月九日には、「宮大衆」(以仁王)と称する勢力が、平氏方の四郎房《しろうぼう》という悪僧の勢力を追い出し、近江の動向に呼応して上洛する準備を整えていると伝えられた(『玉葉』治承四年十二月九日条)。上洛を企てている大衆は五〇〇人程度であったが、彼らは源氏の武士と結んで上洛しようとし、惣大衆によって制止されたという。実際、南河内に勢力を誇る石川《いしかわ》源氏の家督石川義基《よしもと》は、「南都衆徒」と連携して挙兵しようとして、家人源貞弘《さだひろ》の裏切りにあって失敗しており(『警固中節会部類記《けいごちゅうせちえぶるいき》』)、興福寺大衆の動向が単なる風聞ではなかったことを示している。

以仁王・源頼政の挙兵事件においても、興福寺大衆は謀叛に加担したと見られていたため、今回は官軍による武力追討という断固たる処分が下された。十二月二十五日、蔵人頭平重衡を大将軍とする追討軍が南都に下向し、二十七日にまず河内方面から官兵が攻め寄せたが、興福寺大衆によって三〇人が射殺され、退却を余儀なくされた。一方、南山城から攻め寄せた重衡の軍勢は、二十八日に奈良《なら》坂《ざか》・般若寺《はんにゃじ》に構えられた「城郭」を突破し、南都に侵入して、火を放った。火災は重衡の予想をこえて広がり、東大寺《とうだいじ》大仏殿《だいぶつでん》までも含む興福寺・東大寺の主要な堂舎がことごとく灰燼《かいじん》に帰することとなった。重衡は、悪僧三〇〇人を梟首し、翌二十九日に四九人の首をもって京に凱旋した。

図30　東大寺大仏殿（奈良市）

惣官の設置

翌治承五年（一一八一）一月四日、東大寺・興福寺の僧綱《そうごう》以下の現任を解き、寺領荘園の没官を命じる宣旨が発給された。しかし、内乱はなおも拡大する様相を見せ、十一日には熊野衆徒が五〇艘で伊勢国に打ち入り、官兵三〇〇余人を射取ったという事件が都に伝えられ、また翌日には九州における菊池隆直の反乱が数万騎に膨れ上がったという情報までもたらされた。そうしたなか、かねてより病状が思わしくなかった高倉上皇が危篤に陥り、十四日の午前三時頃に六波羅の池殿において亡くなった。享年二十一であった。十七日にはこの事態を受けて、後白河院が国政運営の場に戻ることになり、治承三年のクーデタ以来停止されていた後白河院政が復活した。

図31　平宗盛画像

一月十九日、高倉上皇の生前中の決定に基づいて、平宗盛を五畿内および伊賀・伊勢・近江・丹波《たんば》の九ヵ国の惣官《そうかん》職に補任する宣旨が発給された。この惣官は、全国に拡大した内乱に対処するために、畿内近国の国衙機構を掌握し、兵士役の賦課や兵粮米《ひょうろうまい》の徴収などを強力に押し進める高次の軍事指揮官としての地位であった。翌二月七日には、平盛俊を丹波国諸荘園惣下司に補任する宣旨も下され、総力的な軍事動員体制をさらに補強する措置がとられた。

そしてこれ以降、惣官宗盛は、職事《しきじ》弁官《べんかん》を介した後白河院と摂政藤原基通の持ち回り合議にも参加していくことになる。惣官体制は、非常時における軍事体制としての側面だけではなく、平氏一門の意向を国政運営に反映させる政治体制としての側面ももっていたのである（田中二〇〇三）。

清盛の死

二月に入り、源行家の反乱軍が尾張《おわり》国に進出したという情報がもたらされると、惣官宗盛のもとで戦闘の準備が着々と進められることとなった。二月七日には、富裕者に対して兵粮米を賦課する目的で、左右京職《きょうしき》の官人や検非違使に京中在家の調査を命じる宣旨が出され、また伊勢・美濃両国に対して、荘園・国衙領を論ぜず水手《かこ》・雑船・兵粮を徴発して、美濃・尾張国境の墨俣渡《すのまたのわたし》に送ることを命じる宣旨が発給された。実際に伊勢国内の伊勢神宮領では、二月二十四日に水手二九八人と雑船四八艘、兵粮米の徴発が完了し、そのうち四五艘がすでに墨俣渡に送られている。

こうして臨戦態勢が整えられ、閏二月上旬には宗盛自ら追討使となって出陣する予定であったが、二月二十七日に平清盛が「頭風《ずふう》」を病んでいるとの情報が伝えられ、閏二月一日には「禅門(平清盛)の所労、十の九は其の憑《たのみ》無し」(『玉葉』治承五年閏二月一日条)という状態となり、宗盛の出陣は延引された。そして閏二月四日の戌《いぬ》の刻(午後八時頃)、清盛は八条河原の平盛国《もりくに》邸において六十四歳の波乱に満ちた生涯を閉じた。発病からわずか七日ほどの、まさに急死である。

『吾妻鏡』によれば、清盛の遺言は、①死後三日経ってから葬儀を行うこと、②遺骨は播磨国山田《やまだ》法華堂《ほっけどう》に葬ること、③仏事は毎日行う必要はなく七日ごとに行えばよいこと、④京において追善《ついぜん》仏事を行ってはならないこと、⑤子孫は東国の平定に専念すること、などであったという。福原の西方、明石海峡を眼前に望む播磨国山田の地には、一年前に高倉上皇が厳島参詣に向かった際に昼食をとった清盛の別荘が営まれており、法華堂はその邸宅に付属した施設であったと推測される(高橋二〇〇七)。清盛はその最も愛した土地に眠ることを望んだのである。

清盛が急死して一〇日余り経った閏二月十五日、蔵人頭平重衡が追討使となり、三〇〇〇余騎を率いて美濃・尾張国境の墨俣に向かって出陣した。三月十日、重衡らを大将軍とする追討軍と源行家率いる反乱軍が墨俣川において衝突し、行家軍三九〇人が討ち取られ、平氏軍の大勝利に終わっている。この墨俣川合戦の勝利によって、平氏は尾張以西を支配領域として回復したが、養和《ようわ》の大飢饉の影響もあって、清盛の遺言であった東国の平定はその後に先送りされることになり、結局、実現することはなかったのである。

養和の大飢饉

鴨長明《かものちょうめい》の『方丈記《ほうじょうき》』は、治承四年（一一八〇）の異常気象に始まった「養和の大飢饉」の惨状について、次のように生々しく伝えている。

また、養和のころとか、久しくなりて覚えず、二年があひだ、世中飢渇して、あさましき事侍りき。或は春・夏ひでり、或は秋、大風・洪水など、よからぬ事どもうち続きて、五穀《ごこく》こと〴〵くならず。むなしく春かへし、夏植うるいとなみありて、秋刈り冬収むるぞめきはなし。これによりて、国々の民、或は地を棄てて境を出で、或は家を忘れて山に住む。……たま〳〵換ふるものは金を軽くし、粟を重くす。乞食、路のほとりに多く、愁へ悲しむ声耳に満てり。

前の年、かくの如く辛うじて暮れぬ。明くる年は立ち直るべきかと思ふほどに、あまりさえ疫《えき》癘《れい》うちそひて、まさゝまに、あとかたなし。……築地《ついじ》のつら、道のほとりに、飢ゑ死ぬるもののたぐひ、数も不知《しらず》。取り捨つるわざも知らねば、くさき香世界にみち満ちて、変りゆくかたちありさま、目も当てられぬこと多かり。いはむや、河原などには、馬・車の行き交ふ道だになし。

内乱が勃発した治承四年は、夏の激しい干魃《かんばつ》と秋の大型台風に見舞われたことで農作物が損亡し、翌治承五年（養和元年）に大飢饉が展開した。前述したように、二月七日には富裕者に兵粮米を宛て課す目的で、左右京職の官人や検非違使に京中在家の調査が命じられたが、単に兵粮米の徴収だけではなく、「これ天下飢餓の間、富を割き貧に与ふるの義なり」（『玉葉』治承五年二月二十日条）とあるように、京中の飢民《きみん》を救う飢饉対策の一環としても行われており、すでにこの段階で飢饉が深刻化していたことが知られる。翌養和二年（一一八二）になっても飢饉は続き、『方丈記』に記されているように、疫病の流行をともなってさらに被害が拡大した。

各地の軍事情勢

墨俣川合戦後、このような大飢饉のなかで大規模な軍事行動をとることができなくなった惣官宗盛は、現地の有力武士の武力に依存して反乱鎮圧を進める方針に転じた。九州においては、治承五年四月十日に宗盛の推挙で筑前国の有力家人原田種直《はらだたねなお》が大宰権少弐《ごんのしょうに》に補任され、十四日には菊池隆直の追討を命じる宣旨が発給された。八月三日には追討使として平貞能が九州に下向し、翌養和二年（一一八二）五月になってようやく菊池隆直が平貞能に降伏したという情報が京にもたらされた。

東国においては、養和元年（一一八一）八月十五日に藤原秀衡を陸奥守《むつのかみ》、城助職《じょうすけもと》（長茂《ながもち》）を越後守に任じて、反乱鎮圧への軍事協力を要請した。しかし、奥州藤原秀衡は全く動こうとはせず、また越後国白河荘を本拠地とする城助職は、すでに同年六月十三・十四日に信濃国横田河原《よこたがわら》で木曾義仲らの軍勢に大敗したあとであった。越後に逃走した助職は、同国の在庁官人からも追われて、南奥州の「藍（会津）の城」に入ろうとしたところ、藤原秀衡が郎従を派遣して押領《おうりょう》しようとしたため、「本城」の白河館に引き籠もったと伝えられる（『玉葉』治承五年七月一日条）。八月十五・十六日には、但馬守《たじまのかみ》平経正と中宮亮《ちゅうぐうのすけ》平通盛が北陸道追討使として下向し、通盛は越前国府まで進んだが、九月六日には拡大する越前・加賀の反乱勢力に大敗して、木ノ芽峠《きのめとうげ》をこえて敦賀《つるが》に退却することとなり、十一月二十日に帰京した。

このように各地に様々な軍事勢力が割拠する状況のなかで、鎌倉の源頼朝は、七月頃に後白河院に密使を送り、「全く謀叛の心無し。偏《ひとえ》に君の御敵を伐たんがためなり」と自らの立場を主張したうえで、「古昔の如く、源氏平氏相並び、召し仕ふべきなり。関東は源氏の進止となし、海西は平氏の任意となし、共に国宰においては、上より補せらるべし」（『玉葉』養和元年八月一日条）と述べ、平氏との和平を提案している。この提案は宗盛の拒絶にあって実現しなかったが、こののちも頼朝は積極的に対朝廷外交を進めており、平氏軍との和平策も選択肢の一つとしてもち続けていたことに注意しておきたい。

養和元年（一一八一）後半から、平氏軍の北陸道遠征が始まる寿永二年（一一八三）四月までは、養和の大飢饉の影響で各地の軍事情勢は膠着化し、目立った動きは見られなくなるが、関東では、頼朝の叔父にあたる常陸国の志太義広《しだよしひろ》が、寿永二年二月に鎌倉を攻撃しようとして挙兵し、下野国野木宮《のぎのみや》において小山朝政をはじめとする頼朝軍と戦って敗走した。

反乱諸勢力の間でもこうして厳しい緊張関係が生じていたのであり、敗走した義広は半年後には木曾義仲と結んで入京することになるのである。

四　平氏追討戦争と鎌倉幕府権力の形成

1——軍事情勢の流動化

平氏の北陸道遠征と民衆

畿内・西国がようやく養和《ようわ》の大飢饉《だいききん》から立ち直りかけた寿永《じゆえい》二年（一一八三）四月中旬、平氏軍は維盛《これもり》・通盛《みちもり》・経正《つねまさ》・忠度《ただのり》・行盛《ゆきもり》・知度《とものり》・清房《きよふさ》らを大将軍として、北《ほく》陸道《りくどう》の反乱鎮圧に向かった。この遠征では、前章で述べたような、逆茂木《さかもぎ》などによる「城郭」（交通遮断施設）を戦場でつくったり、敵が構えた逆茂木を伐り落としたりするための工兵として、山城国和束杣《やましろわづかそま》などの杣工《そまく》（きこり）たちに対して大規模な兵士役が賦課《ふか》された。

この兵士役賦課については、杣工のように戦闘に役に立たない者までが駆り集められたとして、かつては平氏軍の「弱さ」を示す根拠とされてきた。しかし、「城郭」戦の実態を踏まえれば、平氏は当時の戦争の在り方に合致した、民衆までも含む総力的な軍事動員を畿内近国で行ったと見ることができ、むしろ積極的な評価が可能である。同時代史料にしたがっても、北陸道に向かう平氏軍は「四万余騎の勢」（『玉葉《ぎよくよう》』寿永二年六月五日条）の動員に成功していたのである。

このような大軍を賄う兵粮米《ひょうろうまい》を事前に確保することができなかった平氏軍は、往路の兵粮を、北陸に向かう街道筋の地域で追捕《ついぶ》（住宅や施設に入って資財を差し押さえる行為）することが朝廷から認められていた。平氏諸将に率いられた各部隊は、琵琶湖《びわこ》西岸の村々に押し入り、食料や物資を手あたり次第に没収しながら北上していった。延慶本《えんきょう》『平家物語』には、山野に逃げ隠れた村人たちが軍勢に向かって、「昔ヨリシテ朝敵《ちょうてき》ヲシヅメムガ為ニ、東国北国ニ下リ、西海南海ニ赴ク事、其例多シトイヘドモ、如此ノ人民ヲ費《つい》シ国土ヲ損ズル事ナシ」（第三末「為木曾追討軍兵向北国事」）と叫ぶ様子が描かれている。官軍の例は多くても、これほどまでに民衆を苦しめ、国土を損亡させたことはない、と。

こうした軍隊による路次《ろじ》追捕は、平氏軍に限らず、治承《じしょう》・寿永内乱期には一般的に展開したが、たとえ朝廷から承認を得た行為ではあっても、事実上は掠奪《りゃくだつ》行為に他ならない。右の延慶本の記事には、当時の民衆の軍隊に対する怒りの声が表現されているのである。

越中礪波山の敗戦

大軍を誇る平氏軍は、四月二十七日に平泉寺長吏斎明《へいせんじちょうりさいみょう》の内応で越前《えちぜん》国燧城《ひうちがじょう》を落とし、五月二日には加賀《かが》国に進軍したが、五月十一日、越中《えっちゅう》・加賀国境の礪《と》波山《なみやま》（倶利伽羅峠《くりからとうげ》）において、木曾義仲《きそよしなか》をはじめとする反乱軍に大敗を喫した。『平家物語』の異本の一つである『源平盛衰記《げんぺいじょうすいき》』の巻二十九「礪並山合戦」には、夜になって木曾義仲が四、五〇〇頭の牛の角に松明《たいまつ》をつけて平氏の陣に追い入れ、大混乱となった平氏方の人馬が次々と深い谷底に落ちていったという有名な場面が記されている。いわゆる「火牛《かぎゅう》の計」であるが、これは牛の角に剣をつけ、

図32　倶利伽羅峠の古写真（富山県小矢部市）
1878年10月，明治天皇の北陸巡幸の際に撮影された倶利伽羅峠の旧道.

尾に火をつけて敵軍へと走らせたとする、中国の戦国時代の逸話（『史記《しき》』田単伝）をもとにした創作と理解されている。

九条兼実《くじょうかねざね》の日記『玉葉』には、「去る十一日、官軍の前鋒勝に乗り、越中国に入る。木曾冠者《かじゃ》義仲、十郎蔵人《くろうど》行家《ゆきいえ》、および他の源氏等迎へ戦ひ、官軍敗績し、過半死し了《おわ》んぬと云々」（寿永二年五月十六日条）と簡略な記事があるだけであるが、平氏軍が大軍の強みを発揮できない山中の隘路《あいろ》に引き込まれ、多大な犠牲者を出したことは確かである。大将軍の一人であった平知度（清盛子息）までもが、この戦闘で討死した。

六月一日、平氏軍は加賀国の篠原《しのはら》合戦でも敗北し、京に逃走した。四万余騎の平氏軍がわずか五〇〇〇騎の反乱軍に敗れた原因を、『玉葉』寿永二年六月五日条は、大将軍とそれを補佐する侍大将《さむらいだいしょう》たちが「権盛」を争ったためであると記している。こうして北陸道での平氏軍の思わぬ敗北により、治承五年（一一八一）春以降、膠着化していた軍事情勢はいっきに流動化した。治承・寿永の内乱は新たな局面に突入したのである。

平氏都落ちの実相

北陸道遠征に失敗した平氏軍は、義仲やそれと同盟する源行家らの軍勢を迎え討つために、京周辺を固めた。義仲軍が近江国《おうみ》に到達していた六月十八日には、

図33　平氏都落ち（『春日権現験記絵』）

養和元年（一一八二）から追討使《ついとうし》として九州の平定にあたっていた肥後守《ひごのかみ》平貞能《さだよし》が上洛したが、引き連れてきた軍勢は一〇〇〇余騎程度にすぎず、京中の人々を落胆させた。

七月半ば、延暦寺《えんりやくじ》とも提携した義仲軍が、いよいよ京をうかがう情勢になると、平忠度は一〇〇騎を率いて丹波《たんば》に、資盛《すけもり》は家人貞能《けにんさだよし》とともに一〇〇〇騎を率いて宇治田《うじた》原《わら》に、平知盛《とももり》・重衡《しげひら》は二〇〇〇騎の軍勢で勢多《せた》に、平頼盛《よりもり》も山科《やましな》に下向して、防衛態勢を固めた。しかし、平氏と長年にわたり協調関係を保ってきた摂津《せつつ》国の多田《ただ》行綱《ゆきつな》が、にわかに反乱軍に同調して、摂津国河尻《かわじり》の船を点定して西日本への海上交通ルートを遮断する動きを見せると、平氏一門の家督である平宗盛《むねもり》は、包囲される前に西国に下向して態勢を立て直し、再び都を奪還するという作戦に急遽変更することとなる。こうして実行されたのが「平氏都落ち」である。七月二十四日、宗盛は都落ちを行うため、出陣中の諸将をいったん都に呼び戻した。

　この時、宗盛は後白河院《ごしらかわいん》に対して「資盛卿においては、宣旨《せんじ》を給はる人なり。院より召し遣はさるべし。自余《じよ》の輩に至りては、私に遣はし了んぬ。直ぐに召し返すべきの由、内府申さる」（『吉記《きっき》』寿永二年七月二十四日条）として、宣旨を給わって後白河院から派遣された平資盛の小松《こまつ》家の軍勢には、院から帰京命令を出してほしいと要請した。平重盛《しげもり》の死後、清盛《きよもり》の正妻平時子《ときこ》が生んだ宗盛が平氏一門の家督となったことで（重盛の母は高階基章《たかしなもとあきら》の娘）、重盛の子息である資盛・維盛らの「小松殿の公達《きんだち》」は、一門内で微妙な立場に置かれていたが、それだけでなくこの時期の平氏軍は、後白河院指令下の資盛・家人貞能らと、宗盛指令下の知盛・重衡らと、命令系統を異にする二種の軍団で成り立っていたのである（上横手一九八七）。

早速、院司《いんじ》高階泰経《やすつね》が院宣《いんぜん》を奉じて、平資盛と貞能に帰京するように命じたが、平氏一門の都落ちを察知した後白河院は、連行から逃れるために、二十四日夜半に密かに法住寺殿《ほうじゅうじどの》を抜け出して比叡山《ひえいざん》に登った。翌二十五日の午前中、平氏一門は六波羅《ろくはら》邸と西八条邸を焼き払い、安徳《あんとく》天皇と三種の神器をともなって九州に向けて出京したが、摂政藤原基通《せっしょうふじわらもとみち》は途中で引き返して北山の知足院《ちそくいん》に逃走した。平氏一門がすでに都を去ったあとの二十五日の夕方、資盛・維盛・貞能らの小松家の軍勢がようやく京に戻っているが、資盛らは蓮華王院《れんげおういん》に入って、比叡山に逃れた後白河院の指示を仰ごうとするものの、うまく連絡がとれず、結局、翌日早朝に再び都を出て、宗盛の率いる平氏軍本隊に合流していく。

しかし、資盛と同じく院の指令下にあり、宗盛から都落ちの連絡がなかった池《いけ》家の平頼盛は、そのまま都にとどまり八条院《はちじょういん》のもとに身を寄せた。また、小松家の有力家人の伊藤忠清《いとうただきよ》や平貞頼《さだより》（貞能子息）らも、出家して都落ちには同行しなかった。清盛の後家時子と宗盛が主導した平氏都落ちは、こうして一門内部の分裂を表面化させたのである。

諸国源氏の入京

さて、平氏一門が都を去ると、そのかわりに入京してきたのが、木曾義仲・源行家をはじめとする諸国の反乱諸勢力であった。通常、この時期の政局は平氏と木曾義仲との対抗関係で説明されることが多いが、実際には、都と地方が緊密に結ばれた当時の武士社会の在り方を反映して、諸国から源氏を中心とする多様な武士勢力が一斉に都に入っていることに注意しなければならない。

藤原経房《つねふさ》の日記『吉記』寿永二年七月三十日条や、延慶本『平家物語』第三末「京中警固ノ事義仲注申事」は、入京した軍勢による京中守護《しゅご》の分担を次のように伝えている。

①頼政卿孫右衛門尉有綱(源)「大内裏《だいだいり》、替川に至る」。
②高田四郎重家・泉次郎重忠「一条より北。西朱雀《にしすざく》より西、梅宮《うめのみや》に至る」。
③出羽判官光長(源)「一条より北。東洞院より西、梅宮に至る」。
④安田三郎義定「一条より北。東洞院より東、会坂《おうさか》に至る」。
⑤村上太郎信国「五条より北。河原より東、近江《おうみ》境に至る」。
⑥葦敷太郎重隆「七条より北、五条より南。河原より東、近江境に至る」。
⑦十郎蔵人行家(源)「七条より南。河原より東、大和《やまと》境に至る」。
⑧山本兵衛尉義経「四条より南、九条より北。朱雀より西、丹波境に至る」。

⑨甲賀入道成覚（柏木義兼）「二条より南、四条より北。朱雀より西、丹波境に至る」。
⑩仁科次郎盛家「鳥羽四至の内」。
⑪義仲「九重の内。ならびに此の外の所々」。

右の武士の顔ぶれを見れば、いかに多様な地域の武士が義仲・行家とともに入京したのかが知られよう。これらの武士の出身は、①が摂津源氏、②⑥が美濃・尾張源氏（重宗流）、③が美濃源氏（国房流）、④が甲斐《かい》源氏、⑤が信濃《しなの》源氏、⑦が河内《かわち》源氏、⑧⑨が近江源氏、⑩が信濃国の仁科御厨《にしなみくりや》を本拠とする平姓の武士である。彼らはいずれも木曾義仲配下の武士ではなく、独自の行動をとって入京してきた自立性の強い勢力であり、院政期に京武者《きょうむしゃ》として都で活動してきた軍事貴族の一族が多く含まれていた。また、ここには記されていないが、頼朝《よりとも》軍と下野《しもつけ》国野木宮《のぎのみや》で戦って敗れ、義仲のもとに身を寄せていた常陸《ひたち》国の志太義広《しだよしひろ》（行家の兄）や、行家と結んだ河内石川《いしかわ》源氏の石川義兼《よしかね》も入京していた。

木曾義仲が指揮する軍勢は、平氏都落ちにより反乱軍から官軍に性格を変えたが、より重要な点は、入京と同時にこのような「国守級の軍事貴族の混成軍団」に膨れ上がったことであった（浅香一九八一）。そこで義仲の統制力が弱まるのは当然であり、そのためにこれ以後、都は大きな混乱に陥ることとなる。

さて、七月三十日に朝廷では院御所議定《いんごしょぎじょう》が開かれ、平氏を都から追い落とした功績について議論が行われたが、公卿の一致した意見は「第一頼朝、第二義仲、第三行家」（『玉葉』寿永二年七月三十日条）

という序列であった。都の貴族社会では、関東から動いていないにもかかわらず、前右兵衛権佐《さきのうひょうえのごんのすけ》の身分をもち、二年間にわたって対朝廷外交を進めていた頼朝こそが、平氏にかわる武門の棟梁《とうりょう》と認められ、現実に京に進駐している義仲はその配下と見なされたのである。

後鳥羽天皇の擁立

安徳天皇や三種の神器をともなった平氏一門の都落ちは、朝廷に大きな衝撃を与えた。都落ちの翌日の二十六日には、比叡山上の後白河院から摂津の多田行綱に対して、三種の神器の保全のため平氏一門を追撃しないように命じる院宣が発給された。三十日、安徳天皇の帰京と神器の返還を要求する院宣が西国に落ちた平時忠に宛てて出されたが、八月十日に備前《びぜん》国児島《こじま》から都に届けられた時忠《ときただ》の返書は、これを拒否する内容であったため、朝廷は新たな天皇の擁立に動くことになる。

入京した武士たちに対する勧賞は、八月十日・十六日・二十五日の三次にわたって行われ、義仲は最終的に従五位下左馬頭《さまのかみ》・伊予《いよ》守、行家は従五位下備前守、安田義定《やすだよしさだ》が従五位下遠江《とおとうみ》守に叙任され、さらに山本義経《やまもとよしつね》が伊賀《いが》守、源光長《みつなが》が伯耆《ほうき》守、葦敷重隆《あじきしげたか》が佐渡《さど》守などに任じられた。また八月十八日には、朝廷に没官《もっかん》された平氏一門所領の「平家没官領」五〇〇余所のうち、義仲に一四〇余所、行家に九〇ヵ所が分給された。平家没官領は、兵粮米を徴収するための所領として分配されたが、その多くはいまだ平氏の勢力下にある西国に存在しており、実際に知行《ちぎょう》できるかどうかは、今後の軍事活動の進展にかかっていた。

八月十八日、朝廷は公卿議定を開いて、故高倉上皇《たかくらじょうこう》の第四皇子である四歳の尊成《たかひら》を皇位継承者に定め、二十日には神器がないままに後鳥羽天皇の践祚《せんそ》を強行した。この過程において、木曾義仲は後白河院が望む高倉上皇の皇子ではなく、以仁王《もちひとおう》の挙兵事件後に北陸に逃れた十七歳の以仁王遺児（北陸宮《ほくりくのみや》）の皇位継承を強く主張して、院や公卿たちを驚かせた。

当時、八条院に仕えていた健御前《たけごぜん》はその著『たまきはる』に、公卿議定の前日にあたる十七日に後白河院と異母妹八条院暲子《あきこ》との間で、「女院、『御位はいかに』と申させをはします御返事に、『高倉の院の四宮《しのみや》』と仰せ事ありしを、……女院、『木曾は腹立ち候まじきか』と申させおはします。『木曾は、何とかは知らん』…」という会話が交わされたことを記している。後白河院はあらかじめ四宮尊成を皇位継承者に決めていたのであり、翌日、その既定方針が卜筮《ぼくぜい》の結果として示され、義仲の主張は斥けられることになるのである。

都の混乱

入京早々、義仲は右のように皇位継承問題に介入して、後白河院や貴族社会から反感を買うことになったが、義仲への非難はそれだけにとどまらなかった。当時の都の状況について、右大臣九条兼実は次のように記している。

凡《およ》そ近日の天下、武士の外、一日存命の計略無し。仍つて上下多く片山田舎等に逃げ去ると云々。……畿内近辺の人領、併《しか》しながら苅《か》り取られ了んぬ。段歩《たんぶ》残らず。また京中の片山及び神社・仏寺・人屋・在家、悉《ことごと》く以て追捕す。その外、適々不慮の前途を遂ぐるところの庄公《しょうこう》の運上物、多少を論ぜず、貴賤《きせん》を嫌はず、皆以て奪ひ取り了んぬ。

京中の万人、今においては、一切存命するに能はず。義仲、院の御領《ごりよう》已下《いげ》、併しながら押領《おうりよう》す。

日々陪増し、凡そ緇素《しそ》貴賤涙を拭《ぬぐ》はざるは無し。憑《たの》むところ只頼朝の上洛と云々。

（『玉葉』寿永二年九月三日条）

（『玉葉』同年九月五日条）

京を制圧する混成軍団によって、住宅や寺社への乱入・追捕や、畿内近辺の田畠の刈り取り・押領が、右のように兼実の眼前で繰り広げられていたのである。

延慶本『平家物語』には、「資財雑具東西南北へ運隠スホドニ、引失事数ヲ不知。穴ヲ掘テ埋シカバ、或ハ打破、或ハ朽損ジテゾ失ニケル」（第四「木曾都ニテ悪行振舞事　付知康ヲ木曾ガ許へ被遣事」）とあり、資財・雑具を京の郊外へ運び隠したり、土中に穴を掘ってそれらを埋めたりする民衆の姿が生々しく描かれている。こうした状況のなかで、混乱を収拾できない義仲に厳しい批判の目が向けられ、関東の頼朝の上洛に都の人々の期待が集まっていったのである。

九月十二日、院御所の法住寺殿において、醍醐《だいご》寺勝賢《じしようけん》によって三十五日間の転法輪法《てんぽうりんほう》が始められ、十九日には後白河院が参院した義仲に自ら御剣《ぎよけん》を手渡し、平氏追討を命じた。転法輪法とは、転法輪菩薩を本尊として怨敵破砕を祈る調伏法《ちようぶく》であるが、最近の研究によれば、この修法は賊軍となった平氏軍の調伏だけでなく、義仲の京からの追放をも意図していたという（横内二〇〇八）。実際、二十日に義仲直属の軍勢が西国に出陣すると、京中が静まったとしてその「法験《ほうげん》」が称えられたのである。

平氏軍本隊の動向

一方、七月二十五日に都落ちした平氏軍本隊は、備前国児島などにしばらく滞在したのち、八月下旬になって鎮西《ちんぜい》の大宰府《だざいふ》に入った。しかし、肥後国の菊池《きくち》氏や豊後国《ぶんご》の臼杵《うすき》氏・緒方《おがた》氏などが合力《ごうりき》する動きを見せず、十月二十日には、平氏軍は緒方惟栄《これよし》（惟義）らの攻撃を受けて大宰府から退却し、九州を離れて讃岐国屋島《さぬきやしま》に向かった。

安芸国志芳荘《あきしわ》から領家《りょうけ》藤原経房《つねふさ》にもたらされた脚力《かくりき》の情報には、平氏軍本隊が九州を離れる際に、「出家する人、其の数有り」（『吉記』寿永二年十一月四日条）とあり、出家して九州にとどまる武士が相当数いたことを伝えているが、そのなかに、父家貞《いえさだ》の代から長年にわたり九州経営にあたっていた小松家家人の平貞能も含まれていた。『玉葉』には、「平氏始め鎮西に入ると雖も、国人等用ひざるに依り、逃げ出で、長門国《ながと》に向ふ間、また国中に入れず、仍つて四国に懸《かか》り了んぬ。貞能は出家して西国に留り了んぬと云々」（寿永二年閏《うるう》十月二日条）とあり、平氏軍本隊が九州を離れる時点で、貞能が出家して同地にとどまったことが知られるのである。

清盛・重盛に仕えた譜代の平氏家人の代表的存在であった貞能が、ここで戦線離脱したことは、その後の平氏軍の動向に大きな影響を与えた。重盛死後、貞能が補佐した「小松殿の公達《きんだち》」のうち、小松家の嫡流の地位にあった平資盛は、一説には貞能とともに豊後の緒方氏に降伏したとされ、壇ノ浦《だんのうら》合戦で討死したとする『吾妻鏡《あずまかがみ》』や『平家物語』の記事とは異なる所伝が存在しているし、弟の清経《きよつね》は、平氏軍が九州を離れる際に入水《じゅすい》したと伝えられている。また長兄の維盛は、翌年二月までに屋島の本営を船団を率いて離脱したといわれ、同じく屋島を離れた忠房《ただふさ》も、紀伊《きい》国の有力家人であった湯《ゆ》浅宗重《あさむねしげ》のもとに文治《ぶんじ》元年（一一八五）まで匿われていたという（上横手一九八五・一九八七）。屋島に本営をすえた平氏軍本隊は、瀬戸内海の制海権を握り、なお西国の支配を維持したが、小松家を中心に戦線離脱者も相次ぎ、その規模は徐々に縮小していったのである。

寿永二年十月宣旨

さて寿永二年九月二十日に、平氏追討のため西国に下向した木曾義仲の軍勢は、播磨《はりま》・備前両国を進んで十月十二日には備中《びっちゅう》国の妹尾兼康《せのおかねやす》を滅ぼしたが、閏十月一日に備中国水島《みずしま》において平氏軍に大敗すると、義仲は後白河院の制止を押し切って同十五日に帰京した。義仲にとっては、都を留守にしておけない切迫した事態が迫っていたからである。

それは、関東の源頼朝の動きであった。頼朝は、義仲が平氏追討のために西国に下向しようとしていた九月中旬頃から、文覚《もんがく》上人を介して朝廷と交渉を始め、朝廷からは後白河院の使者として院庁官の中原泰貞《なかはらやすさだ》が鎌倉に派遣された。中原泰貞は、九月末に鎌倉から京に戻り、頼朝からの三ヵ条の申請内容を院に伝えた。その内容は、第一に、押領されている神社仏寺領を元のように本所に返付すること、第二に、押領されている王家・摂関家領以下の権門勢家《けんもんせいけ》領についても、元のように本所に返付すること、第三に、たとえ平氏家人であっても、降参した者に対しては斬罪を免除することの三ヵ条であり、混成軍団による激しい追捕・掠奪で大混乱に陥っていた都の貴族たちを喜ばせた。

朝廷側は、十月九日に頼朝を平治《へいじ》の乱以前の本位である従五位下に復する措置をとり、さらに同十四日には、頼朝の申請に基づいて、有名な「寿永二年十月宣旨」を発給した。十月宣旨の原文は伝わっていないが、次のような内容をもっていたことが知られる。

東海・東山諸国の年貢、神社仏寺ならびに王臣家領の庄園、元の如く領家に随ふべきの由、宣旨を下さる。頼朝申し行ふに依るなり。

（『百練抄《ひゃくれんしょう》』寿永二年十月十四日条）

先日の宣旨に云はく、東海・東山道等の庄公、服せざるの輩あらば、頼朝に触れ沙汰《さた》を致すべしと云々。

（『玉葉』寿永二年閏十月二十二日条）

十月宣旨は、東海・東山両道の荘園・国衙《こくが》領を元のように荘園領主・国司に知行させるとともに、この命に服従しない者があれば、頼朝に連絡してその実力でしたがわせるという内容であり、頼朝の実力的支配を前提として、東国の荘園・国衙領を中央の貴族や大寺社に回復させるものであった。挙兵以来、反乱状態のままで維持されてきた頼朝の東国の独立国家は、ここに朝廷に併合されたのである（上横手一九九一）。

しかし、この宣旨は同時に、頼朝が東国で独自に築き上げてきた反乱軍の軍事体制、例えば敵方所領没収と没収地給与などを、朝廷が王朝国家のシステムとして追認したことも意味しており、それが西国にまで拡大していく契機となった。結果から見ると、寿永二年十月宣旨は、中世の国家体制の在り方を大きく変容させる一大画期になったのである。

閏十月になると、頼朝は早速に十月宣旨を施行する名目で、源義経《よしつね》・中原親能《ちかよし》を伊勢国まで進軍させた。いよいよ鎌倉軍が京に向かって動き出したのであり、木曾義仲があわてて帰京したのは、こうした鎌倉軍の動向をつかんだからであった。

法住寺合戦

都に戻った義仲は、閏十月十九日に在京する源氏諸将を義仲邸に召集して、今後の軍事行動について議定を行ったが、そこで義仲は上洛しようとする頼朝を迎え撃つために、後白河院をともなって関東に下向するという計画を提案し、源行家や光長に強硬に反対された。それればかりか、この計画はただちに行家によって後白河院に密告され、京中では、義仲が院や公卿を連行して北陸道に下向するという風聞までが広がった。先に名前をあげた諸国源氏のうち、⑧・⑨の近江源氏と志太義広を除いては、すべての武士がこの段階で義仲から離反し、京の混成軍団は完全に崩壊したのである。

義仲は、西国に下向する平氏追討使として志太義広を推挙する一方、自らは都にとどまって鎌倉軍の動向に目を光らせ、閏十月二十二日には、義経・親能の伊勢進駐に乗じて、鈴鹿山《すずかやま》を切り塞いで蜂起した伊勢国の在地武士に対抗するために、郎従《ろうじゅう》を派遣した。しかし後白河院は、頼朝とすでに敵対関係にある志太義広を平氏追討使に任命することを拒絶し、同二十六日に義仲にあらためて平氏追討を命じる院宣を発給した。

一方、義仲と別行動をとるようになった源行家は、十一月八日に独自に平氏追討に下向したが、その軍勢はわずかに二七〇余騎であったという。この後、同二十九日に播磨国室山《むろやま》合戦で平氏軍に大敗を喫した行家は、石川義兼の勢力を頼って河内国長野《ながの》城に入り、南河内・和泉《いずみ》に地域的軍政を展開して、都の義仲に敵対していく（川合二〇〇四）。

十一月十七日、後白河院は、行家出京後も一向に出陣しようとしない義仲に対して、「若し謀叛《むほん》の儀無くば、早く西海に赴くべし」（『玉葉』寿永二年十一月十八日条）という最後通牒を突きつけ、多田行綱や源光長らを院御所法住寺殿に動員して守備を固めた。これに対して、同十九日、ついに義仲は後白河院を幽閉するため、武力をもって法住寺殿を襲撃したのである。

この戦闘で、源光長をはじめ、越前守藤原信行《のぶゆき》・近江守高階重章《しげあきら》・主水正清原親業《もんどのかみきよはらのちかなり》らが討死し、さらに院御所に出仕していた園城寺長吏円恵法親王《おんじようじえんけいほつしんのう》（後白河院の第四皇子）や天台座主明雲《てんだいざすみようえん》までが殺害された。後白河院は逃走中に身柄を拘束され、五条東洞院《ごじようひがしのとういん》の摂政藤原基通邸に移された。二日後の二十一日には、義仲と結んだ入道前関白藤原基房《もとふさ》の子息で十二歳の権大納言藤原師家《もろいえ》が、内大臣《ないだいじん》に昇進したうえで、基通にかわって摂政・氏長者《うじのちようじや》に任じられ、これ以後の国政は、義仲と前関白基房の協議で進められていくことになる。そして二十八日、中納言藤原朝方《あさかた》・参議《さんぎ》藤原基家《もといえ》・参議平親宗《ちかむね》・大蔵卿《おおくらきよう》高階泰経《やすつね》などの院近臣四十四人が一斉に解官された。

義仲の征東大将軍任官

十二月二日、義仲に平家没官領の「惣領《そうりょう》」を認める後白河院庁下文《いんのちょうくだしぶみ》が発給され、摂政を解官された藤原基通の所領八六ヵ所も義仲に与えられた。同十日には、義仲の申請によって、頼朝の追討を命じる院庁下文が義仲に宛てて出され、十五日には奥州平泉《おうしゅうひらいずみ》の藤原秀衡《ひでひら》に対しても、陸奥《むつ》・出羽《でわ》両国の軍兵を率いて頼朝の追討にあたるように命じる院庁下文が発給された。この時点で義仲と藤原秀衡との間で何らかの連携があったとは考えられないが、養和元年（一一八一）八月に平氏が秀衡を陸奥守に任じたのと同様に、関東の頼朝にとって奥州藤原氏の存在が脅威であったことを、義仲側が利用しようとしたものであろう。そしてさらに義仲は、西国の平氏軍本隊とも和議の交渉を始めていたらしい。義仲にとって最優先の軍事的課題は、頼朝との対決になっていたのである。

翌寿永三年（一一八四）一月十一日、義仲は朝廷から「征東《せいとう》大将軍」に任じられた。この任官については、従来は『吾妻鏡』の記事などに基づいて「征夷《せいい》大将軍」と理解されてきたが、近年、学界に紹介された国立公文書館蔵『三槐荒涼抜書要《さんかいこうりょうぬきがきのかなめ》』所収の『山槐記《さんかいき》』建久三年（一一九二）七月九日条により、義仲が補任《ぶにん》されたのは「征東大将軍」であったことが明確になった（櫻井二〇〇四）。征東大将軍は、征夷大将軍と同様に、本来は「蝦夷《えみし》」との臨戦状況下において朝廷から臨時に派遣される征討軍の総司令官のことで、征討すべき反乱が天皇または国家の統治権の及ぶ範囲外（化外《けがい》）と認識された場合は征夷大将軍、範囲内（化内）と認識された場合は征東大将軍が補任された（松本二〇〇二）。

義仲の征東大将軍は、天慶《てんぎょう》三年（九四〇）一月に平将門《まさかど》の乱を鎮圧するために藤原忠文《ただふみ》が任命されて以来、二百数十年ぶりの復活であり、いうまでもなく関東の頼朝を追討するための官職であった。しかし、頼朝が派遣した鎌倉軍はすでに畿内近国に駐留しており、伊勢・伊賀方面と尾張・美濃方面の二手から京攻めの時機をうかがっていたのである。

2——鎌倉軍の入京と幕府権力の形成

義経軍と伊勢平氏

寿永二年（一一八三）閏十月、源義経・中原親能の二人が伊勢《いせ》国まで進軍したことは前述した通りであるが、後白河院は、法住寺合戦の直前に院北面《いんのほくめん》の近習《きんじゅう》二人を伊勢国に遣わし、都の緊迫した情勢について義経・親能に伝えた。両人は急ぎ飛脚《ひきゃく》を鎌倉の頼朝のもとに送り、頼朝の命令を待って入京すると回答したが、ここで注目されるのは、帰京した院の使者が、伊勢駐留の鎌倉軍の様子について「当時九郎《（源義経）》の勢、僅《わず》に五百騎、その外《ほか》伊勢国人等多く相従《あいしたが》ふと云々。また和泉守信兼《のぶかね》同じく以て合力すと云々」（『玉葉』寿永二年十二月一日条）と語っていることである。

源義経・中原親能が東国から率いてきた軍勢は、実はわずか五〇〇騎ほどであり、それ以外は、多くの伊勢国の在地武士や和泉守平信兼が義経軍に加勢していたという。この和泉守平信兼は、第三章でも少し触れたように、河内守・和泉守・出羽守などを歴任した有力な京武者で、伊勢平氏の出身でありながら、平氏一門からは政治的に自立して活動し、本国の伊勢国では一志《いちし》郡曾禰《そね》荘を中心に強大な勢力を誇っていた人物である。信兼は平氏都落ちに同行せず、子息らと伊勢に戻り、揺れ動く内乱情勢を観察していた。

伊勢・伊賀両国は、周知のように一〇世紀末の平維衡《これひら》に始まる伊勢平氏の本拠地であり、平氏都落ち後も、信兼のような自立的な伊勢平氏や、平氏都落ちに同行しなかった小松家・池家の家人などが在国していたが、彼らは源義経・中原親能が伊勢に入ると、鈴鹿山《すずかやま》を切り塞いで都の木曾義仲に公然と敵対し、こうして積極的に義経軍の支援を行った。おそらくは、平氏一門を追い落とした木曾義仲、あるいは地域的な競合関係にあった近江源氏の山本義経・柏木義兼《かしわぎよしかね》らとの対抗関係から、頼朝が派遣した義経軍に加勢したものと考えられる。義経の郎等として著名な伊勢三郎義盛《よしもり》も、『平家物語』が語るような盗賊ではなく、この時にしたがった伊勢の在地武士の一人と推測される（野口実二〇〇四）。

なお平信兼は、源頼朝が伊豆《いず》で挙兵した際に、最初に討たれた山木判官兼隆《やまきはんがんかねたか》の父にあたるが、そもそも兼隆の伊豆配流《はいる》自体が信兼の訴えによるものであり、兼隆の討死は信兼の政治的行動に影響を与えなかったと理解される。個別的・現実的利害に基づく内乱期の武士の動向は、一般に流布している「源平合戦」のイメージよりも、はるかに複雑な様相を呈していたのである。

図34　源義経軍が進軍した加太越の道（三重県伊賀市柘植町）

木曾義仲の滅亡

さて、平信兼や伊勢の在地武士の援軍を得た源義経軍は、寿永三年（一一八四）一月半ばに京に向けて進軍を開始する。源範頼《のりより》軍が美濃から近江の勢多に向かったのに対して、義経軍は、伊勢国鈴鹿郡から加太越《かぶとごえ》で伊賀国柘植《つげ》・倉部《くらぶ》に進み、そこから大和街道の本道に入って伊賀上野《うえの》を通り、南山城から北上して宇治川に出るルートを進んだ（『源平盛衰記』巻第三十五「義経範頼京入」）。このルートは、伊賀国北部に展開する小松家家人の平田《ひらた》家継《いえつぐ》（平貞能《さだよし》の兄）の勢力圏を通っており、家継が義経軍に参加したかどうかは定かではないものの、義経の進軍を支援したことは確実である（川合二〇〇四）。

一月十九日、京の木曾義仲は軍勢を二手に分けて、樋《ひ》口兼《ぐちかね》光《みつ》を源行家・石川義兼が拠る河内国長野城に差し向ける一方、志太義広を宇治に向かわせて義経軍を迎撃する態勢をとった。しかし、翌二十日の辰《たつ》の刻（午前八時頃）には義経軍が宇治川を突破し、梶原《かじわら》景時《かげとき》の部隊が一番手となり大和大路から京中に進入した。

義仲は院御所となっていた六条西洞院《ろくじょうにしのとういん》の平業忠《なりただ》邸（六条殿）に赴いて後白河院を連行しようとした

が、敵の軍勢が接近したためにそれをあきらめ、勢多を守備する今井兼平《いまいかねひら》の軍勢と合流しようと、わずか三、四〇騎で近江に向けて逃走した。結局、範頼軍が勢多川をこえる前に勝敗は決し、義仲は近江粟津《あわづ》において追撃してきた義経軍の相模《さがみ》武士石田為久《いしだためひさ》に討ち取られた。義仲、時に三十一歳であった。また、河内の長野城攻撃に出陣していた樋口兼光は、源行家・石川義兼が紀伊国に逃走したあとであったため、二十一日に帰京し、義経軍と合戦ののちに降人《こうにん》となったが、後白河院の近臣たちの意向により斬首された。

平氏追討か和平か

木曾義仲が滅亡すると、朝廷ではすぐさま藤原師家の摂政・氏長者が停止され、藤原基通が摂政に還任されるとともに、平氏に対する武力追討の是非をめぐって議論が交わされた。屋島に本営を置く平氏軍本隊は、二月四日に清盛の三周忌を摂津国福原《ふくはら》で執り行うため、福原の東方の生田《いくた》の森《もり》と西方の一の谷に、山陽道を遮断する大規模な「城郭」を構えて守りを固め、続々と大輪田泊《おおわだのとまり》・福原に結集しつつあった。一月二十五日夜には、平氏が入洛《じゅらく》するという噂も都に広まっており、三種の神器を無事に帰京させるために、院の使者を福原に派遣して平氏と和議を結ぶか、あるいは平氏追討使を派遣して平氏軍を武力攻撃するか、の二つの意見で朝廷内が割れていたのである。

三種の神器の保全を最優先し、平氏軍との和平を主張する九条兼実によれば、平氏に対する武力追討を主張したのは、後白河院自身と左大臣藤原経宗《つねむね》・左大将《さだいしょう》藤原実定《さねさだ》、院近習の藤原朝方・藤原親《ちか》信《のぶ》・平親宗らであった。彼らの強硬な意見により、一月二十九日には源範頼・義経が平氏追討使として派遣されることになったが、興味深いのは、伊勢平氏や伊勢の在地武士を同盟軍として組織していた義経軍は、出京後も山城・丹波国境の大江山《おおえやま》（大枝山）付近において逗留《とうりゅう》し、進軍しようとしなかった事実である。『玉葉』によれば、義経軍には在京経験の豊富な土肥実平《どひさねひら》と中原親能が「頼朝代官」として付き添っていたが、彼らは院が使者を平氏のもとに派遣して和平交渉を行うことに積極的に賛同しており、「下向の武士、殊《こと》に合戦を好まず」（寿永三年二月二日条）という状況であったという。義経軍にはかつての平氏家人も多く含まれていた以上、和議を期待したのは当然であった。

しかし、最終的には後白河院の意向に基づいて、平氏追討が強行された（元木二〇〇一b）。義経軍と同盟関係にあった平氏家人の多くは、その方針が固まった時点で離脱したと思われる。大手の範頼軍は京から山陽道を下って生田の森に、搦手《からめて》の義経軍は丹波路を迂回して一の谷に向かったが、鎌倉時代に成立したと推定される文例集『儒林拾要《じゅりんしゅうよう》』には、一の谷に向かう追討使源義経が、豊嶋《てしま》太郎源留《みなもとのとどむ》をはじめとする六人の摂津国の在地武士たちに、「惣追捕使《そうついぶし》」の催促にしたがって京の七条口《うぐち》（丹波口）に参集することを命じる廻文《めぐらしぶみ》が掲載されている。ここに見える惣追捕使とは、国内武士の動員・統率などにあたり、のちに守護の名称に統一されていく役職であるが、鎌倉軍が京を制圧した直後のこの時点で、摂津国には惣追捕使がすでに存在していたことになる。この時、源頼朝から惣追捕使に補任されたのは、摂津国中央部の水陸交通の要衝をおさえ、同国で最大の勢力を有した多田行綱と推測される（川合二〇〇七ａ）。鎌倉軍は、生田の森・一の谷合戦においても、決して東国武士だけでなく、こうして現地の武士を吸収・組織しながら合戦に臨んだのである。

生田の森・一の谷合戦

寿永三年（一一八四）二月七日、生田の森・一の谷合戦が行われた。その具体的様相を伝える唯一の同時代史料は、『玉葉』寿永三年二月八日条である。

八日丁卯。天晴。未明、人走り来たりて云はく、式部権少輔範季（藤原）朝臣の許《もと》より申して云はく、この夜半ばかり、梶原平三景時の許より、飛脚を進め申して云はく、平氏皆悉《ことごと》く伐ち取り了んぬと云々。その後、午《うま》の刻ばかり、定能（藤原）卿来たりて、合戦の子細《しさい》を語る。一番に九郎（源義経）の許より告げ申す。搦手なり。先づ丹波城を落し、次に一の谷を落すと云々。次に加羽冠者（源範頼）案内を申す。大手。浜地より福原に寄すと云々。辰の刻より巳《み》の刻に至る、猶《なお》一時に及ばず、程無く責め落され了んぬ。多田行綱山方より寄せ、最前に山の手を落さると云々。大略城中に籠る者一人も残らず。

この記事によると、戦闘は福原を取り囲む次の三ヵ所で同時に展開した。まず第一は源義経から報告のあった戦闘で、丹波路を進んだ搦手の義経軍が、丹波・播磨国境近隣の三草山《みくさやま》（丹波城）の平氏の防衛ラインを突破し、播磨国印南野《いなみの》から山陽道を東進して一の谷に攻め寄せ、これを攻略したと伝えている。第二は源範頼から報告のあった戦闘で、海浜を通る山陽道（浜地）から西進して福原に向かった大手の範頼軍が、ここには明記されていないものの、生田の森で平氏軍と交戦し、辰の刻（午前八時頃）から巳の刻（午前十時頃）までの「一時」足らずでこれを攻め落としたという。そして第三は、範頼の報告のなかにあった多田行綱の戦闘で、摂津国惣追捕使として搦手の義経軍に同行した多田行綱の部隊が、山方から押し寄せ、最も早く「山の手」を攻め落としたことを伝えている。この「山の手」とは、建武《けんむ》三年（一三三六）五月に同地域で行われた湊川《みなとがわ》合戦の事例を参照すれば、北部の山間部から福原に南下する鵯越《ひよどりごえ》の麓付近に設けられた平氏の防衛ラインと推定される（菱沼二〇〇五a）。

鵯越については、『平家物語』では一の谷後方に通じる険しい獣道《けものみち》として描かれ、源義経軍が急峻な崖を騎馬のまま駆け下りたという「坂落《さかおと》し」の名場面であまりにも有名である。しかし、最近の文学研究は、『平家物語』が生田の森・一の谷・鵯越のすべての戦場を一の谷に圧縮して、「一の谷合戦」という虚構の合戦空間を創造したことを明らかにしている（鈴木二〇〇六）。一の谷を攻撃する義経軍が山中の鵯越を進んだという記述も、そうした虚構の合戦空間に基づいており、現実には鵯越は一の谷に通じていないのである。東の生田の森と西の一の谷の間は、直線距離で一〇㌔余も離れ、鵯越の麓の夢野《ゆめの》（福原西部）と一の谷の間も約六・五㌔の距離がある。同時代史料で義経軍が一の谷を攻撃したことが明らかである以上、義経は鵯越を通っていない。

鵯越は、第一章で詳しく述べたように、摂津国昆陽野《こやの》と播磨国印南野を結ぶ湯山《ゆのやま》街道山田道《やまだみち》から分岐して、福原・大輪田泊に下る山中の間道で、西摂津・東播磨の平氏勢力圏を貫く重要ルートであった。摂津国昆陽野を勢力下におさめ、平氏都落ちまで長年にわたって同地域で平氏と協調関係にあった多田行綱にとっては、鴨越は熟知のルートであったに違いない。鴨越の歴史的性格を考えれば、まさに多田行綱こそ鴨越の「山の手」を攻略するにふさわしい人物といえよう。先に引用した『玉葉』の記事には、「多田行綱山方より寄せ、最前に山の手を落さると云々」とあり、搦手の義経軍の一部隊である多田行綱軍が、鴨越の防衛ラインを突破して最初に福原に侵入したことが知られる。こうした現地の事情に通じた在地武士による素早い攻略が、「鴨越の坂落し」という伝説を生み出すことになったのではないだろうか（川合二〇〇七ａ）。

ただし、山間部を通る鴨越は大軍が突入できるルートではなく、この合戦の主戦場は、あくまで数千規模の軍勢が衝突した生田の森と一の谷の東西の「城郭」の攻防であった。本書がこの合戦を「生田の森・一の谷合戦」と呼ぶのは、そのためである。こうして、生田の森（東）、一の谷（西）、山の手（北）の「城郭」で囲まれた「城中」（福原）の平氏軍は、三ヵ所すべての「城郭」を鎌倉軍に破られ、

図 35　鴨越の道（神戸市北区）
平清盛領の山田荘内藍那村を通る鴨越の道．道の傍らには南北朝時代の宝篋印塔が今も残されている．

総崩れとなって海路敗走したのである。

宗盛をはじめとする平氏一門は、大輪田泊に停泊させていた船に乗って逃走したが、生田の森の総大将として平氏軍制の中核にあった平重衡（清盛子息）は捕虜となり、さらに忠度（清盛弟）、通盛・業盛《なりもり》（教盛《のりもり》子息）、経正・経俊《つねとし》・敦盛《あつもり》（経盛《つねもり》子息）、師盛《もろもり》（重盛子息）、知章《ともあきら》（知盛子息）、家人平盛俊《もりとし》（盛国子息）らが討死した。この平氏軍の大敗北によって、治承・寿永の内乱における鎌倉軍の軍事的優位がようやく確定することとなった。

畿内・西国における惣追捕使の設置

生田の森・一の谷合戦後、源頼朝は範頼を鎌倉に呼び戻す一方、義経を畿内近国の軍政指揮官に任じ、そのまま京に滞在させた。また捕虜となった平重衡は、二月九日に京に送られ、「頼朝代官」の土肥実平のもとに禁固された。翌十日、重衡が和平と神器返還を求める書状を、平宗盛に送ることを申し出ている事実を見ると、平氏軍との和平を合戦後においても実現させようとする実平の強い働きかけがあったことがうかがえる。この重衡と宗盛の和平交渉は、二月下旬には屋島の宗盛から、三種の神器ならびに安徳天皇・建礼門院《けんれいもんいん》徳子《のりこ》・平時子らについては子息清宗《きよむね》とともに上洛させ、自らは讃岐国を知行国として賜ってそのまま在国したいとする返答があり、前進を見せることになるが、三月に入ると土肥実平が備前・備中・備後の惣追捕使として西国に下向し、また重衡も頼朝の要請によって鎌倉に護送され、宙に浮いたまま打ち切られることとなる。この段階から、頼朝の終戦構想は、平氏軍との和平ではなく、軍事的に包囲して降伏を求めるものに変わっていくのである。

生田の森・一の谷合戦直後、頼朝は朝廷に対して、①「朝務《ちょうむ》等の事」、②「平家追討の事」、③「諸社の事」、④「仏寺の間の事」という四ヵ条の申請を行った。そのうち②「平家追討の事」では、「畿内近国、源氏・平氏と号して弓箭《きゅうせん》に携はるの輩ならびに住人等、義経の下知《げち》に任せて引率すべきの由、仰せ下さるべく候」（『吾妻鏡』寿永三年二月二十五日条）と述べており、戦線が西国に移ったこの段階で、畿内近国において、源義経の指揮のもとに民衆までも含む総力的な軍事動員体制の構築が申請されている。このような軍事動員を一国単位に担う存在が、惣追捕使（守護）であった。

惣追捕使については、前述したように、寿永三年（一一八四）一月二十日の鎌倉軍の入京直後に、すでに多田行綱が摂津国の惣追捕使に補任されていたが、生田の森・一の谷合戦後には、確認できる事例でも、土肥実平が備前・備中・備後の三ヵ国の惣追捕使に補任されたほか、梶原景時が播磨・美《みま》作《さか》両国、大内惟義《おおうちこれよし》が伊賀国、山内経俊《やまのうちつねとし》が伊勢国、豊島有経《としまありつね》が紀伊国、横山時広《よこやまときひろ》が但馬《たじま》国の惣追捕使に任じられ、現地に派遣された。彼らは各国の国衙機構を掌握して、国内武士の編成や一般民衆に対する兵士役の賦課を行い、さらに国内の荘園・国衙領から兵粮米の徴収も行った。

特に梶原景時や土肥実平が派遣された山陽道諸国は、鎌倉軍と平氏軍が日常的に接触する最前線地帯であり、播磨国内では惣追捕使の梶原景時が独自に御家人編成を進めていたことも知られている。すでに東国では、治承四年（一一八〇）十月の富士川《ふじがわ》合戦後に、千葉常胤《ちばつねたね》が下総《しもうさ》国、上総広常《かずさひろつね》が上総国、三浦義澄《みうらよしずみ》が相模国の守護（惣追捕使）に補任されたことがうかがえるが（上横手一九九四）、生田の森・一の谷合戦後には、このように畿内・西国の諸国にも惣追捕使が設置され、総力的な軍事動員が展開するなかで西国武士の御家人化が進められていったのである。

幕府機構の整備

寿永三年（一一八四）三月七日、後白河院は木曾義仲に与えた平家没官領の惣領権をあらためて源頼朝に認め、五〇〇余所の所領を書き並べた「平家没官領注文」を鎌倉に送付した。この平家没官領は、鎌倉時代を通じて、頼朝が後白河院から恩賞《おんしょう》として給わり預かった所領と記憶され、鎌倉殿の直轄領荘園群である「関東御領《かんとうごりょう》」の基盤の一つとなった。また改元後の元暦《げんりゃく》元年（一一八四）六月五日には、三河《みかわ》・駿河《するが》・武蔵《むさし》の三ヵ国が知行国として頼朝に与えられ、三河守に源範頼（頼朝弟）、駿河守に源広綱《ひろつな》（頼政《よりまさ》子息）、武蔵守に平賀《ひらが》義信《よしのぶ》（源義光《よしみつ》孫）が補任された。このような頼朝の知行国は「関東知行国」「関東御分国《ごぶんこく》」と呼ばれ、翌文治元年八月には伊豆・相模・上総・信濃・越後・伊予の六ヵ国が加えられた。

頼朝は、こうした幕府の財政基盤の拡充に対処するため、家政機関の整備を始めた。頼朝の家政機関としては、挙兵直後の治承四年（一一八〇）十一月に、御家人を統括する侍所《さむらいどころ》が設置され、和田義盛《わだよしもり》が長官の侍所別当《べっとう》に任じられていたが、元暦元年十月六日に新造の公文所《くもんじょ》が完成し、二月頃に京から鎌倉に招かれた大江広元《おおえのひろもと》が別当、中原親能・二階堂行政《にかいどうゆきまさ》・足立遠元《あだちとおもと》・藤原邦通《くにみち》らが寄人《よりうど》として活動することとなった。公文所（のち政所《まんどころ》と改称）は、一般庶務や財政などの実務を管轄する機関で、職員には朝廷に仕えた経験をもつ京下りの実務官人が多く任用された。なお、例外に見える武蔵武士の足立遠元も、長年にわたって在京し、娘を後白河院近臣の藤原光能《みつよし》の妻とするなど、都の貴族社会と深く交わった人物であることは、第二章で述べた通りである。

そして十月二十日には、頼朝のもとに持ち込まれる所領関係の訴訟に対応するため、訴訟を審理する事務機関として問注所《もんちゅうじょ》が開設された。長官である問注所執事《しつじ》には、頼朝の乳母関係者でやはり朝廷の実務官人出身であった三《み》善康信《よしやすのぶ》が任命され、頼朝の親裁を補助する役割を担うこととなった。

頼朝の御家人統制

生田の森・一の谷合戦のあった寿永三年（元暦元年）は、右のように鎌倉の幕府機構の整備という点で一つの画期となった年であるが、この段階はまた、頼朝による厳しい御家人統制が展開した時期でもあった。

よく知られているように、寿永二年（一一八三）の冬、幕府草創の最大の功臣の一人であった上総広常が殺害された。広常は、頼朝の対朝廷姿勢を、「ナンデウ朝家《ちょうか》ノ事ヲノミ身グルシク思ゾ。タヾ坂東《ばんどう》ニカクテアランニ、誰カハ引ハタラカサン」（『愚管抄《ぐかんしょう》』巻第六「後鳥羽」）と批判したと伝えられており、寿永二年十月宣旨の獲得にいたる過程で、頼朝権力内部に政治路線をめぐる意見対立があったことがうかがえる。上総広常の殺害は、そうした路線対立に決着をつけるとともに、それまでは有力御家人層の利害に制約されることの多かった頼朝の、幕府権力内での主導性を確立させる画期ともなった。

内乱当初から独自の行動をとってきた甲斐源氏の一族は、寿永三年一月二十日に鎌倉軍が木曾義仲を滅亡させた際に、安田義定や一条忠頼《いちじようただより》が鎌倉軍とともに義仲追討にあたっており、この頃から頼朝にしたがっていたことが確認される。その甲斐源氏の武田《たけだ》信義《のぶよし》の子息板垣兼信《いたがきかねのぶ》は、寿永三年三月に土肥実平とともに山陽道に下向した際、頼朝と同じ源氏一門であるとして実平の「上司」となることを望み、頼朝から「門葉《もんよう》によるべからず」（『吾妻鏡』寿永三年三月十七日条）と叱責を受けており、また六月には、兼信の兄弟の一条忠頼が「威勢を振ふの余りに、世を濫《みだ》る志《こころざし》を挿《さしはさ》む」（『吾妻鏡』元暦元年六月十六日条）という理由により、鎌倉で誅殺《ちゆうさつ》された。独立性の高い甲斐源氏の一族を、一般の御家人と同列に編成するために、頼朝による厳しい統制が始まったといえよう。

このような源氏諸族に対する統制は、例えば伊賀国惣追捕使に補任されていた信濃源氏の大内惟義が、八月三日に伊賀・伊勢の反乱を追討した恩賞を求めてきたことに対して、頼朝が逆に反乱を防止できなかった落ち度を責めていることや、また同十七日に、義経が許可なく検非違使左衛門少尉《けびいしさえもんのしようじよう》に任官したことを知って、頼朝が激怒したという有名なエピソードにもあらわれている。頼朝は、「混成軍団」を統制できないまま滅亡していった木曾義仲とは異なる権力を目指したのであり、こうした政策は東国武士だけでなく、同盟軍的関係にあった京武者や伊勢平氏などにも及んだと思われる。

平氏都落ちに同行せず、本国伊賀にとどまっていた小松家家人の平田家継を中心に、伊勢平氏・平氏家人の大規模な反乱が引き起こされたのは、屋島の平氏軍本隊との和平が打ち切られ、右のような頼朝の厳しい統制が始まった元暦元年七月のことであった。

元暦元年の伊賀・伊勢の反乱

元暦元年（一一八四）七月七日、伊賀・伊勢両国において大規模な反乱が勃発した。九条兼実は、この事件を『玉葉』元暦元年七月八日条に次のように書き記している。

伝へ聞く、伊賀・伊勢の国人等謀叛し了んぬと云々。伊賀国は、大内冠者源氏、知行すと云々。仍つて郎従等を下し遣はし、国中に居住せしむ。しかるに昨日辰の刻、家継法師平家の郎従、平田入道と号すは是なり、大将軍となり、大内の郎従等悉く伐ち取り了んぬ。また伊勢国信兼和泉守なり已下鈴鹿山を切り塞ぎ、同じく謀叛し了んぬと云々。

七月七日の朝、伊賀国において平田家継が総大将となって謀叛を起こし、惣追捕使の大内惟義の郎従を討ち取り、また伊勢国では平信兼らが鈴鹿山を切り塞いで謀叛に呼応したという。鎌倉軍が京を制圧して以来、はじめて畿内近国で起こった大規模な反乱であり、七月二十八日に予定されている後《ご》鳥羽《とば》天皇の即位を告げる伊勢奉幣使《ほうへいし》の発遣《はっけん》が危ぶまれる状況に陥った。そうしたなか、佐々木《ささき》秀義《ひでよし》、大内惟義、加藤景員《かとうかげかず》・光員《みつかず》、山内経俊らで構成された官軍（鎌倉軍）が鎮圧に乗り出し、七月十九日に伊賀・近江国境近くの近江国大原《おおはら》荘において両軍が激突した。この戦闘によって、乱の張本であった平田家継が討ち取られたほか、鎌倉軍の佐々木秀義までが討死し、両軍に多くの犠牲者を出して乱は鎮圧された。

反乱に参加した武士として、小松家の有力家人であった上総介伊藤忠清をはじめ、中務丞《なかつかさのじょう》平家資《いえすけ》(平家貞弟家季《いえすえ》の子息)、富田《とみた》進士《しんし》家助《いえすけ》、前兵衛尉家能《いえよし》、平家清《いえきよ》(池家の有力家人平宗清《むねきよ》の子息)、黒田新荘下司《くろだのしんしょうげし》紀七景時《きしちかげとき》、壬生野《みぶの》能盛《よしもり》らの名が確認されるが、そのうち伊藤忠清と平家資は敗戦後山中に逃亡している。反乱参加者は、伊賀国山田《やまだ》郡・阿拝《あへ》郡・名張《なばり》郡、伊勢国鈴鹿《すずか》郡・河曲《かわわ》郡・朝明《あさけ》郡など、伊賀と

図 36　元暦元年の乱の戦場となった近江国大原荘(滋賀県甲賀市)

図 37　新大仏寺の佐々木塚(三重県伊賀市)
元暦元年の乱で討死した佐々木秀義が，平田家継の勢力圏内であった伊賀国阿波荘内の新大仏寺で祀られている．平田一族が敵方戦死者を供養したのが起源であろうか．

伊勢北部に本拠をもつ武士団連合であり、近隣の鈴鹿山を切り塞ぐという共通の軍事行動に示されているように、かつて木曾義仲に対抗して源義経軍を支援した伊勢平氏・平氏家人たちであった。そのためか、平信兼も当初は反乱に参加しているとの情報が京中に流れていたが、実際には関与していなかったようで、反乱鎮圧後も、信兼の出羽守や子息兼衡《かねひら》の左衛門尉の官職は解かれていない。

しかし、畿内近国の軍政指揮官として京にあった源義経は、鎌倉の頼朝の命を受け、八月十日にいたって兼衡・信衡《のぶひら》・兼時《かねとき》の三人の信兼子息を宿所に召し寄せ、「子細」を示したうえで自害を強要し、抵抗した者を殺害した。そして八月十二日には、義経自ら軍勢を率いて伊勢国に下向し、飯高《いいたか》郡滝野《たきの》城において信兼を追討している。頼朝は、信兼の一族が平田家継らの反乱に関与していたとの嫌疑をかけ、それを理由に信兼の勢力を排除するよう義経に命じたのである。

なお、本書でたびたび取り上げてきた摂津国惣追捕使の多田行綱も、翌元暦二年（一一八五）六月までには「奇怪」な行動があったとして頼朝から追放されている（多田神社文書）。頼朝は畿内近国の有力武士に対して、一方ではその力を利用しつつ、他方では常に厳しい警戒の目を向けていたのである。

荘郷地頭制の成立

さて、元暦元年の乱が鎮圧されると、その直後から伊賀・伊勢両国や京中では、東国の場合と同様に、反乱参加者の所領・家地の調査・没収が進められ、沙汰人などが現地に置かれて敵方本拠地の軍事占領が展開していった。

このような戦後処理としての敵方所領没収は、鎌倉軍の官軍化にともなって、謀叛人財産を官に没収する没官刑の執行と見なされ、その没収行為は「没官」と呼ばれるようになる。謀叛人跡の没官は本来朝廷が主体となる国家的刑罰であったが、頼朝の反乱軍のもとで展開した敵方所領没収を朝廷がそのまま追認したことによって、鎌倉殿頼朝を頂点とする新たな没官刑システムが形成されたのである。

元暦元年の乱後、伊勢国では、もと伊勢在住の平氏家人で地域社会の事情に通じた加藤光員が、没官された謀叛人跡を書き上げて没官領注文を作成し、その注文に基づいて、翌元暦二年（一一八五）六月十五日、頼朝ははじめて没官領給与を「地頭職《じとうしき》」補任という形式で行った（大山一九七五c）。

（源頼朝）
（花押）

下す　伊勢国波出御厨
　補任す　地頭職の事
　（異筆）「左兵衛尉惟宗忠久」
右、件の所は、故出羽守平信兼の党類の領なり。しかるに信兼謀反を発すに依り、追討せしめ畢《おわ》んぬ。仍つて先例に任せて公役《くやく》を勤仕《ごんし》せしめんがために、地頭職に補するところなり。早く彼の職として沙汰致すべきの状件の如し。以て下す。
　元暦二年六月十五日

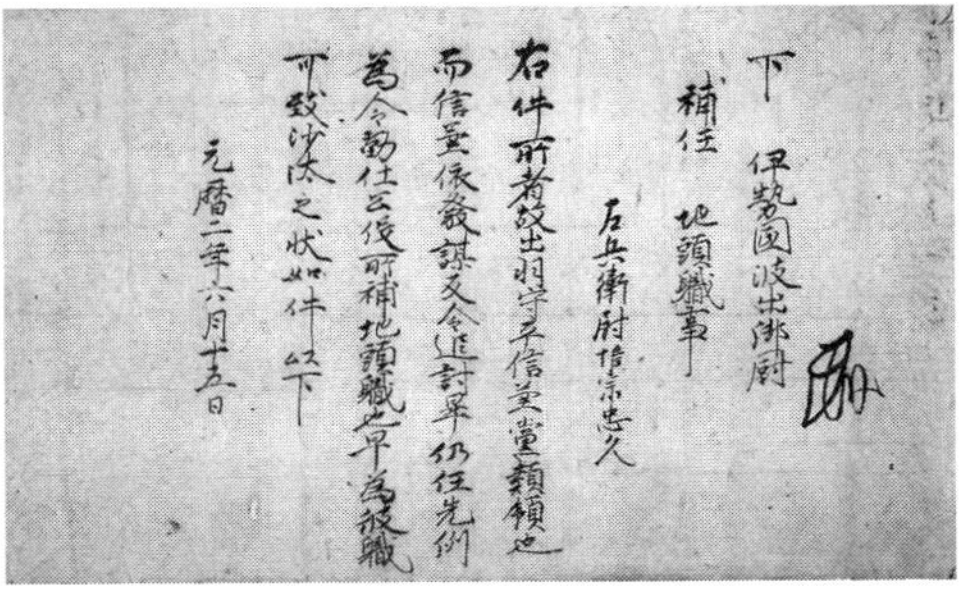
下　伊勢国波出御厨
補任　地頭職事
左兵衛尉惟宗忠久
右件所者故出羽守平信兼党類領也、而信兼依発謀反、令追討畢、仍任先例、為令勤仕公役、所補任地頭職也、早為彼職、可致沙汰之状如件、以下
元暦二年六月十五日

図 38　源頼朝下文（島津家文書）

（島津家文書）

この頼朝下文は、伊勢国一志郡に展開していた平信兼の所領の一つ波出御厨《はでのみくりや》を、謀叛人跡として没官し、その地頭職に御家人惟宗忠久《これむねのただひさ》を補任したものである。東国では没収地給与は下司職などの種々の荘官名で行われていたが、頼朝は六月十二日に朝廷に対して、「謀反の輩所知の所帯、他人に改替し計らひ置くべし」（『百練抄』元暦二年六月十二日条）と、西国でも没官領給与を行うことを通告したうえで、その補任・改替権が荘園領主にではなく、鎌倉殿頼朝にあることを明確化する目的で、「地頭職」という統一的名称を意識的に用い始めたと考えられる。

のちに頼朝は、荘郷《しょうごう》地頭（国単位に置かれた国地頭と区別して、荘園・国衙領単位に置かれた地頭職を荘郷地頭と呼ぶ）の設置について、

また伊勢国においては、住人梟悪《きょうあく》の心を挟み、すでに謀反を発し了んぬ。しかるに件の余党、尚以て逆心直ならず候なり。仍つて其の輩を警衛《けいえい》せんがために、その替りの地頭を補せしめ候なり。……凡そ伊勢国に限らず、謀叛人居住の国々、凶徒《きょうと》の所帯跡には、地頭を補せしめ候ところなり。

（『吾妻鏡』文治二年六月二十一日条）

と述べている。頼朝が挙兵以来東国で独自に行ってきた敵方所領没収と

没収地給与は、こうして元暦元年（一一八四）七月の伊賀・伊勢の反乱を契機に、謀叛人跡周辺の警衛を任務とする鎌倉幕府荘郷地頭制として制度化されたのであり、「凡そ伊勢国に限らず」と全国に拡大していった。荘郷地頭制には、平氏都落ちに同行せず、内乱のなかで独自の行動をとった伊勢平氏や平氏家人の歴史が刻み込まれていたのである。

なお、鎌倉幕府の守護（惣追捕使）・地頭は、平氏一門の滅亡後、源義経・行家の反乱に対処するために、文治元年（一一八五）十一月に朝廷から頼朝に与えられた「文治勅許《ちょっきょ》」に基づいて設置されたとする説が世間一般に流布しており、高等学校の日本史の授業などで教えられる鎌倉幕府一一八五年成立説の根拠となっている。しかし本章で検討したように、守護（惣追捕使）も荘郷地頭も実際にはそれ以前から存在しており、通説は事実認識として誤っている。「文治勅許」の内実については次章で述べることにしたいが、ここでは守護（惣追捕使）・地頭制が、内乱期における鎌倉軍の軍事活動の展開のなかで形成された事実に注意しておきたい。

3―平氏一門の滅亡

源範頼の西国遠征

元暦元年（一一八四）八月八日、いったん鎌倉に戻っていた源範頼は、平氏追討のため西海に向けて一〇〇〇余騎の軍勢を率いて鎌倉を出発し、同二十七日に入京、二十九日に朝廷から追討使に任じられて、九月二日に西国に下向した。『吾妻鏡』は、源義経が頼朝の許可なく検非違使左衛門少尉に任官したため、平氏追討使からはずされたと記しているが、義経の任官を頼朝が知る以前に範頼は鎌倉を出陣しており、範頼が平氏追討使に任じられたことと義経の任官問題は無関係である。頼朝の構想は、義経は在京したまま畿内近国を押さえ、範頼の遠征軍が山陽・西海両道を制圧して、屋島の平氏軍本隊を軍事的に包囲する作戦であったと考えられる（宮田一九九八）。

しかし、この範頼の西国遠征は、平行盛《ゆきもり》の部隊と交戦した備前国児島の藤戸《ふじと》合戦などでは勝利を収めたものの、平氏権力の基盤であった安芸・周防《すおう》・長門などの地域を進軍するものであっただけに、困難をきわめた。同年十一月十四日、範頼は鎌倉の頼朝に「兵粮闕乏するの間、軍士等一揆《いっき》せず。おのおの本国を恋ひ、過半は逃れ帰らんと欲す」（『吾妻鏡』元暦二年一月六日条）と窮状を訴えて、乗馬と兵粮米の輸送を要求している。翌元暦二年（一一八五）一月六日、範頼書状を受け取った頼朝は、二月十日頃に東国から兵粮米を積んだ兵船を送ることを約束しつつ、九州の在地武士を動員して、四国の平氏軍に対する包囲態勢を慎重に整えるよう命じた。その際、三種の神器ならびに安徳天皇・平時子らを安全に迎えるよう繰り返し述べており、鎌倉の頼朝が、基本的には平氏軍の降伏を期待する長期戦の構想であったことがうかがえる。

一月十二日には長門国赤間関《あかまがせき》に到達しながら、兵粮米・兵船不足のために九州に渡ることのできなかった範頼軍は、一月二十六日に豊後国の臼杵惟隆《これたか》・緒方惟栄から八二艘の兵船、周防国の宇佐那木《うさなぎ》遠隆《とおたか》から兵粮米の提供を得て、ようやく周防から豊後への渡海に成功し、二月一日には筑前国《ちくぜん》葦屋浦《あしやのうら》において平氏の有力家人であった大宰権少弐《だざいのごんのしょうに》原田種直《はらだたねなお》と子息種益《たねます》を討ち取った。二月十四日、頼朝は範頼に対して、山陽道諸国の惣追捕使であった土肥実平・梶原景時と協議して、九州武士の組織化を進めるように命じ、三月十二日には、予定より一ヵ月以上遅れて、伊豆国から兵粮米を積んだ兵船三二艘を範頼軍の支援のために西海に派遣した。この段階においても、頼朝は一貫して範頼軍の軍事活動の進展による平氏軍の降伏を期待していたのである。

源義経の屋島出陣

ところが、右のような頼朝—範頼の指揮系統とは全く別の動きが存在した。畿内近国の軍政指揮官として京にあった源義経は、兵粮米が欠乏して範頼軍が苦戦に陥っているという情報が都に入ると、一月八日に後白河院に対して、範頼軍が撤退すれば西国における平氏の勢力がいっきに拡大するとして、自らの四国出陣の許可を申請したのである。

当時、朝廷では前年の元暦元年の乱で逃走した伊藤忠清が京中に潜んでいるとの噂が流れており、義経の出陣に反対する意見もあったが、例えば権中納言藤原経房は日記『吉記』において、「大将軍下向《げこう》せず、郎従等を差し遣はすの間、諸国費《ついえ》有りと雖《いえど》も、追討の実無きか。……しからば今春義経発向《はっこう》し、尤《もっと》も雌雄《しゆう》を決すべきか」（元暦二年一月八日条）と述べており、義経の指揮による短期決戦で戦争が終結することを望んでいる。長引く内乱で荘園・国衙領支配に大きな打撃を受けていた貴族社会では、頼朝の終戦構想とは異なり、早期決着を期待する声の方が大きかったのである。

結局、申請からわずか二日後の一月十日、義経は鎌倉の頼朝の許可を得ることなく、後白河院の許可のみで西国に出陣した（宮田一九九八）。生田の森・一の谷合戦後、一年間にわたって在京し、検非違使左衛門少尉に任官して従五位下に叙されていた源義経は、院の指令にしたがって軍事活動を行う伝統的な京武者の秩序に包摂される存在になっていたのである。

京を出発した義経軍は摂津国渡辺津《わたなべのつ》に逗留し、渡辺昵《むつる》・番《つがう》父子など渡辺党の武士たちの協力を得て兵船を整え、範頼軍が豊後に渡航した情報を入手すると、二月十六日夜に四国に向かった。『玉葉』によれば、院の使者として渡辺津の義経の陣所に赴いた大蔵卿高階泰経は、京中の警衛のためにいったん帰京するよう要請したが、義経はその制止を振り切って渡海したという（元暦二年二月十六日条）。『平家物語』はこの時、四国に渡海する義経と梶原景時の間で、兵船を後方に進ませる逆櫓《さかろ》をつけるかどうかの逆櫓論争があったとしているが、播磨国惣追捕使として現地に赴いていた梶原景時は、当時、範頼軍と協力関係にあったと考えられ、義経軍には参加していなかったと判断される。おそらくは渡海前の義経と高階泰経のやり取りなどが、のちに義経と景時の対立を象徴的に示す逆櫓論争として説話化されたものと推測されよう。

さて、三月四日に都にもたらされた義経の報告によれば、「去月十六日解纜《かいらん》、十七日阿波国に着く。十八日屋島に寄せ、凶党を追ひ落し了んぬ。しかれども未だ平家を伐ち取らずと云々」（『玉葉』元暦二年三月四日条）とあり、阿波国に上陸した翌日の二月十八日に義経軍が讃岐国屋島の平氏軍本営を急襲したことが判明する。『吾妻鏡』や『平家物語』によれば、阿波国勝浦に着岸した義経軍は、近藤親家《こんどうちかいえ》を道案内として平氏方の桜庭良遠《さくらばよしとお》（阿波民部大夫成良《みんぶたいふしげよし》の弟）の城を攻略したのち、国境をこえて讃岐国に入り、屋島南方の牟礼《むれ》・高松《たかまつ》両郷の民家を焼き払って平氏軍本営に攻め寄せたという。

突然の義経軍の来襲に動揺した平氏軍は、戦闘らしい戦闘も行わないまま、安徳天皇をともなって海上から逃走した。『吾妻鏡』や『平家物語』は、その後、平氏軍の一部が屋島の東方にあたる志度浦《しどうら》で義経軍と戦闘を交えたと記しているが、『玉葉』には「平家讃岐国シハク庄に在り。しかして九郎襲ひ攻むるの間、合戦に及ばず引退き、安芸厳島に着き了んぬと云々。その時僅《わずか》に百艘《そうばか》許りと云々」（元暦二年三月十六日条）とあり、屋島西方の塩飽島《しわくじま》にあった平氏軍が、義経軍の追撃を受けて一〇〇艘ばかりで安芸国厳島《いつくしま》に退却したという情報が記されている。こうして平氏軍は、義経軍の攻撃によって、屋島とならぶもう一つの拠点であった長門国彦島《ひこしま》に追い詰められていくのである。

壇ノ浦における平氏一門の滅亡

熊野《くまの》水軍や河野《こうの》水軍を味方につけた義経軍は、そのまま平氏軍本隊を追って彦島を目指し、途中の周防国において国衙船所の五郎正利から数十艘の兵船の提供を受け、さらに同国大島津《おおしまのつ》で範頼軍の一部隊として現地の守備にあたっていた三浦義澄の軍勢と合流した。また、豊後国に上陸していた範頼軍は、背後で平氏軍の九州への退路を断つ役割を担うこととなった。義経軍は、三月二十二日に関門海峡《かんもんかいきょう》東端の長門国壇ノ浦の奥津《おいつ》まで進み、これを聞いた平氏軍も彦島を出発し、赤間関を過ぎて田《た》ノ浦《うら》まで進んだ。こうした状況のなかで、三月二十四日正午、壇ノ浦の海上において義経軍と平氏軍との最後の戦闘が始まった。

両軍の兵力について、『平家物語』は義経軍三〇〇〇余艘、平氏軍一〇〇〇余艘とし、『吾妻鏡』は義経軍八四〇余艘、平氏軍五〇〇余艘と記しているが、塩飽島から後退した平氏軍がわずか一〇〇艘ほどであったとする先の『玉葉』の記事を参照すると、実態は『吾妻鏡』よりもさらに少数であった可能性もあろう。壇ノ浦合戦の様相については、古く黒板勝美《くろいたかつみ》が、元暦二年の陰暦三月二十四日の関門海峡の潮流が、午後三時頃に東流から西流に変化すると指摘して以来（黒板一九三九）、合戦の勝敗と潮流の因果関係が様々に論じられてきた。最近では、『玉葉』に記された「去る三月二十四日午の刻、長門国団（壇ノ浦）において合戦海上において合戦すと云々、午正より晡《ほ》時《じ》に至る。伐ち取る者と云ひ、生け取る輩と云ひ、其の数を知らず」（元暦二年四月四日条）という義経の報告と、より精密な潮流の推定値に基づいて、戦闘が行われた十二時から十六時頃は、潮流が最も静まっている時間帯であったとする見解も提起されている（菱沼二〇〇五ａ）。壇ノ浦合戦の勝敗を決定づけたのは、やはり屋島合戦からの戦局の展開のなかで、『平家物語』に阿波民部大夫成良の「返《かえ》り忠《ちゅう》」（寝返り）が印象的に描かれているように、四国・九州の在地武士が雪崩を打って平氏軍を離れ、鎌倉方に味方したことが最大の要因であったと考えるべきであろう。壇ノ浦における平氏軍の主力は、筑前国の山鹿《やまが》秀遠《ひでとお》や肥前《ひぜん》国の松浦党《まつらとう》など、一部の平氏家人に限定されてしまっていたのである。

図39　壇ノ浦で入水する平時子と安徳天皇（『平家物語絵巻』）

この戦闘において、平知盛・経盛・教盛のほか有盛《ありもり》（重盛子息）・行盛（基盛《もともり》子息）・教経《のりつね》（教盛子息）が討死あるいは自害し、宗盛・清宗父子や平時忠・時実《ときざね》父子をはじめ、前内蔵頭《さきのくらのかみ》平信基《のぶもと》・前《さきの》兵部権少輔《ひょうぶごんのしょう》藤原尹明《まさあきら》・二《に》位僧都《いのそうず》全真《ぜんしん》・法勝寺執《ほっしょうじし》行能円《ぎょうのうえん》・権律師忠快《ごんのりつしちゅうかい》ら、平氏都落ちに同行した人々が生け捕りとなった。また建礼門院徳子や故高倉上皇の第二皇子守貞《もりさだ》（安徳の異母弟、のちの後高倉院）らは無事に保護されたが、清盛の後家時子と八歳の安徳天皇は入水自殺し、三種の神器の一つである宝剣が海底に沈んだ。義経軍による短期決戦は、非戦闘員である女性や子供をも巻き込んで終結したのであり、この悲惨な結末を必然視したり、ロマン化したりすることは決して許されないであろう。こうして平氏追討戦争は、三種の神器と安徳天皇の保全を最優先する頼朝の終戦構想とは全く異なる形で終わった。これ以後、頼朝と義経の間に確執が生まれていくのはむしろ当然であった。

東アジアのなかの源平合戦

なお、壇ノ浦合戦において平氏軍の兵船には「唐船《とうせん》少々あひまじれり」（『平家物語』巻十一「鶏合壇浦合戦」）と、大型の宋船《そうせん》が交じっていたことは有名であるが、かつて清盛が宋人の操る船に高倉上皇らを乗せて難波江を遊覧させたことなどを想起すると、都落ち以後の平氏軍本隊の動向は、日本と大陸を往来する人々との交流とネットワークのなかで考えてみる必要があるように思われる。

延慶本『平家物語』には、「緒方三郎惟栄ハ九国《きゅうこく》ノ者共《ものども》駈具《かりぐし》テ、数千艘ノ船ヲ浮テ、唐地（路）ヲゾ塞ギケル」（第六本「平家長門国壇浦々ニ付事」）とあり、鎌倉方についた豊後国の緒方惟栄が、壇ノ浦合戦に際して平氏一門が宋に逃走しないように、兵船を配置して大陸に向かう航路を遮断していたと伝えている。さらに『吾妻鏡』によれば、都落ちした平氏軍はたびたび対馬《つしま》に原田種直の郎等などを送り、対馬守藤原親光《ちかみつ》を追い出して国務を掌握したという。平氏による対馬占拠がどのような意図に基づいていたのかを、いま詳しく論じることはできないが、第一章で述べたような平氏権力の国際的性格を念頭に置けば、東アジア世界のなかで治承・寿永の内乱の展開を検討することは、今後の重要な課題であるに違いない。

五　天下落居と頼朝の政治

1―源義経の挙兵と文治勅許

戦後処理の展開

長門《ながと》国壇《だん》ノ浦《うら》における平氏滅亡の報は、元暦《げんりやく》二年（一一八五）四月三日の夜に都にもたらされ、四月十一日には合戦の詳細な記録（合戦記）が源義経《みなもとのよしつね》から鎌倉の頼朝《よりとも》のもとに届けられた。翌十二日、鎌倉では戦後処理に関する協議が開かれ、範頼《のりより》はしばらく九州にとどまって平氏方所領の調査・没官《もつかん》を進め、義経は捕虜らを連れて上洛することが定められた。

五月八日、あらためて九州の戦後処理に関する協議が鎌倉で行われ、範頼に対して、平氏方についた宇佐《うさ》大宮司《だいぐうじ》公房の免罪・安堵《あんど》や宇佐宮の神殿造替、平氏家人平貞能《けにんたいらのさだよし》・盛国《もりくに》らの所領調査と没官などが指令され、同じく九州に駐留していた和田《わだ》義盛《よしもり》には、西国御家人交名《きようみよう》の注進が命じられた。近年発見された元暦二年七月十五日「鎌倉殿侍別当平朝臣下文」（佐々木文書）は、侍所別当《さむらいどころべつとう》の和田義盛が四八人の肥前《ひぜん》国御家人に対して八月十五日以前に豊前《ぶぜん》国門司関《もじせき》に参集するよう命じており、義盛による九州御家人の交名作成作業に関連する史料として注目されている（山口二〇〇〇）。六月十九日には、諸国の国衙《こくが》機構を掌握して軍事動員にあたっていた惣追捕使《そうついぶし》が停止され、戦時体制が解除された。

範頼は、平氏方の有力武士であった筑前《ちくぜん》国の原田種直《はらだたねなお》や豊前国の板井種遠、筑前国の山鹿秀遠《やまがひでとお》らの所領没官を進め、同年七月には頼朝から「原田・板井・山鹿以下の所処の事、地頭《じとう》を定補せらるるの程は、沙汰人《さたにん》を差し置き、心静かに帰洛《きらく》せらるべし」（『吾妻鏡《あずまかがみ》』元暦二年七月十二日条）と上洛を命じられた。ここでは、没官領に頼朝が正式に地頭職を補任《ぶにん》するまでの間、現地を管理する沙汰人を置いて上洛するように指示されており、一ヵ月前の元暦二年六月十五日に伊勢《いせ》国の没官領で行った荘郷《しょうごう》地頭の補任を、九州でも実行する準備が進められている。範頼は九月二十七日に入京し、十月二十日には鎌倉に帰着した。なお、薩摩《さつま》・大隅《おおすみ》をはじめとする南九州での没官活動は千葉常胤《ちばつねたね》が、肥前・筑後など九州北西部での没官活動はのちに鎮西奉行《ちんぜいぶぎょう》（九国地頭）に補任される天野遠景《あまのとおかげ》が中心となって進められた（清水二〇〇七）。

平氏方捕虜の処罰

一方、源義経は四月二十五日に守貞《もりさだ》らとともに京に入り、翌二十六日には平宗《むね》盛《もり》・清宗《きよむね》父子や平時忠《ときただ》らの平氏方捕虜が入京した。また、三種の神器のうち、紛失した宝剣を除く神鏡《しんきょう》と神爾《しんじ》（曲玉《まがたま》）は、四月二十五日に鳥羽《とば》の草津《くさつ》に到着し、上卿《しょうけい》の権中納言《ごんのちゅうなごん》藤《ふじ》原経房《わらのつねふさ》らに迎えられて太政官庁《だいじょうかんちょう》の朝所《あいたんどころ》に移され、二十七日の後鳥羽《ごとば》天皇の大内行幸《おおうちぎょうこう》に合わせて内裏《だいり》温明殿《うんめいでん》に安置された。

朝廷は四月二十七日に平氏追討に対する頼朝の論功行賞《ろんこうこうしょう》を行い、平清盛《きよもり》や源頼政《よりまさ》の昇進例を避けて、頼朝を正四位下から一挙に従二位に叙し、鎌倉在住のままで公卿《くぎよう》に昇進させた。五月七日、義経は頼朝の命により平宗盛・清宗父子と郎従《ろうじゆう》一〇余人を連行して鎌倉に向けて出京し、同二十日には朝廷において、壇ノ浦で捕虜となった平時忠・時実《ときざね》以下九人の貴族・僧侶の配流《はいる》が決定された。五月十六日に鎌倉に到着した平宗盛・清宗父子は、幕府による取り調べを受けたのち、六月九日に義経とともに帰京の途につき、同二十一日、途中の近江《おうみ》国篠原宿《しのはらしゆく》で処刑された。

ちなみに、前年の寿永《じゆえい》三年（一一八四）二月、生田《いくた》の森・一の谷合戦で捕虜となった平重衡《しげひら》は、同年三月に東国に送られて伊豆《いず》国北条《ほうじよう》に新造された頼朝邸において頼朝と対面したのち（田辺二〇〇七）、鎌倉で一年余にわたり狩野宗茂《かのうむねしげ》に預けられていた。その重衡も、宗盛・清宗父子と同じ元暦二年六月九日に、源頼兼（頼政子息）に護衛されて鎌倉を出発し、南都焼《なんと》討ちの責任を追及する東大寺《とうだいじ》・興福寺《こうふくじ》の衆徒《しゆと》が待つ南都に送られた。そして六月二十二日に東大寺に引き渡され、翌二十三日に木津川畔《きづがわ》で処刑された。

逃亡者の行方

また同じ頃、元暦元年（一一八四）の伊賀《いが》・伊勢《いせ》の反乱に参加して、戦場から逃亡していた伊藤忠清《いとうただきよ》も、志摩《しま》国麻生浦《おうのうら》において捕えられ（一説に伊勢国鈴鹿山《すずかやま》）、元暦二年五月に都に送られて六条河原《ろくじようがわら》で梟首《きようしゆ》された。

平氏の有力家人であった忠清の潜伏は、第四章で触れたように、義経の屋島《やしま》出陣に反対する意見が出るほど都の貴族社会では脅威に感じられており、権中納言藤原経房は梟首された忠清について「天下の害毒、不当の者なり」（『吉記《きっき》』元暦二年五月十四日条）とまで記している。『吾妻鏡』によると、伊藤忠清を捕縛したのは、元暦元年の乱の戦後処理を伊勢国内で進めていた御家人加藤光員《かとうみつかず》の郎従であったが、加藤景員《かげかず》・光員父子はかつて同じ伊勢の平氏家人であった伊藤氏と紛争を起こして東国に移住した過去をもっており、こうした事情を踏まえれば、乱後、加藤氏によって徹底的な忠清の捜索が行われていたと思われる。

なお、忠清と同じく小松家《こまつけ》家人で元暦元年の乱で逃走した平家資《いえすけ》は、建久《けんきゅう》六年（一一九五）三月にいたるまで潜伏を続け、『平家物語』によれば、東大寺大仏殿《だいぶつでん》の落慶供養《らっけいくよう》に参加する頼朝の命を狙って東大寺転害門《てがいもん》付近に潜んでいたところを捕えられ、都に送られて処刑されたという。この家資の逸話が、のちに「悪七兵衛景清《あくしちびょうえかげきよ》」（伊藤忠清の子息）が東大寺転害門で頼朝の命を狙って失敗したというストーリーをもつ幸若舞《こうわかまい》「景清」に発展していくことになる（清水二〇〇九）。平氏都落ちに同行せず、元暦元年の乱を伊賀・伊勢で引き起こした小松家家人に関する記憶が、中世後期に生まれた新しい芸能の素材になっているのである。

助け合う武士たち

一方、平氏都落ちののち、九州において平氏軍本隊から離脱した平貞能は、元暦二年六月頃に下野《しもつけ》国の御家人宇都宮朝綱《うつのみやともつな》のもとにあらわれ、朝綱に頼朝への執り成しを懇願した。貞能の母が宇都宮氏の出身と考えられることについては第二章で述べた通りであるが、朝綱は頼朝に対して次のように貞能の助命を訴えている。

平家に属し在京するの時、義兵を挙げたまふ事を聞きて参向《さんこう》せんと欲するの刻、前内府（平宗盛）免さず。ここに貞能、朝綱ならびに重能（畠山）・有重（小山田）等を申し宥《なだ》むるの間、おのおの身を全うして御方に参り、怨敵を攻め畢《おわ》んぬ。これただに私の芳志を思ふのみにあらず、上においてまた功あらん者か。

（『吾妻鏡』元暦二年七月七日条）

すなわち、朝綱が武蔵《むさし》国の畠山重能《はたけやましげよし》・小山田有重《おやまだありしげ》らとともに平氏に属して在京していた時、頼朝の挙兵を知ったが、平宗盛は朝綱らの関東下向を許そうとはしなかった。その際、平貞能が宗盛を説得してくれたおかげで、無事に頼朝のもとに馳せ参じることができ、平氏一門の追討に従事することができた。したがって、貞能は単に個人的に恩があるだけではなく、頼朝にとっても功のある者である、と。

図40　小松寺（茨城県東茨城郡城里町）
平貞能が，この地で主人重盛の菩提を弔ったと伝えられ，境内には重盛・貞能の墓とされる宝篋印塔や五輪塔が残されている．

結局、この朝綱の主張は認められ、貞能は代表的な平氏家人であったにもかかわらず、死罪を免れて朝綱に預け置かれることとなった。現在も、栃木県那須塩原《なすしおばら》市の妙雲寺《みょううんじ》や同芳賀《はが》郡益子《ましこ》町の安善寺《あんぜんじ》、茨城県東茨城郡城里《しろさと》町の小松寺《こまつじ》など、宇都宮氏ゆかりの地域に貞能とその主平重盛にまつわる伝承をもつ寺院が数多く存在しているのは、そのためである。

この平貞能と宇都宮朝綱の事例は、姻戚関係などによって親密に結ばれた東西の武士が、内乱期に敵・味方に分かれながらも、お互いに助け合う様子をよく示しているといえよう。延慶《えんきょう》本『平家物語』には、寿永三年（一一八四）一月の木曾《きそ》義仲《よしなか》滅亡の際、河内《かわち》国長野《ながの》城から帰京して源義経軍と戦っていた樋口兼光《ひぐちかねみつ》に対して、兼光を婿としていた鎌倉方の武蔵国児玉党《こだまとう》が「ヤ、殿。樋口殿、人ノ一家ヒロキ中へ入ト云ハ、カヽル時ノ為也。軍ヲトヾメ給へ。和殿ヲバ御曹司（源義経）ニ申テ助ウズルゾ」（第五本「樋口次郎成降人事」）と、降人《こうにん》となるように呼びかけた場面が描かれている。「武士が広い縁戚関係に身を置こうとするのは、このような時に助け合うためである」というこの児玉党の言葉は、貞能と朝綱に見られたような、武士社会の広域的なネットワークがもつ保護機能を明瞭に語ってくれている。

腰越状の真偽

元暦二年（一一八五）五月に平宗盛らを鎌倉に護送した源義経が、頼朝から鎌倉入りを許されず、鎌倉の西の境界にあたる腰越駅《こしごええき》に留められて、「腰越状」と呼ばれる弁明書を頼朝の側近である大江広元《おおえひろもと》に送った逸話はあまりにも有名であろう。この「腰越状」は、梶原景時《かじわらかげとき》の讒言《ざんげん》などによって頼朝の怒りを買った義経が、頼朝と対面できない悲しみを訴え、自らの不幸な生い立ちや平氏追討の功績などを述べて許しを乞う書状で、ほぼ同文のものが『吾妻鏡』のほか、覚一本『平家物語』や『義経記《ぎけいき》』などにも収載されている。

しかし、「腰越状」をめぐっては、その文体や内容に古くから疑問が出されており、鎌倉時代中期に成立した義経伝説に基づく創作とする説が有力である。慈円《じえん》の『愚管抄《ぐかんしょう》』や、『平家物語』諸本のなかで最も古態を示すとされる延慶本『平家物語』などは、義経が鎌倉に入ったことを伝えており、また頼朝が義経を畿内近国の軍政指揮官として再び上洛させ、八月十六日には頼朝の申請により義経が伊予《いよ》守に任じられた事実を見ても、鎌倉下向の時点で義経が頼朝から政治的に排斥されていたと理解することはできない。

もちろん、第四章で述べたように、頼朝の構想とは全く異なる形で義経による平氏追討が強行された以上、延慶本『平家物語』が、鎌倉での二人の対面を「イト打解《うちとけ》タル気色《けしき》モナクテ、詞（少）ズクナニテ」（第六本「頼朝判官ニ心置給事」）と描いているように、両人の間に緊張関係が生じていたことは疑いのない事実と思われる。ただ、それが義経の反旗として明確にあらわれたのは、義経が京に戻って数ヵ月がたった文治《ぶんじ》元年（一一八五）十月のことであった。

義経の挙兵

事の発端は、木曾義仲滅亡後に頼朝に服属した源行家《ゆきいえ》が、鎌倉の頼朝のもとに参向しようとせず、敵対する動きを示したことにあった。当初、義経は後白河院《ごしらかわいん》の意向を受けて、頼朝に対抗しようとする行家の制止にあたったが、やがて行家と同心するようになり、十月十三日になって義経・行家の挙兵が露顕した。同日、義経が後白河院に奏上した内容によれば、頼朝に対して反旗を翻す理由は以下の三点であった。

まず第一に、頼朝に代わって朝廷のために身命を賭して平氏追討の功をあげてきたにもかかわらず、頼朝から特に賞翫《しょうがん》されることもなく、わずかに恩給された伊予国においても、各地に地頭職が補任されて国務を執ることができないこと、第二に、頼朝から分賜された二〇余ヵ所の没官領も、平氏追討後にことごとく取り上げられ、御家人らに給与されてしまったこと、第三に、頼朝が郎等《ろうとう》を遣わして義経を誅殺《ちゅうさつ》するという確かな情報があり、それから逃れることができないならば、戦場に出向いて一戦に及び生死を決したいこと、の三点である。

第一の理由は、平氏追討戦争における軍功の評価と恩賞に対する不満である。しかしこの点については、範頼軍の軍事活動の進展による平氏軍の降伏を期待していた頼朝の構想に反して、義経が後白河院の許可のみで出陣して平氏一門を滅亡させ、安徳《あんとく》天皇や三種の神器を確保することができなかった以上、むしろ当然の結果といえよう。また第二の理由についても、義経は畿内近国の軍政指揮官として自らが追討した平信兼《のぶかね》領や多田行綱《ただゆきつな》領などの畿内近国の没官領の一部を管理下に置いていたが、そもそもそれは御家人に正式に給与されるまでの暫定的な措置であり、頼朝が元暦二年六月に伊勢国で荘郷地頭の補任を始めるにあたって、一時的に預け置いた没官領を義経の支配から切り離すことは当然であった。

こうして見てくると、頼朝から謀殺されることを恐れた第三の理由を除けば、義経は一元的な頼朝の軍令権や荘郷地頭制の展開など、新たに形成されつつある鎌倉幕府権力との摩擦のなかで挙兵を決意したことになる。ここに、頼朝の弟でありながら、寿永三年（一一八四）一月以来、都にあって伝統的な京武者《きょうむしゃ》の秩序のなかで活動してきた義経の独自の位置が示されていると思われる。

十月十六日夜には、義経は後白河院に対して頼朝追討宣旨《せんじ》の発給を要求し、もし勅許《ちょっきょ》がない場合は天皇・院以下を引き連れて九州に下向すると迫った。翌日、院から在宅諮問を受けた右大臣《うだいじん》九条兼実《くじょうかねざね》は、罪科のない頼朝の追討宣旨を発給することに反対したものの、後白河院は院御所六条殿《いんごしょろくじょうどの》に左大臣《さだいじん》藤原経宗《つねむね》・内大臣《ないだいじん》藤原実定《さねさだ》を召集しただけで、「更に議定《ぎじょう》に及ぶべからず」（『玉葉』文治元年十月十九日条）として宣旨の発給を決定し、十月十八日、ついに義経・行家に対して頼朝追討宣旨を発給した。

義経・行家の没落

文治元年十月十七日の亥《い》の刻（午後一〇時頃）、「頼朝郎従の中、小玉《（児）》党武蔵国住人卅騎ばかり」（『玉葉』文治元年十月十七日条）が六条堀川《ほりかわ》の義経邸を襲撃し、義経側の反撃にあって退散した。『百練抄《ひゃくれんしょう》』同日条は「件《くだん》の張本は、字土佐房と云々」と記し、襲撃の主体を土《と》佐房昌俊《さのぼうしょうしゅん》と伝えているが、いずれにせよ十七日夜はすでに義経の挙兵が露顕したあとであり、情報をつかんだ鎌倉方の在京勢力が先制攻撃をしかけたものと理解される（菱沼二〇〇五b）。

頼朝追討宣旨を獲得した義経と行家は、すぐさま畿内近国において軍勢催促を始めたが、「宣下《せんげ》の後、武士を狩る。多く以て承引《しょういん》せずと云々」「近江の武士等、義経等に与せず。奥の方に引き退くと云々」（『玉葉』文治元年十月二十二・二十三日条）と伝えられているように、義経・行家のもとに全く武士が集まらず、挙兵の失敗は誰の目にも明らかとなった。頼朝追討宣旨の発給からわずか七日後の十月二十五日、後白河院のもとでは頼朝に対していかに弁明を行うかについての協議も始まっていたのである。

鎌倉の頼朝が、義経・行家の反乱を知ったのは、父源義朝《よしとも》を祀る勝長寿院《しょうちょうじゅいん》の落慶供養を二日後にひかえた十月二十二日のことである。この勝長寿院の落慶供養は、平治《へいじ》の乱で敗死した源義朝の復権を祝う一大セレモニーであり、東国御家人の軍事的再結集をはかり、頼朝の源氏嫡流《ちゃくりゅう》の地位を誇示する場であった。二十四日の供養当日は、二〇〇〇人をこえる御家人が群参したという。頼朝は落慶供養を終えると、ただちに大軍を率いて自ら上洛する構えを見せ、威嚇のため黄瀬川《きせがわ》まで出陣した。

都において鎌倉軍を迎え撃つことができないと判断した義経と行家は、十一月三日の辰《たつ》の刻（午前八時頃）に院御所に赴いて暇乞《いとまご》いをしたのち、九州を目指して出京した。狼藉《ろうぜき》もなく静かに都落ちしたその様子を、九条兼実は「義経等の所行《しょぎょう》、実に以《もっ》て義士《ぎし》と謂ふべきか」（『玉葉』文治元年十一月三日条）と称賛している。『吾妻鏡』によれば、二人に同行したのは、平時実（平時忠子息）・藤原能成《よしなり》（藤原長成《ながなり》子息、義経の異父弟）・源有綱《ありつな》（義経の婿）・堀景光《ほりかげみつ》・佐藤忠信《さとうただのぶ》・伊勢義盛《いせよしもり》・片岡弘経《かたおかひろつね》・弁慶《べんけい》法師以下、二〇〇騎ほどであったという。壇ノ浦で生け捕りになり、周防《すおう》国への配流が決まっていた平時実が、配所に赴かずに義経と行動をともにしているのは、義経が捕虜となった時忠の娘と結婚した縁によるものであろう。

彼らは、淀《よど》川（神崎《かんざき》川）河口の摂津《せっつ》国河尻《かわじり》において待ち構えていた摂津武士の太田《おおた》頼基《よりもと》と戦って勝利したのち、追撃する軍勢を振り切って、十一月五日夜に同国の大物浦《だいもつうら》より乗船する。しかし、夜半からの激しい暴風雨に見舞われて遭難し、その後は散り散りとなって逃走した。

こうした状況のなか、頼朝は自らの上洛を中止して、頼朝追討宣旨を発給した後白河院の政治責任を追及し、畿内・西国における軍事動員体制を再構築するために、北条時政《ときまさ》を京都守護として軍勢一〇〇〇騎とともに上洛させた。十一月十二日、後白河院はあわてて義経・行家の捕縛を命じる院宣《いんぜん》を発給したが、十三日から入京し始めた鎌倉軍の様子は「入洛の武士等の気色《けしき》太《はなは》だ恐れ有りと云々。大略天下大に乱るべし。法皇の御辺《ごへん》の事、極めて以て不吉と云々」（『玉葉』文治元年十一月十四日条）であったという。後白河院側が義経・行家の反乱を「天魔《てんま》の所為《しょい》」と弁明したことに対して、「日本国第一の大天狗は、更に他者にあらず候か」（『玉葉』文治元年十一月二十六日条）と院を揶揄《やゆ》する頼朝書状が院御所に投げ込まれたのは、北条時政入京の翌日にあたる十一月二十五日夜のことであった。

そして時政は二十八日に義経・行家の追討を目的とする軍事的要求を朝廷に申し入れ、二十九日に認可された。これがいわゆる「文治勅許」である。

文治勅許と国地頭

「文治勅許」については、高等学校の教科書や一般向けの概説書などでも「守護・地頭設置の勅許」と解説され、この勅許によって守護（惣追捕使）や地頭（荘郷地頭）がはじめて設置されたかのように説明を行っているものが多い。しかし、これまで述べてきたように、惣追捕使も荘郷地頭も平氏追討戦争や戦後処理の過程ですでに設置されてきており、この時点で成立したものではないことは明らかである。

『玉葉』ならびに『吾妻鏡』は、十一月二十八日に北条時政が朝廷側の権中納言藤原経房に申し入れた内容を、次のように伝えている。

伝へ聞く、頼朝代官北条丸(時政)、今夜経房(藤原)に謁《えつ》すべしと云々。定めて重事等を示すか。また聞く、件の北条丸以下郎従等、相分ち五畿・山陰・山陽・南海・西海の諸国を賜はり、庄公を論ぜず、兵粮《ひょうろう》を宛《あ》て催《もよお》すべし。段別五升。啻《ただ》に兵粮の催しのみにあらず、惣《す》べて以て田地を知行《ちぎょう》すべしと云々。凡《およ》そ言語の及ぶところにあらず。

(『玉葉』文治元年十一月二十八日条)

諸国平均に守護の地頭を補任し、権門勢家《けんもんせいけ》庄公を論ぜず、兵粮米段別五升を宛て課すべきの由、今夜北条殿、藤中納言経房卿に謁し申すと云々。

(『吾妻鏡』文治元年十一月二十八日条)

右の二つの史料に注目すれば、北条時政の要求内容は、①畿内・西国において国単位の「守護の地頭」(「守護と地頭」ではない)を設置すること、②荘園・国衙領を問わず段別五升の兵粮米を徴収すること、③国内田地を管理下に置くこと、などの点であったことが知られる。

これは義経・行家との戦争を想定して、畿内・西国の諸国に「国地頭」を設置し、各国の国衙機構を掌握して兵粮米の徴収や国内武士の動員を行い、強力な軍事動員体制を再構築するものであったと理解されよう（石母田一九六〇、大山一九七四・七五b、川合二〇〇四）。「文治勅許」で設置が認められたのはこうした国単位の地頭であり、「国地頭」という紛らわしい存在が、のちの歴史家を混乱させ、「文治の守護・地頭論争」という歴史学上稀に見る大論争を生む要因になったのである。

播磨国地頭梶原景時の活動

それでは、国地頭という鎌倉幕府の新しい制度は、実際にはどのような活動を現地で展開したのであろうか。国地頭のなかで最もよくその活動が知られるのは、播磨《はりま》国地頭梶原景時の事例である。

壇ノ浦合戦後、九州で戦後処理にあたっていた梶原景時は、鎌倉に帰って勝長寿院の落慶供養に参加したが、義経・行家の反乱が勃発すると、ただちに代官を播磨国に派遣した。『玉葉』文治元年十一月十四日条には、「梶原の代官播磨国に下向し、小目代《こもくだい》の男を追ひ出し、倉々に封を付し了んぬと云々。件の国院の分国《ぶんこく》なり」とあり、北条時政が国地頭設置を申請する一〇日以上も前に、梶原景時の代官が播磨国に下向し、国守の代官である小目代を追い出し、国衙の倉々を差し押さえていたことが知られる。景時は、鎌倉の頼朝のもとで国地頭の設置方針が決められた直後に、播磨国地頭に任じられ、現地に代官を下向させたのである。当時、播磨国は院分国として後白河院の重要な経済的基盤となっており、播磨守には院近臣《いんのきんしん》の藤原実明《さねあき》が補任されていた。文治勅許以前の景時代官の播磨国下向は、まさに同国が院分国であったからであり、頼朝追討宣旨を発給した後白河院に対する露骨な政治的圧力であったといえよう。

梶原景時が、生田の森・一の谷合戦後に播磨国惣追捕使に任じられていたように、文治元年末に諸国に設置された国地頭は、基本的に惣追捕使であった御家人が任命され、平氏滅亡後にいったん廃止された惣追捕使の再設置という側面をもっている。しかし、単に名称が「惣追捕使」から「国地頭」に変わったというだけではなく、源義経・行家の挙兵を後白河院が容認したという政治状況もあって、文治元年末から翌年にかけて各地で国地頭によるきわめて厳しい軍政が展開した。

なかでも播磨国は、国地頭梶原景時の代官たちの活動が最も激しく、かつ長期間にわたって展開した地域であった。文治元年十二月六日に朝廷が豊前国宇佐宮に派遣した宇佐和気使《わけづかい》は、途中の播磨国明石《あかし》において景時代官らの狼藉《ろうぜき》にあい、神馬《しんめ》・神宝《しんぽう》を路頭に捨てて同十三日には都に逃げ帰っており、また翌文治二年に入ると、各郡に居住する景時代官たちによる播磨国内の荘園・国衙領の「押領《おうりょう》」が大きな問題となっている。

景時代官による「押領」は、印南《いんなみ》・賀古《かこ》・明石郡に広がる五箇《ごか》荘をはじめ、揖西《いっさい》郡揖保《いぼ》荘・桑原《くわばら》荘・上蝙《こうべ》荘、美嚢《みのう》郡東這田《ひがしほうだ》荘、多可《たか》郡安田《やすだ》荘、加東《かとう》郡福田《ふくだ》保・大部《おおべ》郷、加西《かさい》郡西下《にししも》郷など、広範な地域で引き起こされている。ここで、五箇荘が印南野の大功田《だいこうでん》を起源にもつ平清盛領であり、播磨国が平氏権力の基盤の一つであったことを想起すれば、景時代官の播磨国内の荘園・国衙領「押領」も、不当な押領だけではなく、平氏一門領や平氏方所領に対する没官活動を含んでいたととらえるべきであろう（熊谷二〇〇三）。

こうして義経・行家の反乱を契機に強力な軍政を展開した国地頭は、義経・行家の没落がすぐに明確化したこともあって、国司・荘園領主の激しい反発にあい、北条時政が七ヵ国地頭職の辞退を朝廷に申し出るなど、文治二年半ばには早くも後退の方向に向かった。「国地頭」の名称もやがて廃止されて「惣追捕使」に戻されるとともに、その役割も非常時における総力的な軍事動員から、平時に国内の御家人を統率するものに切り替えられていく（大山一九七四）。そして一三世紀初頭には、名称も守護に統一されていった。

しかし、右に見てきた播磨国の場合、国地頭梶原景時の代官と院分国主後白河院との紛争はその後も続き、最近紹介された東京大学史料編纂所所蔵「『和歌真字序集《わかまなじょしゅう》』紙背《しはい》文書」によると、建久二年（一一九一）三月にいたっても、「播州《ばんしゅう》地頭」「播州地頭代官」が国司の命にしたがわないことが問題とされている（藤原・末柄二〇〇七）。国によって事情は異なるであろうが、国地頭設置の余波は建久年間まで及んでいたのである。

議奏公卿の設置

さて、頼朝は文治元年（一一八五）十一月にこのような国地頭の設置を申請する一方で、十二月に入ると、「天下の草創《そうそう》」と主張して朝廷内部の人事に対して次の三内容からなる政治介入を行った。

第一は、右大臣九条兼実を筆頭に、内大臣藤原実定・大納言《だいなごん》三条実房《さねふさ》・権大納言藤原宗家《むねいえ》・同藤原

忠親《ただちか》・権中納言藤原実家《さねいえ》・同源通親《みちちか》・同藤原経房・参議《さんぎ》藤原雅長《まさなが》・同藤原兼光《かねみつ》の一〇名を「議《ぎ》奏公《そうく》卿《ぎょう》」に指名し、「已上《いじょう》の卿相《けいしょう》、朝務《ちょうむ》の間、先《ま》づ神祇《じんぎ》より始め、次に諸道に至るまで、彼の議奏に依りこれを計《はか》らひ行はるべし」(『玉葉』文治元年十二月二十七日条)と、彼らの「議奏」に基づいて国政を運営するよう要求したことである。

第二は、義経・行家に加担し、頼朝追討宣旨の発給に関わった者として、大蔵卿《おおくらきょう》高階泰経《たかしなやすつね》・刑部卿《ぎょうぶきょう》藤原頼経《よりつね》の解官《げかん》・配流《はいる》、参議平親宗《ちかむね》・右大弁《うだいべん》藤原光雅《みつまさ》・右馬頭《うまのかみ》高階経仲《つねなか》・左馬権頭《さまのごんのかみ》平業忠《なりただ》などの解官を要求するとともに、内覧《ないらん》に九条兼実、蔵人頭《くろうどのとう》に藤原光長《みつなが》・源兼忠《かねただ》、大蔵卿に藤原宗頼《むねより》などを推挙し、さらに議奏公卿六人と蔵人頭二人に知行国の付与を要請したことである。

そして第三は、それまで朝廷において関東との連絡にあたっていた院伝奏《いんのてんそう》の高階泰経を排除して、院伝奏とは別に「関東申次《かんとうもうしつぎ》」という連絡ルートを新たに創設し、その地位に親幕派の公卿である藤原経房を就任させたことである。

右のような頼朝の政治介入は、左大臣藤原経宗・内大臣藤原実定を院御所に召集しただけで、「更に議定に及ぶべからず」と決定された頼朝追討宣旨の発給に端的に見られるような、平氏都落ち以降の後白河院の恣意的な国政運営を抑制するものだったといえよう。「議奏」とは、臣下が議定や在宅諮問の場で意見を奏上することであるが、後白河院が日常的な政務のみならず、本来は陣定や院御所議定などで討議すべき重要な政治課題に関しても、独断あるいは少数者への諮問のみで政策を決定し

図41　九条兼実画像

てしまうことがないように、頼朝は一〇人の現任公卿を「議奏公卿」として明確化し、彼らの多くに知行国を付与して経済的自立性を保障したうえで、院の国政運営をチェックする機能をもたせたのである（美川一九九六）。

九条兼実の摂政就任

頼朝の政治介入でもう一つ注目しなければならないのは、摂政《せっしょう》藤原基通《もとみち》の叔父にあたる右大臣九条兼実を、摂政・関白に準じる内覧（天皇に奏上する文書を内見する役職）に推挙したことである。

頼朝は、生田の森・一の谷合戦後の寿永三年（一一八四）三月にも、朝務に詳しく正論を主張する九条兼実を、摂政・氏長者《うじのちょうじゃ》に推挙したことがあった。その後白河院宛の頼朝奏状を執筆したのは、京から鎌倉に下向したばかりの大江広元であり、広元の養父で中原親能《なかはらちかよし》の実父であった中原広季《ひろすえ》が、兼実のもとに奏状の正文を持参している事実を見ると、おそらく頼朝は広元・親能の人脈を通じて九条兼実と連携しようとしていたと思われる。しかし、この時は摂政藤原基通を寵愛《ちょうあい》する後白河院によって拒絶されている。

今回の要求については、頼朝追討宣旨の責任を問われている後白河院は拒否できる状況になく、十二月二十八日に内覧の宣旨が兼実に下され、さらに頼朝の要請によって、翌文治二年（一一八六）三月十二日に兼実は基通にかわって念願の摂政・氏長者に任じられた。これ以降、兼実は蔵人頭となった家司《けいし》藤原光長を連絡役として、鎌倉の頼朝と協調しながら朝廷内の政治改革を進めていく。文治三年（一一八七）二月には、頼朝の奏請に基づいて閑院内裏《かんいんだいり》内に記録所《きろくじょ》が設置されたが、これも前年に兼実から頼朝にあらかじめ提案されたものであり（山本一九七九）、諸官司・国衙・諸人の訴訟や荘園券契《けんけい》の審査、朝廷の年中行事費用の調査・立案などにあたる機関として、鎌倉時代を通じて存続することとなる。

なお議奏公卿制については、例えば議奏公卿からはずされた左大臣藤原経宗が、その後も在宅諮問や院御所議定に参加している事実などから、十分に機能することはなかったと評価されているが、国政の権力核を構成する摂政の地位に、こうして院から距離を置く九条兼実が就任した以上、頼朝の政治介入により、後白河院の専制的な権力が大きく制約されるようになったことは間違いないであろう。

2—奥州合戦と幕府権力の確立

義経の逃走

文治元年（一一八五）十一月に一〇〇〇騎の軍勢とともに入京した北条時政は、国地頭や議奏公卿の設置を実現したのち、翌文治二年四月に鎌倉に帰着し、そのあとの畿内近国の軍事指揮官（京都守護）には、頼朝の同母妹を妻とする左馬頭一条能保《いちじょうよしやす》が任じられて、義経・

行家らの捜索の総指揮にあたった。

摂津国大物浦から船出して遭難したのち、義経と離れて逃走していた源行家は、文治二年五月に和泉《いずみ》国の在庁官人《ざいちょうかんじん》のもとに隠れていたところを発見され、鎌倉方の北条時定《ときさだ》・常陸房昌明《ひたちぼうしょうみょう》らによって殺害された。木曾義仲と対立した行家が、寿永二年（一一八三）十一月の室山《むろやま》合戦後に河内国長野城に入り、南河内・和泉に地域的軍政を展開したことは第四章で触れたが、当時の縁故を頼って「日来《ひごろ》和泉・河内の辺」（『吾妻鏡』文治二年五月二十五日条）に潜伏していたことが発覚したという。

一方の義経は、吉野《よしの》・鞍馬《くらま》・多武峰《とうのみね》・比叡山《ひえいさん》・興福寺などの悪僧《あくそう》（僧兵）のもとを転々として逃走を続けたが、義経にしたがっていた源有綱は、文治二年六月に本拠地の大和《やまと》国宇陀《うだ》郡において北条時定に討たれ、七月には場所は不明であるが伊勢義盛が梟首された。さらに九月には、義経と別れて京に潜入した佐藤忠信と堀景光が鎌倉方に発見され、忠信は糟屋有季《かすやありすえ》と戦ったのち自害、景光も比企朝宗《ひきともむね》によって捕縛された。義経はこうして有力な縁者・郎等を失いながら、鎌倉方の厳しい探索をくぐり抜けて行方を眩ましていく。

義経との大規模な戦争の可能性がなくなり、その捜索が課題となった文治二年後半には、国地頭による総力的な軍事動員体制も解除されて、内乱の終息を意味する「天下落居《らっきょ》」認識が社会に広まっていく。後白河院は文治三年（一一八七）三月に、保元以来の内乱戦死者の追善供養を高野山《こうやさん》に命じているが、このような戦死者を弔う大規模な法会《ほうえ》の開催も、院の「天下落居」認識を前提とするものであろう。

しかし、この頃から頼朝の奥州《おうしゅう》藤原氏に対する強硬な姿勢が目立つようになる。頼朝は文治二年四月に、藤原秀衡《ひでひら》から京に貢納する馬・砂金を鎌倉経由とすることを認めさせ、さらに文治三年四月には、東大寺大仏の鍍金《めっき》のために朝廷を通じて秀衡に砂金三万両という法外な量を要求している。義経の奥州潜伏が露顕《ろけん》するのは文治四年（一一八八）二月であるが、それ以前から頼朝は奥州藤原氏に対する圧力を強めていたのである。

図42　中尊寺金色堂

平泉の奥州藤原氏

それでは奥州藤原氏は、頼朝にとってどのような存在だったのであろうか。周知の通り、奥州藤原氏は、前九年《ぜんくねん》・後三年《ごさんねん》合戦などを経て、安《あ》倍《べ》・清原《きよはら》氏の支配領域であった北上川《きたかみがわ》中・上流域の奥六郡《おくろくぐん》（胆《い》沢《さわ》・江刺《えさし》・和賀《わが》・稗貫《ひえぬき》・斯波《しば》・岩手《いわて》）を継承し、陸奥《むつ》・出羽《でわ》両国に支配を及ぼした藤原清衡《きよひら》に始まる。清衡は一一世紀末から一二世紀初頭に磐井《いわい》郡平泉《ひらいずみ》に拠点を築き、白河関《しらかわのせき》から津軽《つがる》半島の外《そと》が浜《はま》にいたる奥大道《おくだいどう》を整備し、一町（約一〇九メートル）ごとに金色《こんじき》の阿弥陀《あみだ》像を描いた笠卒塔婆《かさそとば》を造立したと伝えられる。また初代清衡は、多宝寺《たほうじ》・釈迦堂《しゃかどう》・両界堂《りょうかいどう》・二階大堂《にかいだいどう》などの伽藍《がらん》からなる荘厳な中尊寺《ちゅうそんじ》を平泉に建立し、二代基衡《もとひら》の毛越寺《もうつうじ》造営、三代秀衡の無量光院《むりょうこういん》造営などへと展開する、一二世紀の平泉における華麗な仏教文化の基礎をつくった。

頼朝と対峙した三代秀衡は、父基衡が亡くなった保元《ほうげん》二年（一一五七）頃に奥州藤原氏の当主となり、嘉応《かおう》二年（一一七〇）五月二十五日に奥州藤原氏で唯一鎮守府将軍《ちんじゅふしょうぐん》に任じられ、従五位下に叙された。鎮守府将軍は、本来、陸奥国鎮守府において蝦夷《えみし》経営にあたる軍政府の長官のことであるが、一二世紀段階にはその実質を失って陸奥守が兼任する名誉職となり、武士が補任されることはなかったから、藤原秀衡の任官はきわめて例外的なものであった（大石二〇〇一）。奥州藤原氏の実質的な支配を、朝廷が制度的に位置づけたものといえようか。

秀衡の政庁「平泉館《ひらいずみのたち》」と推定される柳之御所《やなぎのごしょ》遺跡では、近年の発掘調査によって、堀と塀・溝によって囲まれた広大な居館《きょかん》跡が検出され、中国産の白磁《はくじ》や渥美《あつみ》・常滑《とこなめ》産の壺《つぼ》・瓶などの破片、宴会のたびに使い捨てられたおびただしい量のカワラケ（素焼きの土器）、寝殿造《しんでんづくり》風の邸宅が描かれた板絵、「人々給絹日記《ひとびとにたまうきぬのにっき》」（秀衡が儀礼に参加する子息・側近に絹織物の装束《しょうぞく》を支給するためのリスト）が墨書された杉板などが発見されている（平泉文化研究会一九九二・九三、入間田二〇〇三・二〇〇七a）。こうした発掘成果は、奥州藤原氏の全盛期ともいえる三代秀衡の時代の繁栄ぶりを具体的に示している。

奥州藤原氏のネットワーク

ところで、奥州藤原氏の権力は、これまで陸奥・出羽両国を支配下に収める独立国家のイメージが強かったためか、都の貴族社会や他地域の武士とのネットワークが注目されることは少なかったが、最近ではそうした側面の解明が急速に進んでいる。

例えば、流人《るにん》の頼朝に挙兵を決断させたキー・パーソンの一人である佐々木秀義《ささきひでよし》は、平治の乱後に近江国佐々木荘を追われ、奥州の藤原秀衡のもとに赴く途中で相模《さがみ》国の渋谷重国《しぶやしげくに》に引き止められ身を寄せたが、そもそも佐々木秀義が奥州藤原氏を頼ろうとしたのは、秀義の母（安倍宗任《むねとう》の娘）の姉妹が藤原基衡の妻となっていたからであった（川島二〇〇三）。秀義は、保元の乱以前から源為義の専使として奥州藤原氏のもとにたびたび派遣され、矢羽や名馬の調達にあたっていたことが指摘されているが（野口一九九四a・b）、これもそうした姻戚関係に基づいていたと考えられ、奥州藤原氏と畿内近国の武士との交流が日常的に存在したことが知られるのである。佐々木秀義が子息定綱《さだつな》を伊豆の頼朝のもとに遣わし、もし挙兵しないならば早急に奥州へ逃げるように勧めたという延慶本『平家物語』の記事も、佐々木氏と奥州藤原氏の親密な関係を踏まえれば、十分に信憑性があろう。奥州藤原氏は、義経だけでなく、場合によっては頼朝の亡命先にもなりえたのである。

義経が幼い頃に預けられた鞍馬山を出て、奥州に下向したのは、『尊卑分脈《そんぴぶんみゃく》』によれば承安《じょうあん》四年（一一七四）、義経十六歳の時であった。義経の奥州下向は、母常盤《ときわ》が再婚した藤原長成と親戚関係にあった前民部少輔《さきのみんぶしょう》藤原基成《もとなり》が平泉にあり、その基成の招きによるものと推定されている（角田一九八三）。

藤原基成は、康治《こうじ》二年（一一四三）から一〇年余にわたって陸奥守に在任し、現地に下向して娘を秀衡の妻とするなど、藤原基衡・秀衡と親交を結び、平治元年（一一五九）の平治の乱で兄藤原信頼《のぶより》に連座《れんざ》して陸奥に配流となってからは、衣川《ころもがわ》北岸の「衣河館《ころもがわのたち》」に居住し、秀衡の政治顧問として重きをなした。義経はこの基成の保護を受けて「衣河館」内に居所を与えられ、秀衡やその子息とも交流をもちながら頼朝挙兵までの時期を過ごしたと思われる。

なお最近、中尊寺北麓を流れる衣川の北岸一帯で、一〇世紀から一二世紀にかけての大規模な遺跡群（衣川遺跡群）が発見され、発掘調査が進められた。なかでも、二本の堀に囲まれた居館跡で、一二世紀後半に一括廃棄された大量のカワラケが発見されている接待館《せったいだて》遺跡や、一二世紀の遺物とともに州浜《すはま》をもつ池状遺構が検出された衣《ころも》の関道《せきみち》遺跡などは、基成の「衣河館」の可能性も想定でき、今後の調査・研究の進展が期待されている（入間田二〇〇七b）。

奥州藤原氏の脅威

治承・寿永の内乱が勃発すると、第三章でも触れたように、惣官《そうかん》平宗盛の要請によって、養和《ようわ》元年（一一八一）八月十五日に藤原秀衡が陸奥守、城助職《じょうすけもと》（長茂《ながもち》）が越後《えちご》守に任じられた。この補任は、あくまでも非常事態のなかでの措置であり、頼朝や木曾義仲らによる諸反乱を鎮圧できないまま、膠着《こうちゃく》状態に陥った平氏が、反乱鎮圧への藤原秀衡・城助職の軍事的協力を期待したものであった。

しかし、秀衡は決して平泉から動こうとはしなかった。寿永二年（一一八三）十二月十五日に、木曾義仲の要求で頼朝追討を命じる後白河院庁下文《くだしぶみ》が秀衡に発給された際も同様である。

それにもかかわらず、頼朝にとって奥州藤原氏が脅威だったのは、頼朝に敵対した常陸国の有力武士佐竹隆義《さたけたかよし》の母が藤原清衡の娘であり、姻戚関係に基づいた両者の連携が実際に存在したからである（高橋二〇〇七）。治承四年（一一八〇）十一月の金砂城《かなさじょう》合戦の際に在京中であった家督《かとく》の隆義は、その後も常陸国内で執拗に頼朝に抵抗し続け、頼朝軍に敗れると奥州に逃げ籠もるなど、奥州藤原氏の存在を背後にして軍事活動を展開した。のち奥州合戦において、頼朝に滅ぼされた四代藤原泰衡《やすひら》のもとに佐竹氏一族の者がしたがっていたことも、両者の連携を示している。

平氏都落ち後の寿永二年（一一八三）十月、後白河院から上洛要請を受けた頼朝は、すぐに上洛できない理由の一つとして「一は秀平（秀衡）・隆義等、上洛の跡に入れ替るべし」（『玉葉』寿永二年十月九日条）と返答し、藤原秀衡と佐竹隆義が連携して留守中の鎌倉を攻撃してくる危惧を伝えている。頼朝にとって奥州藤原氏は、幕府権力の基盤である関東を固めるうえでも最も警戒すべき対象となっていたのである。

全国的大動員

義経・行家の没落後、「天下落居」認識が広まるなか、頼朝が奥州藤原氏に対して強硬な姿勢を示すようになったことは先に述べたが、そうしたなか源義経の奥州帰住が発覚した。文治四年（一一八八）二月八日、摂政九条兼実のもとに届けられた情報によると、出羽国知行国主藤原兼房《かねふさ》の目代《もくだい》法師昌尊《しょうそん》が、出羽を出国しようとして奥州の義経の軍勢と合戦になり、鎌倉まで逃走したという。二月十二日夜には、京都守護一条能保のもとに頼朝の使者が到着して、「義顕（源義経）奥州に在る事、已《すで》に実なり」（『玉葉』文治四年二月十三日条）と伝えており、確実な情報に接し公武両権力に緊張が走っている。

藤原秀衡は、前年の文治三年十月二十九日に平泉で病死したが、子息の泰衡・国衡《くにひら》に、「義顕（義経）を以て主君となし、両人給仕すべきの由遺言《よしゆいごん》あり。仍って三人一味、頼朝を襲ふべき籌策《ちゅうさく》を廻《めぐ》すと云々」（『玉葉』文治四年一月九日条）と遺言したという噂が、まことしやかに都まで伝えられている。おそらく義経の奥州帰住は、この頃にさかのぼるものと推測されよう。

しかし、頼朝は亡母供養の五重塔建立と厄年による一年間の殺生禁断《せっしょうきんだん》のため、ただちに奥州の義経を追討しようとはせず、朝廷から藤原泰衡に命じて義経を召し出させることを提案した。朝廷は頼朝の要請に基づいて、文治四年二月・十月の二度にわたって、藤原泰衡と前民部少輔藤原基成に義経捕縛を命じる宣旨を発給したが、事態は何の進展も見ないまま、頼朝の殺生禁断が明ける文治五年（一一八九）を迎えるのである。

文治五年になると、頼朝は早速、朝廷に対して義経ならびに藤原泰衡を自ら誅罰《ちゅうばつ》することを申請するとともに、二月九日には南九州の島津《しまづ》荘地頭惟宗忠久《これむねのただひさ》に対して下文を発給し、武装能力のある島津荘荘官を引き連れて七月十日以前に鎌倉に参着するよう命じている（島津家文書）。奥州での合戦であるにもかかわらず、九州南端の武士まで召集する、まさに全国的動員体制がとられている。

以後、頼朝は朝廷に対して繰り返し追討宣旨の発給を申請していくが、こうした政治状況のなかで、閏《うるう》四月三十日、ついに藤原泰衡は数百騎の兵を率いて藤原基成の「衣河館」の義経居所を襲い、義経を自殺に追い込むことになる。義経、時に三十一歳であった。なお、基成一族はその後も「衣河館」に居住し続けているから、大きな火災などの被害は生じなかったようである（入間田二〇〇七b）。想像するに、奥州藤原氏の庇護を受けていた義経は、激しい抵抗をしなかったのではないだろうか。

この義経滅亡の報に接した後白河院は大いに喜び、頼朝に奥州出兵を中止し、ただちに武装解除を行うよう命じている。ところが、頼朝は六月二十五日に重ねて藤原泰衡に対する追討宣旨の発給を要求した。頼朝の奥州出兵の主目的は、決して義経の追討ではなかったのである。

結局、頼朝は朝廷から追討宣旨を得られないまま、軍勢を大手《おおて》軍・東海道《とうかいどう》軍・北陸道《ほくりくどう》軍の三隊に分け、自らは大手軍を率いて七月十九日に奥州に向かって鎌倉を出発した。頼朝自身が陣頭に立つのは、治承四年（一一八〇）の挙兵段階以来のことであり、全国から動員された軍勢は、御家人の郎従までも含めると「軍士二十八万四千騎」に及んだと『吾妻鏡』文治五年九月四日条は記している。もちろんこの数字をそのまま信用することはできないが、未曾有の規模の大軍勢が頼朝にしたがって奥州を進んだことは確かであり、そのなかには、かつて奥州藤原氏と連携して頼朝に敵対した常陸国の佐竹隆義の嫡子秀義《ひでよし》や、越後から南奥会津《なんおうあいづ》に大きな勢力を張り、奥州藤原氏と並び称された越後城氏の城助職（長茂）も含まれていたのである。

「政治」としての奥州合戦

七月十九日に鎌倉を進発した大手軍は、二十九日には白河関をこえて陸奥国に入り、八月十日には、奥州藤原軍が奥大道を遮断する「城郭」として構築した「阿《あ》津賀志山《つかしやま》二重堀」を突破して、十二日に多賀《たが》国府に到着した。ここで千葉常胤《ちばつねたね》・八田知家《はったともいえ》らの率いる東海道軍と合流し、二十二日には平泉に侵攻したが、すでに藤原泰衡は「平泉館」に火を放って逃走していたため、九月二日には泰衡を追って鎌倉軍はさらに北上を開始し、四日、志波《しわ》郡陣岡《じんがおか》において比企能員《よしかず》・宇佐美実政《うさみさねまさ》らの率いる北陸道軍も合流させた。

六日、家人河田次郎《かわだじろう》の裏切りによって討たれた泰衡の首が、陣岡の頼朝のもとに届けられ、梟首の儀式が行われた。ここに、四代にわたって栄華を誇った奥州藤原氏が滅亡することとなった。九日には、朝廷から奥州出兵を事後承諾した追討宣旨も届けられたが、十一日、頼朝は全軍を率いてさらに岩手郡厨川《くりやがわ》まで北上する。十八日、厨川において奥州合戦の終結を宣言したのち、翌十九日に南下を始め、十月二十四日に鎌倉に帰着した。三ヵ月余に及ぶ大遠征であった。

この奥州合戦には、それまでの平氏追討戦争に見られない特徴点がいくつか存在するが、最大の特徴は、何といっても頼朝自身の出陣と全国的な大動員という点であろう。南九州の御家人までも召集するという大がかりな軍事編成は、決して奥州藤原氏の実力に対応するものではなく、むしろ泰衡追討の場を利用して、内乱期の戦争で組織した全国の武士たちをここであらためて動員し、頼朝自身がそれを率いること、そのこと自体に目的があったとしか考えられないのである。

平氏や木曾義仲を追討するために、各地の武士を召集し御家人の編成にあたっていたのは、追討使として畿内・西国に派遣された源範頼や義経、各国に設置された惣追捕使であったが、彼らから御家人に認定された諸国の武士は、主君頼朝の見参《げざん》に入ることもなかったから、鎌倉殿に対する奉公の観念は希薄であったに違いない。そのような内乱期御家人制の弱点を克服し、鎌倉殿頼朝と全国の御家人との主従関係をこの時点で再編・強化する「政治」として、この戦争は遂行されたのではないだろうか。

図 43　阿津賀志山二重堀（福島県国見町，国指定史跡）
地表に残る二重の堀と三重の土塁．実際は，土塁から見た堀の深さは 3〜4 メートルあった．現在も発掘調査が続けられ，防塁の木戸口や，奥大道を遮断する遺構などが見つかっている．

実は奥州合戦にはもう一つ大きな特徴がある。それは奥州合戦の軍旗、泰衡の首のさらし方、厨川への進軍、九月十七日という日付にいたるまで、頼朝の先祖の鎮守府将軍源頼義《よりよし》が、康平《こうへい》五年（一〇六二）九月十七日に厨川において安倍貞任《さだとう》を討った前九年合戦の再現として演出されている事実である。頼朝にとって鎮守府将軍源頼義は、河内源氏の武将のなかで最も崇拝する「曩祖将軍」であり、前九年合戦はその「曩祖《のうそ》将軍」が朝敵安倍氏を追討した輝かしい軍功の場であった。頼朝は全国から動員した武士たちにこの「前九年合戦」を追体験させ、頼義の軍功を彼らに強烈に認識させることによって、武士社会の名誉意識に基づいて、頼義の後継者として自らの権威を確立しようとしたと思われるのである（川合一九九六・二〇〇四）。

奥州藤原氏の存在が頼朝にとって脅威であったことは、繰り返すまでもないが、奥州合戦の意義は、決して奥州藤原氏の追討だけにとどまらず、戦時に形成された鎌倉幕府権力を内乱終息後の平時に定着させるための「政治」であったことに注意しておきたい。

「天下落居」と頼朝の上洛

奥州合戦の翌年の建久元年（一一九〇）、頼朝は挙兵後はじめての上洛をとげた。十一月七日の申《さる》の刻（午後四時頃）に入京した頼朝の一隊は、折烏帽子《おりえぼし》、絹紺青丹打《きぬこんあおにうち》の水干袴《すいかんばかま》に紅衣《こうい》、夏毛《なつげ》行騰《むかばき》という装束を着用して、染羽《そめは》野箭《のや》を帯し黒馬にまたがった頼朝を中心に、その前後を囲んで先陣随兵《ずいひょう》一八〇騎・後陣随兵一三八騎が三列に整列する威儀《いぎ》を正したパレードで進み、平頼盛《よりもり》の邸宅跡に建てられた「六波羅《ろくはら》新造の亭」（『玉葉』建久元年十一月七日条）に入った。頼朝の上洛は、幕府権力が背後の奥州藤原氏の脅威から解放され、「天下落居」が公武共通の認識になったことを象徴する一大セレモニーであり、頼朝のパレードを一目見るために、後白河院をはじめ、洛中の人々が見物に押し寄せたという。

二日後の十一月九日、頼朝は院御所六条殿に参上して後白河院と会談し、次に閑院内裏に赴いて後《ご》鳥羽《とば》天皇に拝謁したのち、摂政九条兼実と対談するという精力的な一日を過ごし、その夜に勲功賞として権大納言に任じられた。一ヵ月余の在京中に、頼朝は後白河院と八回の会談を行い、十三日には院に砂金八〇〇両、鷲羽《わしのはね》二櫃《ひつ》・馬一〇〇頭という莫大な贈物を進上した。

二十四日、頼朝は朝廷の栄誉ある武官の右近衛大将《うこのえだいしょう》（右大将）に任じられ、朝廷を守護する侍大将の地位につくこととなる。頼朝は九条兼実に面会した際に、自らも「頼朝、已に朝の大将軍たるなり」（『玉葉』建久元年十一月九日条）と述べており、朝廷を中心とする国家体制のもとでの鎌倉幕府の基本的な位置・役割が、ここに明確化された。頼朝は十二月一日に右大将拝賀《はいが》の儀式を終えると、数日後には両職を辞し、十四日には鎌倉に向けて出立した。鎌倉に帰るにあたっての権大納言・右大将の辞任は、京官の官職を得た御家人に対して在京勤務を厳命してきた頼朝にとっては、当然のことであり、そこに何らかの特別な意思を見出すことはできない。

頼朝と後白河院との協調関係はその後も続き、翌建久二年（一一九一）二月からは、頼朝は木曽義仲の法住寺《ほうじゅうじ》合戦で焼失した院御所法住寺殿の再建を開始した。同年十二月十六日には、後白河院は美を尽くした新造の法住寺殿に移っているが、ちょうどこの頃に病を得て、一〇日ほど滞在したのち六条殿に戻った。そして翌建久三年三月十三日未明、後白河院は六十六歳の波乱に満ちた生涯を終えるのである。

大将軍と征夷大将軍

後白河院が病死して三ヵ月後の建久三年（一一九二）七月十二日、頼朝は征《せい》夷《い》大将軍に任じられた。頼朝の征夷大将軍任官をめぐっては、建久元年十一月の上洛中に頼朝が希望したにもかかわらず、後白河院の拒絶にあって果たせず、院が亡くなったのちにようやく念願の征夷大将軍に任官することができた、と説明されるのが一般的である。そのうえで、なぜ頼朝がこの官職を望んだのかという点についても、東北の「蝦夷」征討のために臨時に派遣される軍隊の総司令官という征夷大将軍の性格と、奥羽両国を支配下に収めた鎌倉幕府の性格が結びつけられて、従来から様々に議論されてきた。しかし現在、このような議論は全面的に見直す必要に迫られている。というのも、二〇〇四年に学界に紹介された新出史料の『三槐荒涼抜書要《さんかいこうりょうぬきがきのかなめ》』には、「前右大将頼朝、将軍を仰せらるる事」として、未見の『山槐記《さんかいき》』建久三年七月条の一部が抜粋されており、その七月九日条には「前右大将頼朝、前大将の号を改め、大将軍を仰せらるべきの由を申す」と、頼朝が望んだのは「征夷大将軍」ではなく、「大将軍」であった事実が記されているからである(櫻井二〇〇四)。

この頼朝の申請を受けた朝廷は、「大将軍」にふさわしい官職として、「征東《せいとう》大将軍」・「征夷大将軍」・「惣官《そうかん》」・「上将軍」の四候補を検討し、「征東大将軍」は木曾義仲の先例、「惣官」は平宗盛の先例が「不快」であるとして候補からはずし、また「上将軍」についても日本では補任例がないとして候補からはずした。結局、坂上田村麻呂《さかのうえのたむらまろ》の「征夷大将軍」が「吉例」であるとして、頼朝を征夷大将軍に補任することに決したという。つまり、征夷大将軍という官職を選択したのは、頼朝ではなく朝廷だったのであり、頼朝が以前から征夷大将軍の任官を希望していたという逸話も、事実ではなかったのである。

それでは、なぜ頼朝は「大将軍」を希望したのであろうか。建久元年十一月の上洛中に、頼朝が九条兼実に「頼朝、已に朝の大将軍たるなり」と語ったことは前述した通りであり、すでに頼朝が「大将軍」の称にこだわっていたことが知られるが、頼朝が意識する「大将軍」とは、追討使などの軍隊の司令官や特定の官職を指すものではなく、武士社会において「将軍」に勝る権威としての「大将軍」の称であった。

平安時代末期から鎌倉時代にかけての武士社会では、一〇・一一世紀の鎮守府将軍を先祖にもつ貞《さだ》盛《もり》流平氏・良文《よしぶみ》流平氏・秀郷《ひでさと》流藤原氏・頼義《よりよし》流源氏などが「将軍」の末裔《まつえい》であることを自己のアイデンティティとしており、治承・寿永の内乱は、貞盛流の平氏一門や秀郷流の奥州藤原氏をはじめ、同じ頼義流の武田《たけだ》信義《のぶよし》・佐竹隆義・木曾義仲・源行家・源義経など、「将軍」の末裔たちによる覇権争いの様相を呈していた。とすれば、このような内乱を制して唯一の武門の棟梁《とうりょう》となり、また奥州合戦で「曩祖将軍」源頼義の後継者であることを誇示した頼朝が、自らの地位を象徴するものとして「将軍」の上に立つ「大将軍」を要求したことも、ごく自然に理解できよう。そのような武士社会の名誉意識と朝廷の官職が結びついたのが、頼朝の征夷大将軍任官だったのである（下村二〇〇八）。

頼朝はこうして建久三年七月に征夷大将軍に任官すると、ちょうどこの頃から、それまで御家人に対する本領安堵《ほんりようあんど》や地頭職補任などの新恩給与《しんおんきゆうよ》に際して発給してきた、頼朝の花押《かおう》がすえられた袖判《そではん》下文を回収し、政所《まんどころ》下文に改め始めている。従来、頼朝による下文の切り替えについては、京から鎌倉

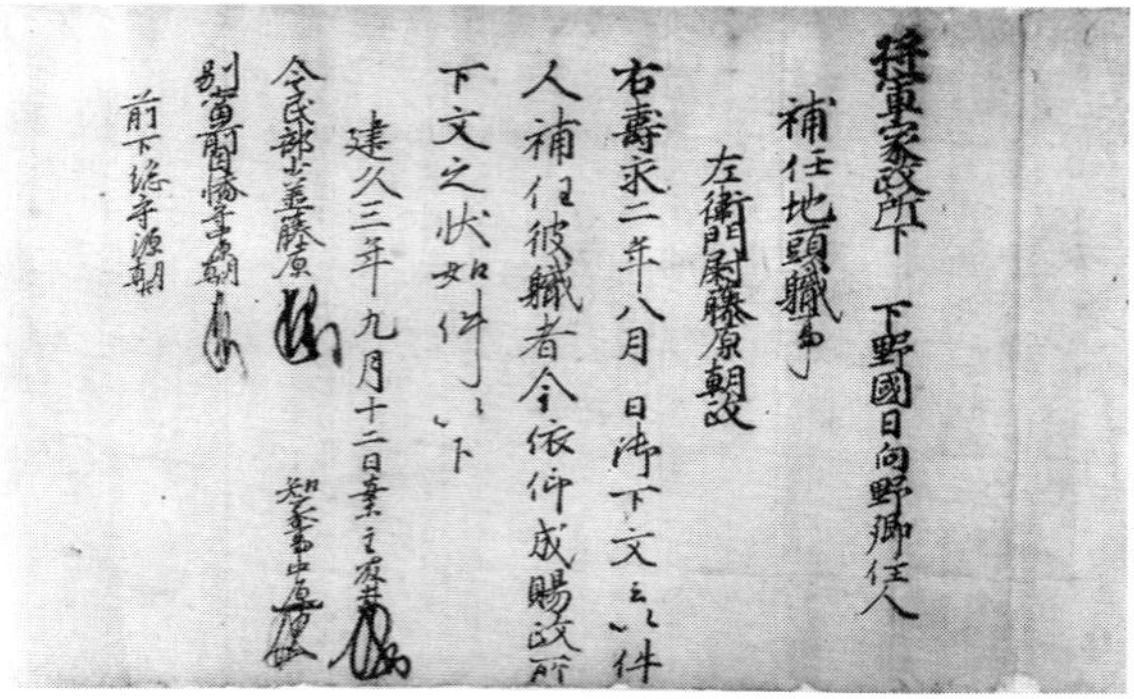
将軍家政所下　下野國日向野郷住人
補任地頭職事
左衛門尉藤原朝政
右壽永二年八月日御下文之旨任彼職者今依仰成賜政所下文之状如件以下
建久三年九月十二日案主藤井
令民部少丞藤原
知家事中原
別當前因幡守中原朝臣
前下総守源朝臣

図44　将軍源頼朝家政所下文

に帰着した直後の建久二年（一一九一）一月から「前右大将家政所下文」が用いられたと理解されてきたが、実際に切り替えが始まるのは建久三年六月になってからであり、しかも現存の政所下文のほとんどが七月の征夷大将軍任官後の「将軍家政所下文」である。これらの事実を踏まえると、頼朝が政所下文を用いて御家人たちに強調したかった官職は、右大将ではなくやはり征夷大将軍であったと考えられる（杉橋一九八三b）。

戦時から平時への移行にあたって、御家人制を鎌倉殿のもとに再編・強化し、武士社会の名誉観に基づいて鎌倉殿の権威を確立させようとする頼朝の「政治」は、奥州合戦に続き、「大将軍」の申請、征夷大将軍任官、政所下文への切り替えという建久年間の諸政策にも貫かれていたのである。

鎌倉幕府の成立時期をめぐって

「イイクニ（一一九二）つくろう鎌倉幕府」は、周知のように、頼朝の征夷大将軍任官の時点に鎌倉幕府成立の画期を求める説である。歴史学界ではこれ以外にも鎌倉幕府成立時期をめぐる諸説が並立しており、おそらく高等学校の日本史の授業などでは、現在は一一八五年説の方が有力であると教えられた読者も多いのではないだろうか。

鎌倉幕府の成立をどの時点に求めるかという問題は、鎌倉幕府をどのような権力として理解するかという問題とも密接に関わっている。そこで、これまでに示されている主な学説を次に紹介しておきたい。

①治承四年（一一八〇）末、頼朝の反乱軍が関東を制圧下に収めた時期。
②寿永二年（一一八三）十月、寿永二年十月宣旨により東国支配権が公認された時点。
③文治元年（一一八五）十一月、文治勅許により守護・地頭の設置が認められた時点。
④建久元年（一一九〇）十一月、上洛中の頼朝が右近衛大将に任じられた時点。
⑤建久三年（一一九二）七月、源頼朝が征夷大将軍に任じられた時点。

まず①は、鎌倉幕府を、鎌倉殿を首長とした一個の軍事政権と見なす立場から、すでにその特徴は挙兵段階の治承四年末に出揃っているとする説。②は、鎌倉幕府を東国の半独立的な国家権力と見なす「東国国家」論の立場から、頼朝の東国支配権が朝廷から公認された寿永二年十月宣旨の獲得に成立の画期を見出す説。③は、守護・地頭制を鎌倉幕府権力の根幹と見なす立場から、源義経・行家の追討のために守護・地頭の設置が朝廷から認められた文治勅許の獲得に成立の画期を見出す説。なお鎌倉時代中期には、この時点で頼朝が「日本国総追捕使・総地頭」の地位に任じられたとする観念も広まることになる。④は、当時の日本で「幕府」「幕下」の語が近衛大将を意味したという語義論の立場から、頼朝の右近衛大将任官に成立の画期を見出す説。ちなみに③と同じく、鎌倉時代にはこの時点で頼朝が「日本国総追捕使・総地頭」の地位に任じられたとする観念も広まっている。⑤は、本来中国では「幕府」の語が出征中の将軍の幕営を意味したという語義論の立場から、頼朝の征夷大将軍任官に成立の画期を見出す説である。

さて右に列挙した鎌倉幕府の成立時期をめぐる諸説のうち、現在、一般的に通説とされているのは、語義論に基づいた⑤の征夷大将軍任官説ではなく、守護・地頭の設置が朝廷から認められた③の文治勅許説である。しかし、第三・四章で述べてきたように、守護（惣追捕使）は一国の軍事動員を担う存在として、また地頭（荘郷地頭）は敵方所領没収・没収地給与という戦争行為に本質をもつものとして、平氏追討戦争や戦後処理の過程で設置されてきており、この時点で成立したものでは決してない。義経・行家の追討を目的に文治勅許によって設置が認められたのは国地頭であり、守護・地頭制が文治勅許で認められたとする理解そのものが、このように事実誤認に基づいている以上、③の一一八五年説はもはや崩壊していることに注意しておきたい。

そのうえで右の諸説に注目すると、頼朝の反乱軍による実力支配に画期を見出す①説を除いては、②から⑤のいずれの説も、頼朝の権力が朝廷と接触し、朝廷側から何らかの公権や官職を与えられた時点に、鎌倉幕府の成立を求めようとしている。先行する王朝国家との関わりから、幕府の成立をとらえようとするこうした視角は、頼朝の権力を「日本国総追捕使・総地頭」という架空の官職名で理解しようとする中世人の歴史認識にもあらわれており、幕府をとらえる際の伝統的視角であったことが知られよう。

しかし、このような鎌倉幕府の成立のとらえ方は正しいのだろうか。鎌倉幕府が、治承・寿永の内乱のなかで反乱軍として出発し、平氏軍などとの大規模な戦争を遂行する過程で成長した軍事権力であったことを踏まえるならば、朝廷からの公権付与や官職補任の時点に幕府成立の画期を求める見解は、あまりに形式的で、現実の政治過程から遊離した理解になっているといわざるをえない。一一九二年説や一一八五年説という単純明快な答えにはならないが、むしろ内乱の展開に対応して、幕府が段階的に成立していった様相をリアルにとらえることこそが重要なのではないだろうか。

本書の見解

本書は、鎌倉幕府成立の国家史的意義を、「東国国家」論のように東国に限定する立場をとらず、朝廷を中心とする国家体制のもとで全国的に軍事・警察部門を管轄する「軍事権門」として理解している。しかし、だからといって平清盛や源義朝のような院政期の武門の棟梁と同質の権力では決してなく、朝廷に対して高い自立性をもった軍事権門であり、守護・地頭制や御家人制はその自立性を支える幕府権力の根幹であったと考えている。その立場から見直すと、鎌倉幕府はおおよそ次の三段階を経て成立したといえよう。

その第一段階は、頼朝の権力が朝廷に敵対したまま東国の独立国家として存在していた時期である。この段階において、頼朝は敵方所領没収と没収地給与を独自に進め、下総《しもうさ》・上総《かずさ》・相模などの諸国に守護（惣追捕使）を設置して、鎌倉を拠点に反乱軍の軍事体制を構築した。のちの鎌倉幕府権力の基礎が、この段階ですでに形成されていたと理解する点では、先に紹介した①説と同意見である。

第二段階は、寿永二年（一一八三）十月宣旨の獲得によって、東国の反乱軍の軍事体制がそのまま朝廷から公認され、平氏追討戦争や元暦元年の乱の鎮圧などにともなって、その軍事体制が西国に拡大していった時期である。各国に守護（惣追捕使）、没官領には荘郷地頭が補任され、また軍事動員に基づく御家人組織も西国まで拡大した。なお、文治勅許によって設置された国地頭は、翌年には後退の方向に向かうため、幕府成立史における意義を過大に評価することはできない。

第三段階は、平氏一門の滅亡、義経・行家の没落という政治状況のなかで、「天下落居」認識が広がり、戦時に形成された鎌倉幕府権力を平時に定着させる頼朝の「政治」が展開した時期である。文治五年（一一八九）の奥州合戦に始まった御家人制の再編・強化と、鎌倉殿の権威を確立する頼朝の「政治」は、その後の征夷大将軍任官、下文切り替えなどに展開していった。

こうした三段階を経ることによって、鎌倉幕府という新しい軍事権力は成立したのであり、それぞれの段階が幕府の成立に固有の意味をもっていたことに注意するべきであろう。特定の時点を一つだけ取り出しても、幕府成立を説明したことにはならないのである。

3——平和政策の展開と鎮魂の文化

敵方武士の御家人登用

文治五年（一一八九）の奥州合戦は、先にも述べたように内乱期御家人制を再編する意味をもっていたが、ここで注目したいのは、囚人となっていた敵方武士の御家人登用政策がこの合戦から意識的に始められていることである。『吾妻鏡』には、梶原景時に預け置かれていた城助職（長茂）や、安達盛長《あだちもりなが》に預け置かれていた平氏一門の筑前房良心《ちくぜんぼうりょうしん》などの囚人が、奥州合戦で活躍して御家人に取り立てられるという記事が目立っており、また鎌倉時代中期に成立した説話集『古今著聞集《ここんちょもんじゅう》』によると、源義経の逃走を助けたため囚人として梶原景時に預けられていた摂津国渡辺党《わたなべとう》の番《つがう》は、奥州合戦に際して頼朝の面前に召し出され、「身の安否は、このたびの合戦によるべし」（巻第九「渡辺番所縁に依る赦免を拒否の事」）といわれて、鎧《よろい》・馬・鞍《くら》などを与えられたという。これらの記事を見れば、奥州合戦において囚人たちを動員し、御家人に登用する政策が打ち出されていたことは間違いないであろう。

そのような政策は、建久年間になると、囚人だけではなく各地に潜んでいた敵方武士一般にも拡大されることになる。『吾妻鏡』は「右大将家の御時、平家の侍参上せしむるの時は、召し仕ふべきの趣、去る建久年中に伊賀大夫《いがのたいふ》を誅せらるるの後、定め置かるるの上は」（建保二年十二月十七日条）と記しており、建久七年（一一九六）十月に、法性寺一の橋の隠れ家に潜伏していた伊賀大夫知忠《ともただ》（平知盛《とももり》子息）が誅殺される事件が起こると、今後は平氏方の武士であっても、自ら参上してきた者については御家人として登用する政治方針が、頼朝のもとで決定されたことを伝えている。『平家物語』は、平維盛の嫡子六代の処刑を記したあと、「それよりしてこそ平家の子孫はながくたえにけれ」（巻第十二「六代被斬」）と結び、「盛者必衰《じようしやひつすい》の理《ことわり》」に基づいて、あたかも平氏一門が根絶されたかのようなイメージを与えているが、実際は決してそのようなことはなく、鎌倉幕府の中核的宗教施設であった鶴《つるが》岡八幡宮寺《おかはちまんぐうじ》では、二十五坊の初代供僧《ぐそう》のうち、実に半数以上が平氏一門の人物で占められ、幕府の意図的な任用がうかがえるのである（貫一九九六）。報復の連鎖を断ち切り、平和状態を維持するために、頼朝は内乱期の敵味方の関係を積極的に解消する政策を展開していたと理解されよう。

この問題と関連して興味深いのは、奥州合戦後、奥州惣奉行《そうぶぎよう》として戦後統治にあたった葛西清重《かさいきよしげ》・伊沢家景《いさわいえかげ》が、頼朝から故藤原秀衡の後家《ごけ》（藤原基成の娘）に「殊《こと》に憐愍《れんびん》を加ふべきの由」（『吾妻鏡』建久六年九月二十九日条）を命じられていることである。清盛の後家時子《ときこ》や頼朝の後家北条政子《まさこ》を想起すればわかるように、中世の武士社会における家督の後家は、亡くなった夫に代わる大きな権力や権威を保持しており、そのため秀衡の後家に対する特別な保護政策は、奥州藤原氏に属していた旧勢力による報復や再反乱を未然に防ぐ意義をもっていたと考えられるのである。

内乱後の平和状態は、単に鎌倉幕府の軍事的勝利によって実現したわけではなく、こうした政治的努力によって維持されていた側面を見落としてはならないだろう。

村落の復興政策

治承・寿永内乱期の戦争においては、武士が互いに馬を走らせて矢を射合う馳射《はせゆみ》の一騎打ちではなく、敵の騎馬隊の進路を塞ぐ堀・逆茂木《さかもぎ》などの「城郭」を利用して、歩兵と騎馬武者が連携して戦う組織的な戦闘法がとられていたことは、本書で繰り返し述べてきた通りである。そうした戦闘で遠矢《とおや》や投石を担う歩兵として、また「城郭」の構築や破壊にあたる工兵や人夫として、内乱期には多くの一般民衆が戦場に動員された。奥州藤原氏が全長約三・二キロにわたって構築した「阿津賀志山二重堀」では、発掘調査に要した人員から計算してのべ二〇数万人の人夫が必要であったとされており、近隣の成年男子五〇〇〇人を動員する突貫工事であったとしても、四〇日以上を要する大工事となるのである（小林一九八九）。

以上のような歴史的特徴をもつ治承・寿永内乱期の戦争は、戦場の近隣や軍勢が通行した街道筋の地域社会に対して深刻な影響を与えた。頼朝は文治二年（一一八六）三月に朝廷に対して、「治承四年の乱より以後、文治元年に至るまで、世間落居せず。まづ朝敵追討の沙汰のほか、しばらく他事に及ばず候の間、諸国の土民おのおの官兵の陣に結び、空しく農業の勤めを忘る」（『吾妻鏡』文治二年三月十三日条）と述べて、文治元年以前の諸国官物《かんもつ》の未済物《みさいもつ》を免除するように提言しているが、この文言は戦場への民衆動員によって各地の農村の疲弊が進んでいたことを明瞭に語っている。

したがって、内乱のなかで覇権を確立した頼朝にとって、緊急の政治課題となったのは、戦争で荒廃した地域社会をいかに復興させていくかという問題であった。寿永三年（一一八四）二月の生田の森・一の谷合戦直後、頼朝は朝廷に対し「東国・北国両道の国々、謀叛《むほん》を追討するの間、土民《どみん》無きが如し。今春より浪人等、旧里《きゅうり》に帰住し、安堵せしむべく候」（『吾妻鏡』寿永三年二月二十五日条）と伝え、戦線が西国に移ったこの段階で、東国・北陸諸国においては軍事動員などで離村した一般民衆を旧里に帰住させ、勧農《かんのう》を実施していくことを通告している。そして同年四月には、頼朝の派遣した「鎌倉殿勧農使」比企朝宗が北陸道諸国で活動を開始し、各国国衙を指揮して地域社会の復興にあたった。

また文治五年（一一八九）の奥州合戦後においては、凶作に加え、鎌倉軍の進軍で疲弊した奥六郡の地域住民を救うために、頼朝は奥州で戦後処理にあたっていた葛西清重に対して、明春三月中に出羽国の山北《せんぼく》三郡や秋田《あきた》郡から種子農料《しゅしのうりょう》を運んで、勧農を実施するとともに、そのことをあらかじめ住民に知らせ安心させるように命じている。戦乱で疲弊した村落の復興は、鎌倉幕府という新しい軍事権力を社会的に認めさせるうえでも不可欠の課題だったのであり、諸国において国司・荘園領主とも協力しつつ進められていった。

東大寺の復興事業

治承四年（一一八〇）十二月に平重衡を大将軍とする追討軍に焼討ちされた東大寺と興福寺の復興事業は、内乱と大飢饉が広がっていた翌養和元年（一一八一）からただちに着手された。藤原氏の氏寺であった興福寺では、藤氏長者や大和国の寺僧が中心となって諸堂の再建が進められたが、鎮護《ちんご》国家の象徴であった東大寺では、朝廷の威信をかけた国家的事業として推進された。朝廷は六月に左少弁《さしょうべん》藤原行隆《ゆきたか》を造東大寺長官・造仏長官に任じ、天平《てんぴょう》年間の東大寺大仏造営の例にならって、広く人々からの寄付を募る「勧進《かんじん》」によって再興をはかることとし、当時高野山にあった六十一歳の俊乗房重源《しゅんじょうぼうちょうげん》を勧進上人《しょうにん》に選定した。

入宋《にっそう》の経験をもち、幅広い人脈をもつ重源は、後白河院をはじめ老若男女・上下貴賤《きせん》を問わず勧進を進め、平氏都落ち後は鎌倉の頼朝や奥州藤原氏からも大口の奉加《ほうが》を取り付けるなど、精力的に活動を展開していった。また、寿永元年（一一八二）に商人として九州に滞在していた宋の鋳物師《いもじ》陳和卿《ちんなけい》一行七人を大仏鋳造の技術者として招請し、河内国の鋳物師草部是助《くさかべこれすけ》ら一四人を加えて、翌寿永二年から本格的に鋳造にあたらせた。

図45　重源上人坐像

平氏滅亡後の文治元年（一一八五）八月二十八日、東大寺の大仏開眼供養《かいげんくよう》が行われたが、大仏の顔だけが金色で、胴体にはまだ鍍金が及んでいなかったという。それでも開眼供養が急がれたのは、大仏再建が鎮魂・平和祈願の意義をもっていたからで、開眼供養に臨幸した後白河院は、重源の熱心な勧めにより、高い足場に自ら登り、天平勝宝《しょうほう》四年（七五二）四月に菩提《ぼだい》僧正が用いた大仏開眼筆（今日、正倉《しょうそう》院《いん》中倉に収蔵されている長さ五六・六センチの大筆）と墨を使って開眼作法を行った。

この開眼供養には、「諸国より参集する聴聞《ちょうもん》の衆、その数幾万億を知らず」（『醍醐雑事記』巻十）といわれるほどの群衆が参集したが、興味深いのは「雑人腰《ぞうにんこし》刀《がたな》を以て舞台上に投げ入れ、上人の弟子等、出で来た

図46　東大寺南大門金剛力士像阿形

りこれを取り集め候ひき」（『玉葉』文治元年八月三十日条）と伝えられているように、民衆が次々と腰刀を法会の舞台上に投げ入れ、重源の弟子たちがそれを集めるという、式次第にはないハプニングが起きたことである。天《てん》正《しょう》十六年（一五八八）七月に発令された豊臣《とよとみ》刀狩令《かたながりれい》が、百姓の所持する刀・脇指《わきざし》を没収して大仏へ施入し、来世までも救済する論理をもっていたことはよく知られているが（藤木一九八五）、それと全く同じ結縁《けちえん》行為が自然発生的に起こったのであり、平和と安穏を求める民衆の切実な願望がここに示されているといえよう（久野一九九九）。

その後、東大寺の復興事業は大仏殿の建立へと移り、文治二年（一一八六）三月には周防国が東大寺の造営料国《ぞうえいりょうこく》とされ、壮大な堂舎の建立に必要な巨木が同国の杣山《そまやま》から伐り出されることとなった。しかし、同年四月十日、重源や陳和卿らが周防国の港に到着した時には、「源平合戦の時、周防国は地を払って損亡し、故に夫は妻を売り、妻は子を売る。或は逃亡、或は死亡、数を知らざるものなり。纔《わずか》に残るところの百姓、存して亡きがごとし。上人着岸の時、国中の飢人雲集《きにんうんしゅう》するなり」（『東大寺造立供養記』）と、国中の飢えた人々が集まってきたため、船に積んでいた米をその場で施行《せぎょう》したと伝えられる。こうした事態のなかで、重源は国衙を指揮して勧農を実施し、疲弊した地域社会の復興を進めながら、大仏殿の再建を果たさねばならなかったのである。

このような重源の大仏殿造営事業に対して、鎌倉の頼朝も援助を惜しまず、周防国の荘郷地頭たちに杣山からの材木引き（運搬）の課役を精勤するようにたびたび命じ、また建久四年（一一九三）四月には、京都守護一条能保の知行国であった備前国《びぜん》を東大寺造営料国として施入し、後白河院の死後も造営事業を支えた。そのかいもあって、建久六年（一一九五）三月十二日には、東大寺大仏殿の落慶供養が後鳥羽天皇・関白九条兼実らの参列のもと盛大に挙行されることとなり、頼朝も妻の北条政子とともに南大門の西脇に桟敷《さじき》を構えて見物・結縁し、数万という鎌倉幕府の軍隊が東大寺の周囲を固めた。この落慶供養は、平和の到来と内乱終息後の新しい公武政権の政治秩序を誇示する場でもあったのである。

なお、東大寺の復興事業はその後も続けられ、大仏脇侍《わきじ》の観音菩薩《かんのんぼさつ》・虚空蔵菩薩像《こくうぞう》、大仏殿内の四天王像などの巨像や、中国福建省《ふっけん》の建築様式を基にした「大仏様《だいぶつよう》」と呼ばれる新技術をいまに伝える南大門《なんだいもん》、さらに近年の解体修理によって大仏師運慶《うんけい》・快慶《かいけい》（阿形像《あぎょう》の持物金剛杵《じぶつこんごうしょ》の矧木《はぎき》内面墨書銘）、大仏師定覚《じょうかく》・湛慶《たんけい》（吽形《うんぎょう》像納入経奥書）らの仏師名が発見された南大門金剛力士像《こんごうりきし》（仁王像《におう》）などが造立され、建仁《けんにん》三年（一二〇三）十一月三十日に後鳥羽院（上皇）の臨席のもとに東大寺総供養が行われた。

奥州合戦が終了した直後の文治五年（一一八九）十二月、頼朝は「数万の怨霊を宥め」（『吾妻鏡』文治五年十二月九日条）るために、奥州平泉の中尊寺大長寿院《だいちょうじゅいん》（二階大堂）を模倣して、鎌倉に永福寺《ようふくじ》（二階堂）を建立する計画を立て、工事を始めた。また翌建久元年（一一九〇）七月十五日には、鎌倉の勝長寿院において万燈会《まんどうえ》を行ったが、その理由も「平氏滅亡の衆等の黄泉《よみ》を照らさんがため」（『吾妻鏡』建久元年七月十五日条）であった。このように頼朝は奥州合戦終了後から、内乱で滅亡した敵方武士の鎮魂のための宗教政策を積極的に進めていたことが知られる。

鎮魂と『平家物語』

そのような取り組みの最大のものは、建久八年（一一九七）十月四日午《うま》の刻（昼一二時頃）に諸国一斉に行われた八万四〇〇〇基の宝塔供養《ほうとうくよう》である。八万四〇〇〇基の宝塔供養とは、仏教を保護したアショーカ王（阿育王《あいくおう》）が、多くの人を殺した罪を償うために八万四〇〇〇基の塔を造ったという伝説に基づいて、怨霊調伏《おんりょうちょうぶく》・罪障消滅《ざいしょうしょうめつ》のために小塔を造るというもので、日本でも阿育王信仰が浸透した一〇世紀半ば以降たびたび行われていた（追塩一九九九）。頼朝はその八万四〇〇〇基の宝塔（塔長五寸）の造立を、全国で八万四〇〇〇基になるように、守護などを通じて各国の鎌倉殿祈禱所《きとうしょ》や有力御家人に割り当て、「諸国夭亡《ようぼう》の輩、成仏得道《じょうぶつとくどう》」（『鎌倉年代記裏書』）のために一斉に供養を行ったのである。

但馬国《たじま》では三〇〇基が割り当てられ、六三基は鎌倉殿祈禱所である進美寺《しんめいじ》の住僧、残りの二三七基は「国中大名等」が造立し、十月四日には進美寺で三〇〇基の宝塔供養が行われた。進美寺には、その日の午の刻に但馬国守護安達親長《ちかなが》が読み上げた「敬白文《けいびゃくもん》」が残されているが、そこでは「平家に駆られて北陸に趣くの輩は、露命《ろめい》を篠原《しのはら》の草下に消し、逆臣に語はれて南海に渡るの族《やから》は、浮生《ふせい》を八島の浪上に失ふ。此の如きの類、恨を生前の衢に遺し、悲を冥途《めいど》の旅に含むか」と、北陸や屋島《やしま》などの戦場で命を落とした敵方の戦死者に対して、「怨《うらみ》を以て怨に報ずれば、怨は世々断つること無し。徳を以て怨に報ずれば、怨は転じて親と為る」（進美寺文書）と述べて、鎮魂の供養を行う趣旨が語られているのである。近代の靖国《やすくに》神社が「天皇の軍隊」のみを祀るのとは大きく異なり、中世社会においては、正当な政治権力には戦後処理としての敵味方を問わない鎮魂が必要とされていたのである（久野一九九九）。

図 47　進美寺（兵庫県豊岡市）
進美寺山の中腹にあり，多くの古文書や明徳 3 年（1392）の銘をもつ鰐口を伝える．

一方、都の貴族社会においても、四度も天台座主《てんだいざす》に任じられ、後鳥羽天皇の護持僧《ごじそう》となった慈円《じえん》は、保元の乱以来の戦死者を供養し鎮護国家を祈念するために、元久《げんきゅう》元年（一二〇四）十二月に三条白川坊に大懺法院《だいせんぼういん》を建立した。大懺法院は、翌年に祇園東《ぎおんひがし》の吉水《よしみず》坊に移されたが、ここには鎮魂のために顕密僧《けんみつそう》・修験者《しゅげんしゃ》・説教師《せっきょうし》などとともに、声明《しょうみょう》・音曲《おんきょく》に堪能な僧も集められていたという。卜部兼好《うらべのかねよし》（吉田兼好《よしだけんこう》）の『徒然草《つれづれぐさ》』には、「慈鎮《（慈円）》和尚、一芸あるものをば下部《しもべ》までも召しおきて、不便《ふびん》にせさせ給ひければ、この信濃入道《しなのにゅうどう》を扶《ふ》持《ち》し給ひけり。この行長入道、平家物語を作りて、生仏《しょうぶつ》といひける盲目に教へて語らせけり」（第二百二十六段）とあり、『平家物語』の作者といわれる信濃前司《ぜんじ》行長《ゆきなが》が、慈円に扶持されていたことが記されている。『平家物語』の成立を行長という個人の営為に求めることはできないが、第二章で検討した「鹿ヶ《ししが》谷《たに》事件」の問題を考えても、慈円が鎮魂のために建立した大懺法院が、『平家物語』成立の重要な基盤であったことは間違いないであろう。

六　後鳥羽院政と承久の乱

1——頼朝の死と幕府権力の再編

大姫入内計画

建久《けんきゅう》六年（一一九五）三月、源頼朝《みなもとのよりとも》は東大寺《とうだいじ》大仏殿《だいぶつでん》の落慶供養《らっけいくよう》に参加するために、妻の北条政子《ほうじょうまさこ》や子息頼家《よりいえ》・娘大姫《おおひめ》をともなって二度目の上洛を果たし、落慶供養ののち六月下旬まで京に滞在した。その間、頼朝は頼家とともに参内《さんだい》するなどして、朝廷に自らの後継者として十四歳の頼家を認知させるとともに、建久元年（一一九〇）以来の希望であった娘大姫の後《ご》鳥羽《とば》天皇への入内《じゅだい》を進めるために、精力的に活動した（杉橋一九七一）。

源頼朝が、京においてまず最初に行ったことは、三月十六日の宣陽門院《せんようもんいん》（覲子《あきこ》内親王）の御所六条殿《ろくじょうどの》への訪問であった。宣陽門院は、三年前に亡くなった後白河院《ごしらかわいん》の娘で、生母は丹後局《たんごのつぼね》（高階栄子《たかしなよしこ》）であり、頼朝は十五歳の宣陽門院ではなく、丹後局と面談することが目的であったと思われる。当時、丹後局や宣陽門院別当《べっとう》の源通親《みちちか》は、関白九条兼実《かんぱくくじょうかねざね》に対抗する旧院近臣勢力の中心人物であり、頼朝は彼らに大姫入内の仲介を依頼していたのである。

三月二十九日、頼朝は丹後局を六波羅《ろくはら》の邸宅に招き、政子や大姫と引き合わせ、「銀を以て作れる蒔筥《まきばこ》に砂金三百両を納め、白綾《しらあや》三十端を以て地盤《じばん》を飾る」（『吾妻鏡《あずまかがみ》』建久六年三月二十九日条）という豪華な贈り物をしている。頼朝は在京中に関白兼実とも頻繁に会談を行っているが、娘任子《とうこ》を後鳥羽天皇の中宮《ちゅうぐう》にしており、大姫の入内に非協力的であった兼実には、「頼朝卿、馬二疋を送る。甚《はなは》だ乏少」（『玉葉《ぎょくよう》』建久六年四月一日条）と贈り物が馬二頭だけであったことと対照的である。

その後も、頼朝は丹後局と会談を重ね、宣陽門院が領有する長講堂《ちょうこうどう》領として七ヵ所の荘園《しょうえん》を立てるべきことなどを提言したのち、六月二十五日に京をあとにした。鎌倉に帰る途中、大軍勢を率いた頼朝は、美濃《みの》国青墓《あおはか》、尾張《おわり》国萱津《かやづ》・遠江《とおとうみ》国橋本《はしもと》・駿河《するが》国黄瀬川《きせがわ》などの主要な宿駅《しゅくえき》で守護《しゅご》や在庁官人《ざいちょうかんじん》たちを集めて、国府の官人たちが新任国司を国境まで出迎える「境迎《さかむか》え」に倣った儀礼を行った。これは東海道《とうかいどう》の国々を幕府の権力基盤として固め、自らの後継者として頼家を周知させる一大示威行動であった（木村茂光二〇〇二a）。

建久七年の政変

頼朝が鎌倉に帰ったあとの建久六年八月十三日、九条兼実の娘中宮任子が出産したが、兼実の期待に反して生まれたのは皇女であった。そして、十一月一日に宮仕えしていた源通親の養女在子《ありこ》が、後鳥羽天皇との間に皇子為仁《ためひと》を出産したことにより、状況は一変する。出産直後に中納言《ちゅうなごん》から権大納言《ごんのだいなごん》に昇進した源通親は、丹後局と協力して、中宮任子に皇子が生まれないうちに、在子の生んだ為仁を皇位につけようと動き始めたのである。

図48　源通親画像

通親と丹後局らは、大姫入内を熱望する頼朝が関白兼実と疎遠になったことも利用して、後鳥羽天皇に働きかけ、建久七年（一一九六）十一月二十四日未明、にわかに中宮任子が内裏《だいり》から退出させられた。翌二十五日には兼実の関白・氏長者《うじのちょうじゃ》が停止されて、前摂政《さきのせっしょう》藤原基通《ふじわらのもとみち》がこれに任じられたが、『愚管抄《ぐかんしょう》』によれば、上卿《しょうけい》（当日の政務担当公卿）であった源通親は兼実の流罪《るざい》まで行おうとし、後鳥羽天皇から理由がないと押し止められたという。二十六日には、兼実の弟慈円《じえん》も天台座主《てんだいざす》を辞し、後任には承仁《しょうにん》法親王（後白河院第八皇子）が就任した。文治《ぶんじ》二年（一一八六）三月に頼朝の要請で摂政・氏長者に任じられた九条兼実は、こうして一〇年余の執政で失脚することとなり、中央政界から九条家の勢力が排除された。いわゆる「建久七年の政変」である。

通親と協力関係にあった頼朝は、このような事態を黙認し、なおも娘大姫の入内を進めようとしたが、大姫はこの政変の翌年、建久八年（一一九七）七月十四日に二十歳で病死した。翌建久九年一月十一日、十九歳の後鳥羽天皇は四歳の皇子為仁（土御門《つちみかど》天皇）に譲位し、院庁《いんのちょう》を開設したが、源通親は天皇の外祖父《がいそふ》になるとともに院の執事別当にもなり、「世に源博陸《げんはくりく》と称す」（『玉葉』建久九年一月七日条）とあるように、源氏の関白とまで呼ばれた。それでも、頼朝はさらに次女三幡《さんまん》を後鳥羽院の女御《にようご》とするために、三度目の上洛を計画したが、建久十年（一一九九）一月十三日、頼朝自身が急逝《きゆうせい》したことにより、ついに娘の入内という願望を実現することはできなかった。もし、頼朝が天皇の外祖父になっていれば、鎌倉時代の公武政権の在り方は、実際とは大きく異なるものになっていたかもしれない。

頼朝から頼家へ

頼朝の死については、『吾妻鏡』が建久七年（一一九六）一月から建久十年（一一九九）一月まで記事を欠いていることもあって、詳しいことは不明である。ただ、よく知られているように、建暦《けんりやく》二年（一二一二）二月に相模川《さがみがわ》に架かる橋の修理が幕府の評議で検討された際に、「去る建久九年、重成法師（稲毛）これを新造し、供養を遂《と》ぐるの日、結縁《けちえん》のために故将軍（源頼朝）家渡御す。還路《かんろ》に及びて御落馬あり。幾程《いくほど》を経ず薨《こう》じ給《たま》ひ畢《おわ》んぬ」（『吾妻鏡』建暦二年二月二十八日条）と話題になっており、この記事に基づけば、頼朝は相模川の橋供養の帰りに落馬し、それから間もなくして亡くなったようである。時に五十三歳であった。

なお、摂政藤原基通の子息で当時権大納言であった近衛《このえ》家実《いえざね》は、「前右大将頼朝卿、飲水に依り重病」（『猪隈《いのくま》関白記』建久十年一月十八日条）と記し、頼朝が「飲水《いんすい》」（糖尿病）で重体に陥っていたことを伝えている。頼朝の死因については、これ以上の追究はできないものの、こうした情報が都の貴族社会にもたらされていたことは確かである。

歌人として有名な藤原定家《さだいえ》は、日記『明月記《めいげつき》』に「前右大将所労《しよろう》に依り、獲麟《かくりん》。去る十一日出家の由、飛脚を以て夜前に院に申さる。……朝家の大事、何事かこれに過ぎんや。怖畏《ふい》逼迫《ひっぱく》の世か」（建久十年一月十八日条）と述べている。頼朝の突然の死は、鎌倉幕府内部だけでなく、公武関係の安定を願う朝廷にとっても一大事件であった。

頼朝の訃報に接した権大納言源通親は、知らぬ体《てい》を装って一月二十日に急遽小除目《こじもく》を行い、摂政藤原基通の内覧《ないらん》をも省略して、自らの右大将兼任と頼朝の子息頼家の左中将昇進を強行した。そしてその五日後の二十五日には、幕府が申請していないにもかかわらず、「故頼朝卿家人、右（左）近中将頼家に随《したが》ひ、諸国守護を奉仕すべきの由宣下《せんげ》す」（『百練抄《ひゃくれんしょう》』建久十年一月二十五日条）という宣旨《せんじ》が発給された。通親をはじめとする朝廷の首脳部は、頼朝の死による幕府の混乱・解体ではなく、幕府権力の二代頼家への円滑な移行を望んだのである。

二代目の鎌倉殿となった頼家は、通親と親密な大江広元《おおえのひろもと》を介して朝廷と連携しつつ、二月十四日には、京都守護であった故一条能保《いちじょうよしやす》の家人《けにん》で、通親に敵対した後藤基清《ごとうもときよ》・中原政経《なかはらまさつね》・小野義成《おのよしなり》の三人の左衛門尉《さえもんのじょう》（三左衛門と呼ばれた）を捕え、三月五日には後藤基清の讃岐《さぬき》国守護職を改替した。また三月二十三日には、六ヵ所の伊勢神宮《いせじんぐう》領の荘郷地頭《しょうごうじとう》を停止することを神宮祭主《さいしゅ》に伝えており、頼家は公武協調路線に沿って幕政を主導し始めていた。

しかし、四月十二日には、幕府に持ち込まれた訴訟に対して頼家が直接に裁決を行うことが禁じられ、有力御家人一三人が合議を行ったうえで幕府の意思を決定することが定められた。いわゆる「一

「一三人の合議制」である。一三人のメンバーには、北条時政《ときまさ》・北条義時《よしとき》・三浦義澄《みうらよしずみ》・八田知家《はったともいえ》・和田義盛《わだよしもり》・比企能員《ひきよしかず》・安達盛長《あだちもりなが》・足立遠元《あだちとおもと》・梶原景時《かじわらかげとき》らの有力武士のほか、大江広元・三善康信《みよしやすのぶ》・中原親能《ちかよし》・二階堂行政《にかいどうゆきまさ》という実務官僚が選ばれている。

通常、この一三人の合議制は、頼家の強権的な幕政運営を抑止し、有力御家人一三人で合議して幕府の意思を決定する政治制度として理解されているが、近年の研究成果によれば、一三人全員の参加によって合議がなされた実例はなく、そのうちの数名が評議し、その結果を頼家に提示したうえで、頼家が最終的判断を下す政治制度であった。したがって、評議の結果と頼家の最終的判断は異なることがありえたのであり、その在り方は三代実朝《さねとも》期まで基本的に変化はなかったという（仁平一九八九）。こうした事実を踏まえるならば、一三人の合議制は、鎌倉幕府の創設者としてカリスマ性をもった頼朝に代わり、新たに鎌倉殿になった頼家の権力を、むしろ補完する政治体制であったと理解することができよう。

頼家の時代

その半年後の正治《しょうじ》元年（一一九九）十月二十八日、鎌倉で一つの事件が起こった。結城朝光《ゆうきともみつ》が頼朝を追慕して「忠臣は二君に事《つか》へず」（『吾妻鏡』正治元年十月二十五日条）と語った言葉尻をとらえ、梶原景時が頼家に讒訴《ざんそ》したことに対して、和田義盛・三浦義村《よしむら》以下六六人の御家人が鶴岡八幡宮《つるがおかはちまんぐう》の回廊に集まり、景時を糾弾する連署状《れんしょじょう》を作成したのである。

連署状を受け取った頼家は景時に弁明を命じたが、十一月十三日に景時は子息・親類らを連れて相模国一宮の本拠に下向、十二月九日にいったんは鎌倉に帰参するも、評議が重ねられた結果、十八日にあらためて鎌倉追放の処分が決まった。この処分に不満をもった景時は、幕府に叛《そむ》いて上洛しようとし、翌正治二年（一二〇〇）一月十九日夜に子息らをともなって一宮を出立したが、途中の駿河国清見関《きよみがせき》で現地の武士らに阻まれ、一族とともに滅亡した。この事件は、頼朝の権力に密着した梶原景時と御家人集団の矛盾が、頼家の代になって噴出したものといえよう。

図49　寿福寺（神奈川県鎌倉市）
北条政子が栄西を開山として，源義朝邸の故地に創建した．

二代頼家の時代については、こうした幕府内の混乱ばかりが強調される傾向にあるが、例えば、二度宋《そう》に渡って大陸の文物に広い知識をもった栄西《えいさい》を鎌倉に招いたのは頼家であった。鎌倉における栄西は、正治元年九月二十六日に大倉《おおくら》御所（幕府）において不動尊供養《ふどうそんくよう》の導師《どうし》を務めたことを初見として、翌正治二年一月十三日には、御家人が群参して盛大に挙行された法華堂《ほっけどう》での頼朝一周忌仏事でも導師を務めており、幕府からいかに重んじられていたのかがうかがえる。栄西が鎌倉で行った修法《しゅほう》・供養には禅宗の特色は見られず、密教僧としての性格が強かったが、同年閏《うるう》二月には、頼朝の後家北条政子の願になる寿福寺《じゆふくじ》の開山となり、さらに建仁《けんにん》二年（一二〇二）六月には、頼家が京都に創建した建仁寺《けんにんじ》の開山にもなって、真言《しんごん》・天台・禅の三宗兼学の道場として建仁寺を発展させた。その後も栄西は鎌倉で活動し、三代実朝とも親しく交わり、実朝の病気加持《かじ》の際に茶とともに『喫茶養生記《きつさようじようき》』を進呈したことはあまりにも有名であろう。

そのほか頼家は、正治二年十二月に諸国の田文《たぶみ》（土地台帳）を召し出して、父頼朝が治承《じしよう》・養和《ようわ》以後に与えた新恩《しんおん》の地のうち、五〇〇町をこえる御家人所領については、その余剰分を削って零細な御家人に分給する政策を打ち出している。結局、この政策は幕府の宿老たちの反対にあって実現しなかったが、幕府の権力基盤を強化しようとする意図は明確であり、頼家が意欲的に幕政に取り組んでいたことは評価されるべきであろう。

実朝の擁立

頼家は正治二年（一二〇〇）十月二十六日に左衛門督に、そして建仁二年（一二〇二）七月二十三日には征夷大将軍《せいいたいしようぐん》に任じられた。しかし、頼家の妻若狭局《わかさのつぼね》の父であった比企能員が幕府内で発言力を強めると、北条氏との間に厳しい緊張関係が生じるようになる。翌建仁三年七月に頼家が重病を患って危篤状態に陥ると、北条時政らによって頼家の地位を嫡子の一幡《いちまん》と弟の千幡《せんまん》（実朝）に分割して譲与する案が提示され、比企能員がこれに反発すると、九月二日、時政は北条政子・大江広元と協議のうえ、薬師如来像の供養と称して能員を自邸に招いて殺害し、さらに軍兵を小御所に遣わして一幡をはじめ比企氏一族を滅ぼした。

頼家は病から回復するものの、九月七日には北条政子の命により出家させられ、同月二十九日には伊豆《いず》修善寺《しゅぜんじ》に追放された。そして翌元久《げんきゅう》元年（一二〇四）七月十八日、修善寺において暗殺された。二十三歳であった。

一方の千幡は、頼家が出家させられた建仁三年（一二〇三）九月七日に朝廷から征夷大将軍に補任され、後鳥羽院より実朝の名を賜っている。近衛家実の日記『猪隈関白記《いのくまかんぱくき》』によれば、七日朝に関東（幕府）の使者が院のもとに到来し、去る朔日《ついたち》に頼家が死去したため、十二歳の舎弟千幡を征夷大将軍に補任するように要請があり、その日のうちに補任が行われたという（建仁三年九月七日条）。家実の耳には同時に比企能員が討たれた情報も入っているから、幕府の使者は九月二日に鎌倉を出立したと推測され、その時点ですでに実朝の擁立が決定されていたことが知られるのである。

建仁三年十月九日、実朝の将軍家政所吉書始《まんどころきっしょはじめ》が行われ、大江広元とともに北条時政が新たに政所別当の地位に就任することとなった。従来は、この時点で北条時政が幕府の「執権」になったと説明されることが多かったが、北条時政が政所別当の実務責任者である「執権」についたことを明示する史料はなく、『吾妻鏡』に見える「執権」はむしろ大江広元、あるいは広元と時政の両者を指している可能性がある（上杉二〇〇五）。実朝は元久元年（一二〇四）七月から政務を聴断するようになるが、広元と時政はともに実朝の政務を補佐する立場にあり、時政が幕府の執権として強大な権力をもったかのように理解することはできないのである。

図50　源実朝木像

実朝と後鳥羽院

元久元年三月六日、実朝は右少将に任じられ、十月には実朝の妻として京から前大納言坊門信清《ぼうもんのぶきよ》の娘を迎えることに決まった。これは実朝自身の意向だけでなく、時政たちにとっては頼家と比企氏の関係を再現させないための方策であった。坊門家は、信清の姉七条院殖子《しちじょういんたねこ》が後鳥羽院の母であり、信清の娘坊門局（実朝の妻の姉）も後鳥羽の寵愛を受けるなど、院近臣の筆頭に位置しており、後鳥羽院の乳母として権勢を誇った卿局《きょうのつぼね》藤原兼子《かねこ》（のち卿二位《きょうにい》と呼ばれた）がこの縁談を進めた。十二月十日、信清の娘が鎌倉に出発する際には、兼子の岡崎《おかざき》邸から出立し、院も法勝寺《ほっしょうじ》西の大路に桟敷《さじき》を設けてこの行列を見学した。実朝の婚儀は、後鳥羽院と実朝の親密な関係を誇示する一大イベントであったのである。

なお、時期は不明であるが、北条時政は後妻牧《まき》の方との間に生まれた娘を、坊門信清の子息忠清《ただきよ》に嫁がせている。婚姻を通じた公武の緊密な関係は、決して鎌倉殿のレヴェルにとどまらず、有力御家人層まで広がっていたことに注意しておきたい（鈴木二〇〇四）。

京の文化は、二代頼家が蹴鞠《けまり》に熱中したように、すでに鎌倉に流れ込んでいたが、実朝の結婚によってそれはさらに加速された。実朝は、藤原定家の門人内藤知親《ないとうともちか》が元久二年（一二〇五）九月に『新古今和歌集』を鎌倉に持参すると、知親の指導を受けて熱心に和歌を学び、承元《じようげん》三年（一二〇九）八月には自作の和歌三十首について定家から批評を受けたりしている。

建保《けんぽう》三年（一二一五）七月には、実朝の妻の兄にあたる権中納言坊門忠信《ただのぶ》が、六月二日に院御所で行われた「院四十五番歌合」一巻を、後鳥羽院の命を受けて実朝に贈った。実朝の歌集『金槐和歌集《きんかいわかしゅう》』に収められた次の有名な歌も、院から書物を贈られた時に実朝が詠んだものである。

山はさけ海はあせなむ世なりとも　君にふた心わがあらめやも

たとえどのようなことがあろうとも、わたくしの君への忠誠心は決して変わりません、というこの歌は、朝廷による関東御領への臨時課役《かやく》の賦課《ふか》や、守護や地頭の個別的な停廃要求など、公武間で現実には様々な問題が生じているなかで、幕府の利害を守りつつも、後鳥羽院に恭順の意を示す実朝の基本的な姿勢を示しているといえよう。

和田合戦

実朝が鎌倉殿になった直後には、畿内近国や関東において大きな事件が次々と起こった。元久元年（一二〇四）三月、伊賀《いが》・伊勢両国において「元暦《げんりやく》元年の乱」の再現を思わせる伊勢平氏を中心とした反乱（三日平氏の乱）が勃発し、京都守護平賀朝雅《ひらがともまさ》が追討使《ついとうし》に任じられて鎮圧にあたり、また翌元久二年六月には、幕府草創に多大な功績を残し、頼朝から秩父《ちちぶ》氏家督に認められ武蔵国留守所惣検校職《むさしのくにるすどころそうけんぎょうしき》を帯していた畠山重忠が、武蔵国支配をめぐって北条時政と対立し、武

図51　北条時政木像

蔵国二俣川《ふたまたがわ》において幕府の軍勢によって討たれている。さらにその二ヵ月後の閏七月には、北条時政の妻牧の方が娘婿の京都守護平賀朝雅を将軍に立てようとして、北条政子・義時らに察知され、平賀朝雅が京で討たれるとともに、時政は伊豆国北条に隠遁《いんとん》させられることとなった。

　これ以降、北条義時は政所別当の「執権」に就任し、大江広元は政所別当の地位を嫡子親広《ちかひろ》に譲って、広元は政所の活動を後見する立場となった。執権義時は広元とともに実朝の政務を補佐し、公武協調のもとに安定した幕政運営が行われたが、この時期、実朝の信頼を得て幕府内で重きをなしたのが侍所《さむらいどころ》別当の和田義盛であった。義盛は、建暦三年（一二一三）正月の鎌倉殿に祝膳を献ずる垸飯《おうばん》儀礼では、元旦大江広元、二日北条義時、三日北条時房《ときふさ》、四日和田義盛と、はじめて垸飯を献ずる栄誉に浴しており、当時の御家人序列において四番目に位置していたことがうかがえる。

　しかし、承元三年（一二〇九）五月に和田義盛が上総介《かずさのすけ》任官を希望した際には、実朝は母政子と相談して、侍身分の受領《ずりょう》任官は朝廷に推挙しないという頼朝時代の方針に基づいて、これを認めなかった。義盛はさらに大江広元に「一生の余執ただこの一事たるの由」を述懐した款状《かんじょう》（嘆願書）を提出したが（『吾妻鏡』承元三年五月二十三日条）、二年後の建暦元年（一二一一）十二月、望みがないと悟って款状の返却を求めている。

このようなことも重なって、和田義盛は北条義時・大江広元と対立するようになり、義時による度重なる挑発も加わって、ついに建暦三年（一二一三）五月二日、義盛は姻戚関係にあった武蔵国横山《よこやま》党《とう》とともに義時打倒の兵を挙げた。義盛の軍勢は大倉御所・義時邸・広元邸を襲撃して、鎌倉を舞台に激しい戦闘が行われたが、義時と連携する三浦義村の活躍などもあって、翌三日に和田義盛は敗北して一族の者とともに壮絶な討死をとげた。和田合戦の情報は五月九日には京に届けられており、実朝の歌の師でもあった藤原定家は「将軍、外舅相模守義時・大膳大夫広元等と間行して山に入り、身を脱して隙に去る」（『明月記』建暦三年五月九日条）と、実朝らの緊迫した逃走の様子を伝えている。

五月五日、早速に和田合戦の戦後処理と論功行賞が行われ、和田合戦に関与した謀叛人《むほんにん》所領の没官《もっかん》と、勲功《くんこう》のあった御家人への没官領給与が行われた。北条義時は政所別当に加えて、義盛のあとの侍所別当も兼ねることとなり、その地位を確立した。実朝はこれ以降も政務に意欲をもち、建保四年（一二一六）にはそれまで北条義時・大江親広・北条時房・中原師俊・二階堂行光の五人だった政所別当に、大江広元、実朝の学問の師大学頭源仲章《なかあきら》、源氏一門のなかで在京経験の豊富な源頼茂《よりしげ》（源頼政《よりまさ》の孫）・大内惟信《おおうちこれのぶ》（大内惟義の子）の四人を加え、九人別当制を採用して政所の充実をはかっている（五味一九九〇）。

九人の別当が署名する実朝の将軍家政所下文《まんどころくだしぶみ》は、まるで摂関家政所下文のような堂々たる外観を呈している。ちょうどこの頃から、実朝が頻《しき》りに官位の上昇を望むようになるのは、決して偶然ではなかったように思われる。

2——後鳥羽院の権力と軍事編成

後鳥羽院政の成立

前述のように、後鳥羽天皇は建久九年（一一九八）一月十一日に皇子為仁（土御門天皇）に譲位を行ったが、その際、新帝には左右両大将が必ず供奉《ぐぶ》する必要があるため、建久七年の政変以来、籠居《ろうきょ》していた内大臣《ないだいじん》九条良経《よしつね》（兼実の子息）の左大将《さだいしょう》兼任が解かれ、権中納言近衛家実（摂政基通の子息）が左大将を兼任した。兼実は、いずれ近いうちに良経は内大臣も罷免され、天皇の外祖父となった源通親が内大臣に就任するであろうと、『玉葉』建久九年一月七日条に記している。

ところが、兼実の懸念に反して、正治元年（一一九九）六月二十二日に藤原兼雅《かねまさ》が左大臣を辞任すると、籠居していた内大臣九条良経が左大臣に昇進して出仕を命じられ、その後任の内大臣に源通親が任じられることとなった。慈円の『愚管抄』は、この良経の処遇について「院ヨク〳〵オボシメシハカラヒテ」（巻第六「土御門」）と記し、後鳥羽院の意向に基づくものであったことを伝えている。翌正治二年一月には慈円の籠居も解かれて、院御所での修法が命じられ、建仁元年（一二〇一）二月には天台座主に再任された。建久七年の政変以来、中央政界から排除されてきた九条家はここに復活したのであり、源通親による国政主導は、後鳥羽院の意思によって大きく制約されることになったのである。

これ以後、後鳥羽院政が本格的に始まったが、後鳥羽院の権力の大きな特徴は、摂政藤原基通・左大臣九条良経・右大臣近衛家実・内大臣源通親という正治元年六月二十二日の人事を見れば明らかなように、有力な門閥《もんばつ》貴族が揃って任用されたことである。特に、それまで一方が用いられると他方が排除されてきた、基通の近衛家と兼実の九条家が、同時に国政の重要ポストに就任し、摂関家の両門閥が「治天《ちてん》の君《きみ》」である後鳥羽院を支える構造がつくり出されている点が注目されよう。近衛家と九条家の盛衰は、中小貴族諸家の動向も左右したから、後鳥羽院の権力の在り方は、そのような中小貴族諸家までも含む貴族社会全体を与党化しようとするものであった（上横手一九九一・二〇〇二）。

建仁二年（一二〇二）十月二十一日、源通親が急死すると、後鳥羽院は十二月二十五日に摂政藤原基通を解任し、左大臣九条良経を摂政に任じた。しかし、基通の子息家実はそのまま右大臣にとどまっており、九条家と近衛家がともに院を支える体制は維持された。それは元久三年（一二〇六）三月七日に九条良経が急死した時も同様であり、左大臣近衛家実を摂政に任じるとともに、良経の子息権中納言道家《みちいえ》に左大将を兼任させて厚遇した。

後鳥羽院の熊野御幸

建久九年（一一九八）、十九歳で太上《だいじょう》天皇（上皇）となった後鳥羽院は、閑院《かんいん》内裏《だいり》を土御門天皇に明け渡して伯母の式子《のりこ》内親王の大炊殿《おおいどの》を仮御所とし、譲位から十日後の一月二十一日に母七条院の御所三条殿に「御幸始《ごこうはじめ》」の儀式を行うと、それから連日のように洛中洛外の寺社に出かけ、「近日京中ならびに辺地、日夜御歴覧《ごれきらん》。尤《もっと》も用意あるべし」（『明月記』建久九年一月二十七日条）といわれるほど、自由奔放に動きまわった。二月十四日には、朝廷では伊勢神宮に次ぐ崇敬の対象とされていた石清水《いわしみず》八幡宮に参詣し、男山《おとこやま》の急な「大坂」を腰輿《たごし》を使わず束《そく》帯《たい》姿で頂上まで歩いて登った。そこに見られるのは、体力に恵まれた若者の活動的な姿である。

また後鳥羽院は、建久九年八月を初度として、二四年の院政の間に二八回の熊野御幸《くまのごこう》を行った。熊野参詣は、浄土信仰に基づいて一一世紀後半から院や貴族たちの間で盛んとなり、寛治《かんじ》四年（一〇九〇）一月に行われた白河院（上皇）の最初の熊野御幸を画期として、紀伊《きい》国中辺路《なかへち》の参詣ルートと参拝方式が定着した（戸田一九九二）。この中世の熊野路は、京・本宮《ほんぐう》間が約三〇〇キロ、本宮・新宮《しんぐう》・那《な》智《ち》の三山一周が約一二〇キロ、これに帰路を加えて、京からの往復全行程は七〇〇キロをこえる長大な聖地巡礼の道であり、特に険峻《けんしゅん》な高山ではないものの、シイ林、カシ林、モミ・ツガ林がうっそうと茂る深山を登り降りする小径が延々と続いていた。

このような熊野御幸を、白河院は九回、鳥羽院は二一回、後白河院は三四回も実施しており、歴代の院がいかに熊野三山を信仰し、好んで参詣したかが知られよう。そのなかでも最も頻度の高かったのが、後鳥羽院であり（後白河院は院政三五年間で三四回）、後鳥羽院の熊野御幸は、譲位した建久九年から承久《じょうきゅう》の乱が勃発する承久三年（一二二一）まで毎年必ず実施されたうえ、建仁三年（一二〇三）・建永《けんえい》元年（一二〇六）・承元四年（一二一〇）・建暦元年（一二一一）は年に二度行われた。正治二年（一二〇〇）と建仁元年（一二〇一）には、道中の王子社《おうじしゃ》において歌会《うたかい》も催され、その時に詠んだ和歌を書き留めた歌人自筆の「熊野懐紙《かいし》」三四枚が、現在も貴重な文化財として残されている。

院の熊野御幸には大規模になると八〇〇人もの従者が随行するから、舎屋《しゃおく》・食料・伝馬《てんま》・人夫の調達などにかかる経費は莫大であり、それらは沿道の和泉《いずみ》・紀伊両国の荘園・国衙《こくが》領に、臨時課役の院《いんの》熊野詣雑事《くまのもうでぞうじ》として賦課された。特に建久九年の後鳥羽院による初度の熊野御幸に際しては、和泉国知《ち》行国主平親宗《ぎょうこくしゅたいらのちかむね》とその子息和泉守平宗信《むねのぶ》は、異例の厳しさで院熊野詣雑事の徴収にあたり、興福寺領《こうふくじりょう》の谷川荘《たにかわのしょう》や春日社《かすがしゃ》領の春木《はるき》荘・池田《いけだ》荘では、催促を行った国使が、抵抗する荘民を簀《す》巻《ま》きにして湯をかけるなどの暴行に及び、興福寺大衆《だいしゅ》が強訴《ごうそ》の構えを見せる騒動にまで発展した。

図52　熊野古道（和歌山県田辺市本宮町）
現在も豊かな自然に恵まれ，往時の風景を偲ぶことができる．

しかし後鳥羽院の熊野詣は、これ以降も毎年必ず実施され、一年に二回の年もあったから、院熊野詣雑事の賦課は臨時課役としての性格を失い、年貢や所当官物《しょとうかんもつ》などと同じ恒常化された負担として国内民衆に過重にのしかかっていた。鎌倉時代に成立したと推定される文例集『儒林拾要《じゅりんしゅうよう》』には、「熊野詣御粮料米《ごろうりょうまい》」の賦課に対して、御倉納米《みくらのうまい》はすべて荘園領主に納入済みであるうえ、百姓が身命を守るために山林に集団的に逃散《ちょうさん》したので、「熊野詣御粮料米」を納入することはできないという、下司《げし》クラスの現地の荘官《しょうかん》の断り状が「折紙《おりがみ》」の実例として掲載されている。そのような断り状が文例集に掲載されていること自体、院熊野詣雑事の賦課に対する民衆の抵抗の広がりを示しているといえよう。

なお、建永二年（一二〇七）六月に、幕府では和泉・紀伊両国においては守護を設置することを停止し、「院御熊野詣の駅家《うまや》雑事」のために「仙洞《せんとう》御計ひ」（仙洞は上皇のこと）とすることが定められている（『吾妻鏡』建永二年六月二十四日条）。この措置は、一国の検断権《けんだんけん》（刑事犯の検察・断罪）の行使によって得られる犯科人《はんかにん》資財などの守護得分を、後鳥羽院の熊野詣の駅家雑事に充当させようとするものであった。後鳥羽院の熊野御幸にかかる費用は、従前の朝廷の賦課だけでは賄えなくなっていたのである。

後鳥羽院と和歌

こうして後鳥羽院は御幸を頻繁に繰り返す一方で、蹴鞠・琵琶・和歌など様々な芸能や文芸に熱中し、いずれにも優れた才能を発揮した。特に和歌については、譲位後に源通親に誘われて作り始めてから、情熱を注ぎ込むようになり、正治二年（一二〇〇）八月には、歌人たちに一人一〇〇首の和歌を詠進《えいしん》させる、いわゆる『正治初度百首《しょうじしょどひゃくしゅ》』を行った。

当時の歌壇は、藤原俊成《としなり》・定家《さだいえ》父子らの御子左《みこひだり》家と六条《ろくじょう》季経・経家《つねいえ》らの六条家が激しい対抗関係にあり、御子左家は九条家と、六条家は通親（土御門家）と結びついていたため、当初は『正治初度百首』も、建久七年の政変の影響により六条家の歌人だけで企画された。しかし、西園寺《さいおんじ》公経《きんつね》や藤原俊成の働きかけにより、後鳥羽院は自らの判断で新進の藤原定家や藤原家隆《いえたか》らをメンバーに加えることとし、二三人の歌人が『正治初度百首』に参加した。ここには後鳥羽院をはじめ、異母兄の惟明《これあきら》親王、伯母の式子内親王、伯父の守覚《しゅかく》法親王、左大臣九条良経、内大臣源通親、慈円などの権門諸家のほか、六条家と御子左家の歌人がバランスよく参加しており、こうした豪華な顔ぶれは、「治天の君」のもとにすべての貴族を結集させようとする後鳥羽院の政治体制の反映でもあった（上横手二〇〇九）。

図53　後鳥羽院画像

後鳥羽院はその後も、正治二年十二月には一〇人の歌人に『二度百首』、建仁元年（一二〇一）六月頃には三〇人の歌人に『三度百首』を詠進させた。そして、『三度百首』の三〇〇〇首を左右に結番《けちばん》して歌合とし、一〇人の判者に勝負の判定と批評を分担させて、建仁三年春には『千五百番歌合』二〇巻を完成させた。この『千五百番歌合』は、歌合史上最大規模のものである。

建仁元年七月二十七日、後鳥羽院は院御所二条殿の弘御所《ひろごしょ》北面に「和歌所《わかどころ》」を設置し、その寄人《よりうど》として左大臣九条良経・内大臣源通親・天台座主慈円・藤原俊成をはじめとする一一人を選任し、のち鴨長明《かものちょうめい》・藤原秀能《ひでよし》ら三人が加わった。同年十一月三日には、「上古《じょうこ》以後の和歌、撰進すべし」（『明月記』建仁元年十一月三日条）という院宣《いんぜん》を、和歌所寄人のうち重鎮などを除いた源通具《みちとも》・藤原有家《ありいえ》・藤原定家・藤原家隆・藤原雅経《まさつね》・入道寂蓮《じゃくれん》の六人に下し、『新古今和歌集』の勅撰《ちょくせん》作業が始められた。そして三年半後の元久二年（一二〇五）三月、延喜《えんぎ》五年（九〇五）四月の『古今和歌集』編纂から三〇〇年という記念すべき年に、ついに『新古今和歌集』が撰進された。それは、「延喜聖代」を意識した後鳥羽院が直接に陣頭指揮をとった、文字通りの勅撰集であった。鎌倉の実朝がそれを手にし、熱心に和歌を学び始めるのは、それから半年後のことである。

専修念仏の弾圧

建永二年（一二〇七）二月九日、朝廷によって専修念仏《せんじゆねんぶつ》僧の逮捕・拷問が行われ、同十八日にいたって法然《ほうねん》門下の安楽《あんらく》・住蓮《じゅうれん》・性願《しょうがん》・善綽《ぜんしゃく》の四人が死刑となり、法然・親鸞《しんらん》ら八人が配流《はいる》となった。いわゆる建永の法難《ほうなん》である。

そのきっかけは、建永元年十二月の後鳥羽院の熊野詣の留守中に、院の小御所の女房たちが安楽・住蓮の礼讃《らいさん》を聞いて発心出家《ほっしんしゅっけ》し、それが後鳥羽院の逆鱗《げきりん》に触れたためであったと伝えられ、女房たちと安楽らとの「密通」事件までが噂された。すでに一月中には専修念仏が停止されるという情報が貴族たちの間に広がっており、藤原定家は「去る比、聊か事故有りと云々」（『明月記』建永二年一月二十四日条）と、専修念仏者に関係する何らかの事件があったことを伝えている。いずれにせよこの事件を契機に、朝廷による専修念仏への弾圧が始まったのである。

治承・寿永内乱後に急速に広まった法然の専修念仏の特徴は、中国唐代の善導《ぜんどう》（六一三〜六八一）の「念仏は阿弥陀仏の本願であるから、どのような人間でも念仏を称えるだけで極楽往生することができる」という本願念仏説をさらに進め、「念仏は阿弥陀仏が選ばれた唯一の本願であるから、念仏以外では往生できない」という選択《せんちゃく》本願念仏説を樹立し、諸行往生を否定した点にあった（平二〇〇一）。中世の体制仏教であった顕密《けんみつ》仏教（三論《さんろん》・法相《ほっそう》・華厳《けごん》・倶舎《くしゃ》・成実《じょうじつ》・律《りつ》の南都六宗と、平安時代に伝来した天台宗・真言宗の八宗を指す）は、愚者凡夫《ぐしゃぼんぷ》には最も初歩的な行である称名《しょうみょう》念仏を専修するように勧めており、念仏そのものは決して否定しなかったが、念仏を絶対化して、念仏以外の功徳《くどく》を否定する法然の思想については、仏教を破滅させる悪魔の教えとして激しく排撃した。

元久元年（一二〇四）十月、延暦寺衆徒《えんりゃくじしゅと》は天台座主真性《しんしょう》に専修念仏停止を訴え、翌元久二年十月には、南都興福寺の衆徒が貞慶《じょうけい》起草の「興福寺奏状《そうじょう》」を捧げ、「八宗同心の訴訟」として、法然とその門弟に対する処罰を朝廷に要求している。朝廷が専修念仏の弾圧に踏み切った契機については前述した通りであるが、それ以降、建保七年（一二一九）・貞応《じょうおう》三年（一二二四）・嘉禄《かろく》三年（一二二七）・天福《てんぷく》二年（一二三四）・延応《えんおう》二年（一二四〇）と弾圧が繰り返され、専修念仏の禁止は幕府法においても一貫している。

そもそも顕密仏教が宗教領主であり、領主への年貢納入が往生行、敵対が堕地獄とされるなど、諸行往生思想をはじめとする多様な仏教理念が、宗教領主の経済外強制として機能していた以上、諸行往生を否定する法然の思想は、そのような荘園制的支配秩序を根底から動揺させるものであった（平一九九二）。専修念仏は、荘園公領制を基盤とする公武政権が容認できる宗教思想ではありえなかったのである。

鎌倉幕府の閑院内裏大番役

次に、後鳥羽院政期における洛中警固の在り方や畿内近国の軍事体制について述べておくことにしたい。まず天皇の日常的な居所の警固についてであるが、平氏都落ち後に践祚《せんそ》した後鳥羽天皇が、高倉・安徳両天皇の里内裏《さとだいり》であった閑院《かんいん》をそのまま継承したことにより、閑院内裏は後鳥羽の第一皇子の土御門天皇や、承元四年（一二一〇）十一月に践祚した第三皇子の順徳《じゅんとく》天皇（母は藤原範季の娘重子《しげこ》）にも引き継がれ、それにともなって平氏のもとで創設された閑院内裏大番役《おおばんやく》も、鎌倉幕府によって継承されることとなった。壇ノ《だんの》浦《うら》合戦直後の元暦二年（一一八五）六月には、頼朝は摂津《せっつ》国惣追捕使の大内惟義に対して、没落した多田行綱《ただゆきつな》の家人たちを御家人として安堵し、「かん《（閑）》院たいり《（内　裏）》の大番おせさせ給へく候」（多田神社文書）と閑院内裏の大番役に従事させるよう命じている。

閑院内裏は、元暦二年七月九日の地震によって破損しながらも、応急の修理を加えただけで後鳥羽天皇に使用されていたが、文治三年（一一八七）六月に頼朝は大江広元を上洛させてその全面修理にあたらせ、八月には洛中の群盗蜂起《ぐんとうほうき》を鎮め、兵粮米の沙汰や大番役の勤仕《ごんし》のために在京している武士を統制する目的で、「有勢の者」である千葉常胤《ちばつねたね》・下河辺行平《しもこうべゆきひら》を上洛させている（『吾妻鏡』文治三年八月十九日条）。

鎌倉幕府御家人制が再編される建久年間に入ると、閑院内裏の大番役は御家人身分固有の軍役（御家人役）として整備された。美濃国御家人に宛てた有名な建久三年（一一九二）六月二十日の前右大将源頼朝家政所下文には、「家人の儀を存ずる輩《やから》においては、惟義《（大内）》の催しに従ひて、勤節を致すべきなり。就中《なかんずく》に、近日洛中に強賊の犯その聞えあり。彼の党類を禁遏《きんあつ》せんがために、おのおの上洛を企て、大番役を勤仕すべし」（『吾妻鏡』建久三年六月二十日条）とあり、美濃国内において「家人の儀を存ずる輩」（御家人）とそうでない者がこの時点であらためて選別され、御家人身分を望んだ者については美濃国守護大内惟義の催促にしたがって上洛し、閑院内裏の大番役と洛中警固を務めるという制度が整えられているのである。

一方、大内《おおうち》（大内裏のなかの本内裏）の警固については、源頼光《よりみつ》に始まるとされる大内守護の任が、頼光の末裔である摂津源氏の源頼政に相伝されており、平氏都落ち直後は、木曾義仲《きそよしなか》とともに入京した源有綱《ありつな》（頼政の孫）が大内裏の守護を担当した。その後、頼朝に臣従した源頼兼《よりかね》（頼政子息）が大内守護を担うこととなり、頼兼の子息頼茂に相伝されて、承久元年（一二一九）七月十三日に頼茂が後鳥羽院に追討されるまで、摂津源氏による大内守護の体制が続いた（杉橋一九八三ａ）。もちろん源頼兼・頼茂父子は御家人であったから、大内守護も鎌倉幕府権力によって担われたといえなくもないが、むしろ摂津源氏が大内守護にあたるという院政期の京武者《きようむしや》の慣行が幕府成立後も維持され、大内の警固が御家人役としての内裏大番役に包摂されなかったことに注目するべきであろう。

京都守護と院の指令

また、寿永三年（一一八四）一月に木曾義仲軍を破って京を制圧し、畿内近国の軍政指揮官として活動した源義経《よしつね》の立場は、義経反乱直後の文治元年（一一八五）十一月に一〇〇〇騎の軍勢とともに入京した北条時政に継承され、翌文治二年三月に時政が京を去ると、頼朝の妹婿である左馬頭一条能保がこの任にあたった。この地位は通常「京都守護」と呼ばれているが、京都守護は制度的に整備された機関ではなく、その軍事力の中核も京都守護個人の家人郎従であった（上横手一九九一）。

三代実朝が擁立された直後の建仁三年（一二〇三）十月には、北条時政と牧の方の娘婿である武蔵守平賀朝雅（大内惟義の弟）が京都守護として上洛した。元久元年（一二〇四）三月に伊賀・伊勢両国で勃発した「三日平氏の乱」に際しては、三月二十一日の院御所議定の決定に基づいて、朝雅は追討使だけでなく伊賀国知行国主にも任じられ、翌二十二日に二〇〇騎ばかりを率いて下向した。この措置は、国衙を掌握して人員や兵粮などの軍需物資を確保できるように、朝廷側が朝雅の追討活動の便宜をはかったものであり、朝雅は美濃国を迂回して伊勢・伊賀両国に侵攻し、四月十日から十二日にかけての三日間の戦闘によって反乱をほぼ平定した（そのため「三日平氏」の名がある）。

この平賀朝雅の出陣は、幕府からも命を受けているものの、直接には院御所議定の決定を受けて行われたことは明らかである。かつて源義経が後白河院の命だけで屋島《やしま》に出陣したことは第四章で述べた通りであるが、院や朝廷から直接に指令を受けて「官兵」として活動する軍事貴族という点においては、この段階の京都守護も院政期の京武者と同様の存在であったといえよう（木村英一二〇〇二a）。

後鳥羽院の「上北面」「下北面」

院政を開始した白河院の時代から、院御所には「北面《ほくめん》」と呼ばれる部屋があり、院の近くに仕える近臣たちの詰所になっていたことから、そこに祗候《しこう》する集団自体も「北面」と呼ばれた。「北面の武士」という用語がよく知られているが、院北面には武士だけでなく文官も祗候しており、大治《だいじ》四年（一一二九）七月十五日の白河院の葬儀には、「北面に候ずる者、信乃守盛重（藤原）、相模守以下五位六位等（源重時）、有官無官の輩、合せて八十余人」（『中右記』大治四年七月十五日条）が参加したとされ、その規模の大きさがうかがえる。

後白河・後鳥羽院政期には、北面は「上北面《じょうほくめん》」と「下北面《げほくめん》」に分化し、「上北面」は蔵人《くろうど》や非蔵人（六位の者から選ばれ、蔵人に準じて昇殿を許されて、殿上の雑用を務める職員）を経験した文官で構成され、「下北面」は衛府尉《えふのじょう》（左右近衛府・左右衛門府・左右兵衛府の第三等官）を経験した武官で構成された（平岡一九八六）。

この後鳥羽院下北面の代表的武士に、河内国讃良《ささら》郡に本拠をもち、源通親の家人であった関係から後鳥羽院に重用された藤原秀康《ひでやす》・秀能《ひでよし》兄弟がいる。秀康は下北面に祗候してからは、左衛門少尉から検非違使、さらに下野守・上総介・河内守・伊賀守・淡路《あわじ》守・右馬権助《うまのごんのすけ》・備前守・能登守などに任じられ、建保六年（一二一八）十一月二十七日には従四位下に達し、下北面としては異例の昇進をとげた。また弟の秀能も、左衛門少尉・検非違使・出羽守・河内守などを歴任し、従五位上に叙される一方、和歌の才能が認められて、後鳥羽院の和歌所の寄人となり、多くの歌会に名を連ねている。

秀康・秀能は、例えば建保四年（一二一六）二月五日夜に東寺《とうじ》宝蔵《ほうぞう》から仏舎利《ぶっしゃり》・仏具が盗み取られた事件では、盗人の捜索を命じる官宣旨を受けて、同月二十九日に東山新日吉付近で強盗を捕えるなど、後鳥羽院のもとで洛中警固にあたった。また承久三年（一二二一）六月の承久の乱においては、幕府軍の西上という事態を前に藤原秀康が追討使に任じられ、河内や美濃などの畿内近国の諸国において総力的な軍事動員を展開している（平岡一九九一）。下北面の秀康・秀能は、まさに後鳥羽院直属の武力として活動したといえよう。なお、後鳥羽院は多くの院御所をもち、恒常的な御所としては二条殿・京極殿・高陽院などを用いたが、その警固は主にこうした下北面の武士たちによって担われ、鎌倉幕府の大番役の対象とはならなかった。

後鳥羽院の「西面」

ところで、後鳥羽院政期における朝廷や院の軍事動員は、先に触れた京都守護の場合と同じように、直接に在京御家人や畿内近国の守護に及んでいた。例えば、建仁元年（一二〇一）八月、近江《おうみ》国において斎宮群行《さいぐうぐんこう》の駅家雑事の賦課に荘民らが武力をもって抵抗した際には、内大臣源通親は近江国知行国主平親国に対して、「惣追捕使定綱（佐々木）を召して、郎従を相副え、催すべきの由、仰せ下さるべし」(『三長記』建仁元年八月三十日条)と、近江国惣追捕使(守護)の佐々木定綱《ささきさだつな》を幕府を介さずに動員し、現地で徴収にあたらせるよう命じている。建仁三年(一二〇三)に比叡山延暦寺の学衆と堂衆が抗争し、十月十五日に日吉社《ひえしゃ》の八王子山に立て籠もった堂衆を「官軍」が攻撃した時にも、朝廷が派遣した軍勢の主力は佐々木定綱・大岡時親・葛西清重らであり、在京御家人が直接に朝廷の命を受けて軍事活動を行っているのである。

このような在京御家人を中心にして、新たに後鳥羽院の家産的武力として組織されたのが「西面《さいめん》」である。「西面」の初見史料である『吾妻鏡』建永元年(一二〇六)五月六日条によれば、伊勢神宮祭主の大中臣能隆が、家司の左衛門尉加藤光員《かとうみつかず》が無断で元久二年(一二〇五)十一月に検非違使に任じられたことを不服とし、その停止を幕府に訴えたところ、幕府は「廷尉《ていい》の事に至りては、西面に候ずるの間、仙洞の御計ひたらんか」と述べ、検非違使(廷尉は検非違使の尉の唐名)の補任は光員の西面祗候の功により後鳥羽院が沙汰したことで、幕府は関与しないと回答している。この記事からは、頼朝挙兵以来の功臣であった伊勢国の御家人加藤光員が、祭主大中臣能隆の家司であると同時に後鳥羽院西面になっていたこと、そして鎌倉殿の実朝は、そのような光員の西面祗候を容認していたことなどが知られよう。

建永二年(一二〇七)五月九日に行われた新日吉小五月会の流鏑馬《やぶさめ》行事には、はじめて西面が登場し、この段階までにはある程度の組織の整備がなされていたと推測される。西面には右の加藤光員のほか、検非違使左衛門少尉後藤基清・筑後守五条有範《ごじょうありのり》・山城守佐々木広綱《ひろつな》・検非違使左衛門少尉大江能範《よしのり》など、多くの在京御家人が名を連ねており、こうした事実を見る限り、公武協調体制のもとで実朝は在京御家人の西面祇候をむしろ積極的に認めていたと考えられるのである(平岡一九八八)。

建暦三年(一二一三)八月三日、延暦寺衆徒が清水寺《きよみずでら》を焼き払うために長楽寺《ちょうらくじ》に集結した際、後鳥羽院は武装解除を拒んだ延暦寺衆徒を捕えるために、「近江守頼茂《(源)》、駿河大夫判官惟信《(大内)》、検非違使親清《(中原)》・秀能《(藤原)》ならびに西面衆等」(『華頂要略』)を長楽寺に派遣した。そこでは有力御家人の源頼茂・大内惟信や、下北面の検非違使中原親清・藤原秀能とともに、西面衆が「官軍」を構成し、合戦に臨んでいる。藤原定家の日記『明月記』は、この時に院に動員された軍勢を「西面の輩ならびに在京の武士、近臣家人等」(『明月記』建暦三年八月三日条)と記している。後鳥羽院の軍事編成は、西面として組織された御家人、院政期の京武者に相当する有力御家人、下北面に組織された直属の近臣家人など、在京軍事力の全体に及んでいたのである。

後鳥羽院の権力が、「治天の君」のもとにすべての貴族を結集させようとするものであったことは、すでに述べた通りであるが、それは在京軍事力においても同様であり、新たに形成された鎌倉幕府権力をも含み込んで後鳥羽院の「軍隊」は存在したのである。

3—承久の乱

実朝の暗殺

建保四年（一二一六）六月、東大寺再建の功労者であった宋人陳和卿《ちんなけい》が鎌倉に参着した。陳和卿は、建久六年（一一九五）三月の大仏殿落慶供養の際には、頼朝が対面を希望したにもかかわらず、多くの人命を断ち罪業《ざいごう》が重いという理由で拒否したが、実朝とは面会し、実朝が南宋の阿育王山《あいくおうざん》（浙江省の禅寺）の長老の後身であると語ったという。感激した実朝は、北条義時や大江広元の制止を無視して、入宋《にっそう》して阿育王山を訪れる計画を立て、陳和卿に大型の「唐船」の建造を依頼したが、翌建保五年四月、船は由比《ゆい》の浦《うら》に浮かばず計画は挫折した。

実朝本人の渡航の現実性についてては別にしても、頼朝が阿育王信仰に基づいて、内乱戦死者の鎮魂のために八万四〇〇〇基の宝塔《ほうとう》供養を行ったことは第五章で解説した通りであり、実朝も実際に阿育王山を巡礼した栄西からの情報などを通じて、大陸の宗教や文化に強い関心を抱いたことは間違いないであろう。福原《ふくはら》に隠棲した平清盛《たいらのきよもり》と同様に、実朝は日宋貿易の発展に取り組むつもりだったのかもしれない。

ちょうどこの頃、鎌倉ではいまだ子供のできない実朝の後継者問題が浮上していた。建保六年（一二一八）二月、六十二歳となった北条政子は、弟の時房をともなって二度目の熊野参詣に出発したが、

図54　鶴岡八幡宮

政子は京に二ヵ月余り滞在して、卿二位藤原兼子とたびたび会談し、坊門局（実朝の妻の姉）が生んだ後鳥羽院の皇子頼仁《よりひと》を実朝の後継者とする相談を行っていたと慈円の『愚管抄』は伝えている。

一方の実朝は、建保四年六月二十日に権中納言に任じられると、さらに近衛大将を望んだため、大江広元から時期尚早と諌められたが、「源氏の正統この時に縮まり畢《おわ》んぬ。子孫敢へてこれを相継ぐべからず。しからば飽くまで官職を帯し、家名を挙げんと欲す」（『吾妻鏡』建保四年九月二十日条）と、源氏の正統は自分の代で絶えるのだから、せめて高い官位について源氏の家名をあげたいと答えたという。

実朝のそうした願望は、建保六年に叶えられることとなり、一月十三日に権大納言に任じられると、三月六日には左大将を兼ね、十月九日に内大臣に昇進、さらに十二月二日には右大臣任官と、異常な速度で昇進していった。そして翌建保七年（一二一九）一月二十七日夜、実朝は右大臣拝賀のために鶴岡八幡宮に参詣したが、京から儀式に参列した権大納言坊門忠信・権中納言西園寺実氏《さねうじ》をはじめとする公卿や多くの御家人たちが見守るなか、神拝を終えて石階《いしばし》を降りるところを兄頼家の遺児公暁《くぎょう》に斬りつけられ、側近の源仲章とともに殺害されたのである。

『愚管抄』は、公暁が実朝に「一《いち》ノ刀《かたな》」を下した際に「ヲヤ《（親）》ノ敵《かたき》ハカクウツゾ」（巻第六「順徳」）と叫んだのを、参加していた公卿たちがはっきり聞いたと伝えており、公暁は実朝を父頼家の敵と思い込んでいたことが知られる。この事件の真相については、公暁を背後で操った人物として北条義時を想定する説や、三浦義村を想定する説など、様々な見解が出されているが、いずれも決め手を欠いており、現在なお真相は不明である。

三寅の下向

公暁は三浦義村が差し向けた討手によってただちに殺された。「禅定二位家《ぜんじょうにいけ》」（北条政子）を中心とする幕府は、公暁の与党捕縛などを行って鎌倉の混乱を収拾したのち、二月十三日に政所執事の二階堂行光を上洛させ、後鳥羽院の皇子である六条宮《ろくじょうのみや》雅成《まさなり》親王か冷泉宮《れいぜいのみや》頼《より》仁《ひと》親王のどちらかを将軍後継者として鎌倉に迎えたいと要請した。前年、上洛した北条政子が卿二位藤原兼子と約束したことが前提になっていたと思われるが、後鳥羽院は、親王を鎌倉に下向させると、「日本国二《ふたつ》ニ分《わけ》ル事」（『愚管抄』巻第六「順徳」）になるとして反対したという。

閏二月を過ぎ、三月になってようやく、後鳥羽院は実朝の弔問使《ちょうもんし》として上北面の藤原忠綱《ただつな》を鎌倉に送ったが、九日に北条義時と面会した忠綱が語ったのは、後鳥羽院寵愛の伊賀局亀菊《いがのつぼねかめぎく》が領家職《りょうけしょく》をもつ摂津国長江《ながえ》・倉橋《くらはし》両荘の地頭職を停廃してほしいという内容であった。十二日、北条義時・同時房・同泰時・大江広元は、北条政子邸に集まって評議を開き、理由のない地頭職停廃には応じられないと院の要求を拒否することに決し、その回答のために北条時房が一〇〇〇騎の軍勢を率いて上洛し、将軍後継者として後鳥羽院皇子の下向を再度促すことになった。

しかし、この交渉は難航し、結局、大納言西園寺公経が養育していた左大臣九条道家の子息三寅《みとら》（のちの九条頼経《よりつね》）を鎌倉に迎えることで合意に達することになる。三寅は、故一条能保と頼朝の妹の間に生まれた女子（故九条良経《よしつね》妻）の孫で、頼朝の遠縁にもあたるが、まだ二歳の幼児であった。承久元年（一二一九）六月十七日、三寅は後鳥羽院から馬と剣を賜り、二十五日に京を出発、七月十九日には鎌倉に到着して政所始《まんどころはじめ》が行われたが、「若君幼稚の間、二品（北条政子）禅尼、理非《りひ》を簾中《れんちゅう》に聴断《ちょうだん》すべし」（『吾妻鏡』承久元年七月十九日条）とあるように、北条政子が三寅の後見として政務を代行することになった。ここに四代鎌倉殿として北条政子が幕政の中心に登場するのである。

なお、七月十三日に都では大内守護であった右馬権頭源頼茂が、後鳥羽院の院宣《いんぜん》を受けた在京御家人によって追討されるという事件が起こっている。『愚管抄』は、源頼政の孫にあたる頼茂が次の将軍になろうとしたと記しており、将軍後継者をめぐる紛争が京において生じていたことがうかがえる。本内裏を官軍に包囲された頼茂は、内裏仁寿殿《じじゅうでん》に立て籠もり火を放って自害し、この火災で大内裏殿舎・諸門の中心部や代々の宝物が失われることになった。

承久の乱の勃発

治承・寿永の内乱が終息した建久年間以降、頼朝・頼家・実朝と三代にわたって続いてきた公武協調体制は、後鳥羽院と親密な関係を築いていた実朝の暗殺という思わぬ事態によって、大きく損なわれることになった。日本国が二分されるとして、院が親王の鎌倉下向を決して許さなかったのも、実朝亡きあとの幕府首脳部に対する信頼度の低さを示しているように思われる。

こうした公武関係の軋《きし》みは、承久元年（一二一九）から翌二年にかけて進められた後鳥羽院による大内裏再建事業によって、さらに増大することとなった。源頼茂の事件で焼失した内裏の主要殿舎《でんしゃ》・門廊《もんろう》を復興するために、その費用を調達する「造内裏役《ぞうだいりやく》」が一国平均役《いっこくへいきんやく》として全国の荘園・国衙領一同に賦課され、各地で地頭御家人による対捍《たいかん》（納入拒否）が激しく展開したからである。再建事業に対する非協力的な態度は、権門諸家や大寺社にも広く見られ、決して地頭御家人だけの問題ではなかったが、幕府は東国における造内裏役の徴収にも積極的に関与しようとしておらず（小山田二〇〇八）、後鳥羽院の幕府に対する不満を増大させたものと思われる。この大内裏再建事業は、承久二年末には未完のまま一時中断されたが、おそらくこの頃には、後鳥羽院は幕政を主導している執権北条義時を追討する意思を固めていたと考えられる。

承久三年（一二二一）四月二十日、順徳天皇は皇子懐成《かねなり》親王（仲恭天皇《ちゅうきょう》）に譲位し、関白近衛家実に代わり左大臣九条道家が摂政となった。この順徳の譲位は、父の後鳥羽院の討幕計画に参画するため、身軽な立場になったものと推測される。後鳥羽院は五月十四日に、親幕派公卿の大納言西園寺公経・権中納言実氏父子を近習僧《きんじゅうそう》の尊長《そんちょう》に命じて弓場殿《ゆばどの》に召し籠めるとともに、畿内・西国の武士を院中に召集し、京都守護として在京していた伊賀光季《みつすえ》・源親広《ちかひろ》にも出動を命じた。大江広元の子息で源通親の猶子となっていた親広は、その日のうちに京方に加わったが、義時の妻の兄にあたる伊賀光季はこれに応じなかったため、翌十五日に高辻京極《たかつじきょうごく》の邸宅を八〇〇余騎の軍勢に攻撃され、火を放って自害した。ここに承久の乱は勃発し、同日、五畿七道諸国の守護・地頭に対して北条義時の追討を命じる官宣旨が発給されたのである。

乱の経過

後鳥羽院のもとに馳せ参じた軍勢は、側近の藤原秀康をはじめとする下北面や、加藤光員・後藤基清・五条有範・佐々木広綱（近江・長門《ながと》国守護）・大江能範らの西面、京都守護源親広、伊賀・伊勢・越前《えちぜん》国守護大内惟信、但馬《たじま》国守護安達親長《ちかなが》、淡路国守護佐々木経高《つねたか》、阿《あ》波《わ》国守護佐々木高重《たかしげ》、安芸《あき》国守護宗孝親《そうたかちか》、検非違使右衛門尉三浦胤義《たねよし》などの在京御家人であった。多くの西国守護や在京御家人が、このように後鳥羽院の指令にしたがって京方についたのは、居住地域が院権力の膝下《しっか》であったことはもちろんであるが、前述したように彼らが一方では御家人でありながら、他方では院や朝廷の指令を直接に受けて軍事活動を行ってきた存在であり、御家人としての属性が京武者や西面などの属性に必ずしも優越するとは限らなかったからである。鎌倉時代前期は、京の武士社会の伝統的秩序と御家人制という新しい武士社会の秩序が併存し、錯綜していた段階であったといえよう。

ところで、承久の乱における後鳥羽院の軍事作戦は、こうして京で編成した軍勢で鎌倉に進撃するのではなく、まずこの軍勢で京中を制圧し、そのうえで鎌倉を活動拠点とする東国武士が北条義時追討宣旨に応じて義時を攻撃する、という展開を想定するものであったという（白井二〇〇四）。義時追討宣旨を所持した藤原秀康所従押松丸《しょじゅうおしまつまる》が鎌倉で捕えられた五月十九日に、挙兵を促す三浦胤義の書状が兄三浦義村に届けられていることを見ると、京方は三浦義村の鎌倉での蜂起を期待していたと思われる。

しかし現実は異なり、三浦義村はすぐさま執権北条義時のもとに向かった。義時邸において評議が重ねられた結果、大江広元・三善康信や北条政子の意見にしたがって、京攻めの軍勢をただちに派遣することとし、北条泰時《やすとき》・同時房・三浦義村らが東海道軍、武田《たけだ》信光《のぶみつ》・小笠原長清《おがさわらながきよ》らが東山道軍、北条朝時《ともとき》・結城朝広《ともひろ》らが北陸道軍として京に向かった。六月一日、後鳥羽院のもとに幕府西上の報がもたらされると、藤原秀康を追討使に任じて、総力的な軍事動員を行って美濃・尾張国境の防衛ラインを固めたものの、六月五・六日の東海道軍との戦闘で美濃国墨俣《すのまた》を突破されると、勢多《せた》や宇治《うじ》でも惨敗し、京方は総崩れとなった。幕府軍が京を制圧したのは六月十五日のことであり、藤原秀康は逃走、三浦胤義らは自殺した。

戦後処理の展開

翌六月十六日、北条泰時と叔父時房は六波羅館に入り、京方武士の捕縛を進めるとともに、合戦における御家人の勲功調査を始め、十八日には合戦交名注文《かっせんきょうみょうちゅうもん》を鎌倉に送っている。二十四・二十五日には、後鳥羽院の討幕計画に参画した近臣として、権大納言坊門忠信・参議高倉範茂《たかくらのりしげ》・参議一条信能《のぶよし》・前権中納言藤原光親《みつちか》・前権中納言藤原宗行《むねゆき》・前権中納言源有《あり》雅《まさ》らの身柄が六波羅に引き渡され、配流となった忠信を除いて、それぞれが関東に護送される途中で殺された。七月二日には、後藤基清・五条有範・佐々木広綱らが処刑されている。

七月八日、幕府の要請により、後鳥羽の兄持明院宮入道守貞親王《じみょういんのみやにゅうどうもりさだ》が後高倉院（上皇）として院政を行うことになり、後鳥羽院が鳥羽殿において出家させられた。翌九日には後高倉院の皇子茂仁《ゆたひと》（後《ご》堀河《ほりかわ》天皇）が閑院内裏で践祚し、摂政九条道家が更迭されて、前関白近衛家実が摂政に任じられた。皇位の経験がなく、すでに出家していた守貞親王が「治天の君」として院政を行うのは、きわめて異例なことであるが、このような措置を断行して朝廷の改造を押し進めたのは、舅《しゅうと》として泰時を後見していた三浦義村であった（野口二〇〇五a・b）。

七月十三日に後鳥羽院は隠岐《おき》国に、同二十一日には順徳上皇が佐渡《さど》国に配流となり、さらに閏十月十日には、討幕計画に直接関与しなかった土御門上皇も、本人の希望により土佐《とさ》国に配流された。また、旧八条院領をはじめとする厖大な後鳥羽院の所領群が幕府によって没官され、同年中に後高倉院に寄進されたが、「但し武家要用の時は、返し給ふべきの由、義村（三浦）朝臣を以て申し入れられ了んぬ」（『武家年代記裏書』）とあるように、幕府が必要な時は没官領を返付する条件が三浦義村によって申し入れられている。

治承・寿永内乱期から頼朝の反乱軍が、敵方所領没収と没収地給与を押し進め、頼朝の官軍化にともなって、それが「謀叛人」所領に対する没官刑の執行、没官領給与として機能するようになったことは、本書で繰り返し述べてきた通りである。本来、「謀叛人」は朝廷や天皇に対する反逆を意味するはずであるが、ここではまさに、幕府は後鳥羽院以下三上皇を「謀叛人」として処分し、王家領を「謀叛人跡」として没官したのである。

なお、北条泰時と時房はそのまま六波羅館に駐留して戦後処理にあたり、新たな幕府の西国支配機関である六波羅探題《たんだい》を成立させた。六波羅探題は、朝廷の監視や交渉、洛中警固、西国訴訟の裁決などを任務とし、洛中警固においては、朝廷や院からの指令は個々の武士にではなく六波羅探題に下され、六波羅探題が在京人を動員するシステムが形成されていく。また承久の乱後は、それまで下北面などの独自の武力組織によって警固されてきた院御所が、鎌倉幕府の京都大番役の対象とされるようになり、御家人役として動員された大番衆によって警固されることになった（木村英一二〇〇二a・b）。院政期以来の京の武士社会の伝統的秩序は、承久の乱によって解体されたのである。

七　執権政治の展開と寛喜の大飢饉

1――荘郷地頭制の展開と地域社会

承久新恩地頭の補任

承久《じょうきゅう》三年（一二二一）六月の承久の乱後、後鳥羽院《ごとばいん》の所領群が「謀叛人跡《むほんにんあと》」として幕府に没官《もっかん》され、後高倉院《ごたかくらいん》に寄進されたことは第六章で述べた通りであるが、京方に参加した院近臣《いんのきんしん》や各地の武士の所領に対しても没官が進められ、『吾妻鏡《あずまかがみ》』によれば、そうした没官領の数は「三千余箇所」にのぼったという（承久三年八月七日条）。幕府は治承《じしょう》・寿永《じゅえい》内乱期と同じように、それを「勇敢勲功《ゆうかんくんこう》の深浅」にしたがって地頭職補任《じとうしきぶにん》の形式で御家人《ごけにん》に新恩給与《しんおんきゅうよ》し、地頭に補任された御家人やその代官（地頭代）が各地の没官領に入部《にゅうぶ》していった。

こうして没官領に入部した荘郷《しょうごう》地頭の職権や得分《とくぶん》は、基本的に本司跡《ほんしあと》（没官された京方武士たちが有していた下司職《げししき》・郷司職《ごうじしき》などの地位の内容）をそのまま引き継ぐものであり、個々の所領において異なっていたが、本司跡の得分が乏少な地頭に対しては、貞応《じょうおう》二年（一二二三）六月十五日の官宣旨《かんせんじ》に基づいて新補率法《しんぽりつぽう》が適用されることとなり、田畠一一町ごとに一町の給田畠《きゅうでんばた》、段別五升の加徴米《かちょうまい》、山野河海《さんやかかい》収益の二分の一、犯科人《はんかにん》財産の三分の一が地頭得分として認められた。

このように新補率法が適用された地頭は、「新補率法地頭」「新補地頭」と呼ばれ、本司跡をそのまま継承した地頭とは区別されたが、鎌倉時代末期には概念の混乱が生じ、すべての承久新恩地頭が「新補地頭」と見なされ、新補率法の適用を受けたかのように誤解される事態も生じた（安田一九六一a）。今日でも教科書や辞書などで一部混乱した記述が見られるのは、そのためである。

没官措置の展開

ところで、荘郷地頭は、幕府のもとにいったん没官領が集積され、没官領注文に基づいて御家人に対する補任が行われたのちに、はじめて現地に入部すると一般的に理解されている。もちろん、そのような地頭入部の在り方は最も基本的なものであるが、現実には各地で謀叛人調査と所領没官を進めた守護《しゅご》や御家人が、そのまま鎌倉幕府から地頭職に補任されることも多く見られた。

例えば、安芸国《あきのくに》沼田荘《ぬたのしょう》地頭の小早川茂平《こばやかわしげひら》は、近隣の都宇《つう》・竹原《たけはら》荘ならびに生口島《いくちじま》荘の公文《くもん》・下司が、承久の乱に際して京方に参加するため上洛《じょうらく》を企てたとして、両荘を「没収」し、「此子細《しさい》を申すに依りて、勲功として彼の所等を給はり預かり畢《おわ》んぬ」（小早川家文書）と、両荘の地頭職に補任されている。この場合は、茂平独自の判断による都宇・竹原荘と生口島荘の没官・注進《ちゅうしん》が、幕府によって「勲功」と認められ、そのまま地頭職に補任されたことになる。御家人による敵方所領の軍事占領を追認した、いわば鎌倉追認の地頭であった（川合二〇〇四）。

このような鎌倉追認地頭の在り方は、各地で地頭職獲得を目的とした没官措置を促進することにもなり、地域社会における紛争を激化させた。美濃《みの》国若杜《わかもり》荘に本領を有する僧教円《きょうえん》は、京方罪科を問われて本領を没官されたが、「件《くだん》の乱逆に洲俣《すのまた》近辺の輩《ともがら》、勅命たるに依り、大略駆り召され候ひ畢んぬ。全く教円一人にあらず候。御使を付け責め召され候の間、当時の身命を助けんがために、相向かひ候ひ畢んぬ。其の事に依り本領を没収せられ候か。此の条も教円一人の歎きにあらず候」（谷森文書）と述べている。承久の乱の主戦場の一つであった美濃国墨俣《すのまた》の近隣では、在地領主のほとんどが「勅命」によって合戦に駆り出されたために、乱後、そうした領主は御家人勢力によって荘内から追い出され、所領はことごとく没官の対象となっていたのである。

また河内《かわち》国甲斐《かい》荘は、下司国範法師の京方参加を理由として河内国守護三浦泰村《みうらやすむら》によって没官され、地頭職が設置されたが、荘園領主の石清水八幡宮《いわしみずはちまんぐう》の訴えによれば、実際には国範は藤原秀康《ふじわらのひでやす》の動員に対して「もとより武備の器にあらざるに依り、遂に参ぜず、高野山《こうやさん》に逃げ隠るるの間、住宅を焼き払はれ畢んぬ。しからば奉公と謂ふべきの処、地頭を補せらるるの条、存外の次第なり」（宮寺縁事抄《ぐうじえんじしょう》）と、抵抗して高野山に逐電《ちくでん》したにもかかわらず、没官されてしまったという。

このような没官措置をめぐるトラブルが、承久の乱後各地で頻発しており、乱翌年の貞応元年（一二二二）四月に鎌倉幕府が諸国に巡検使《じゅんけんし》を派遣し、没官領の調査・掌握にあたらせたのも、こうした事態に対処するためであった。幕府はさらに、承久の乱による地頭御家人所領の変動を把握する目的で、貞応年間（一二二二〜二四）に西国諸国において「大田文《おおたぶみ》」（一国内の荘園・国衙《こくが》領の面積や領有関係などを記載した土地台帳）の作成を命じている。

しかし、没官の対象となった荘園・国衙領の現地の住民も、ただ黙って御家人勢力の侵入を受け入れていたわけではなかった。事例は平氏滅亡の頃にさかのぼるが、文治《ぶんじ》元年（一一八五）末から翌二年にかけて、平清盛《たいらのきよもり》の叔父平貞正《さだまさ》（河田入道蓮智《こうだにゅうどうれんち》）跡に入部した地頭代が、貞正の子息僧行恵《ぎょうえ》の所領である伊勢《いせ》国大《おお》橋御園《はしのみその》まで獲得しようとして、二度にわたって御園に乱入した際には、現地の四ヵ村の住民たちが武装して待ち構え、その撃退に成功しているのである（川合一九九六）。その後も大橋御園は、平氏方所領という口実でたびたび御家人勢力の乱入に見舞われたが、その都度、荘官《しょうかん》・住民による訴訟と実力行使の両面の活動で没官は阻止され、地頭職設置の危機が回避されている。こうした事例を見れば、当時の在地村落の力量を過小評価することは、決して許されないであろう。

図 55　大橋御園内蓮華寺（三重県度会町）
行恵が住んでいた蓮華寺に武士たちが乱入したが，村々の住民たちの組織的な抵抗にあい，逃げ去っている．

ところで、戦後の中世史研究は、序章でも述べたように、武士＝在地領主階級を古代的な貴族政権と荘園制を打倒していく政治的主体ととらえ、在地領主を組織した鎌倉幕府を封建《ほうけん》国家の端緒と理解して、古代から中世への歴史的発展段階に積極的に位置づけようとした。そしてそうした理解に立って、鎌倉幕府が補任・改替権をもつ荘郷地頭の成立を、在地領主が荘園領主・国司による抑圧的な支配から解放される恩給制度として、高く評価してきた。

しかし現在、こうした鎌倉幕府の歴史的位置づけは大きく変わっている。一九五〇年代末から六〇年代にかけての平安時代の社会経済史研究の進展によって、平安時代末期（院政期）の朝廷・貴族政権や荘園制を古代的ととらえる見解はすでに否定され、荘園制は封建的土地所有の一類型と見なされるようになり、また院・天皇・摂関家を中心とする当該期の朝廷・貴族政権についても、封建国家（中世国家）として理解する見解が通説化しているのである。

荘郷地頭と荘園公領制

荘郷地頭制に関しても、第三章で指摘した通り、敵方本拠地の軍事占領という反乱軍の軍事体制から形成されたものであって、荘園領主・国司の支配体制を否定するものではなかったことは明白である。荘郷地頭の地位や職務は、一二世紀前半に確立した荘園公領制《こうりょうせい》の支配秩序を前提とするものであった。

前述したように、安芸国沼田荘地頭の小早川茂平は、承久の乱に際して都宇・竹原荘と生口島荘を没官し、両荘の地頭職に補任されたが、いま注目したいのは、都宇・竹原荘で京方参加の罪科を問われた前公文の源六守家《げんろくもりいえ》が、その後も地頭茂平によって荘内にそのまま安堵されていた事実である。のちに起こった相論で、地頭茂平側は、守家が荘内の「案内者」であったために赦免したと説明し、このような事例は当庄一所だけに限らないと主張している（小早川家文書）。

ここに、地頭の地域支配の実態がよくあらわれているといえよう。没官領に新領主として臨む地頭にとって、所領支配を円滑に進めるためには、公文職などを相伝して勧農や収納などの荘園経営の実務に熟達した村落領主の組織化が不可欠だったのであり（大山一九七八）、そのためには謀叛人として所領を没官された人物までが活用される場合があったのである。

このように考えてくると、一三世紀半ば前後から頻発するようになる荘園領主・地頭間の相論《そうろん》についても、通常いわれるような地頭の荘園「侵略」が主な要因であったのかどうか、あらためて再検討する余地があるように思われる。例えば、和泉《いずみ》国の国衙領に設置された地頭は、当初、国内の寺社免《じしゃめん》田《でん》（官物《かんもつ》納入が免除された土地）にも地頭米を賦課することが認められていたが、寛喜《かんぎ》三年（一二三一）に始まる寛喜の大飢饉の影響のなかで、幕府は承久以前に成立した寺社免田への賦課を禁止したため、その適用範囲をめぐって国内寺社と地頭の間で相論が巻き起こっていたという（西谷地一九九六）。つまり、地頭の勢力が伸張して各地で紛争が起こったわけではなく、鎌倉時代における気候冷涼化、大飢饉の頻発という過酷な地域社会の実情が、わずかな収益をめぐる荘園領主・地頭間の激しい紛争を生み出していたと考えられるのである。

鎌倉時代に頻発した気象災害の影響については、次節でもう一度検討することにしたいが、現実の社会の厳しさを視野に収めていない素朴な地頭領主制の発展論は、現在の研究段階では見直さねばならないであろう。

2―危機の時代と泰時の政治改革

承久の乱の前後の時期を通して、鎌倉幕府権力の頂点に位置していたのは、前章でも述べたように頼朝《よりとも》の後家北条政子《ほうじょうまさこ》であった。政子は、熊野詣《くまのもうで》を行うために上《じょう》洛《らく》していた建保《けんぽう》六年（一二一八）四月十四日に、出家後であったにもかかわらず、平清盛の妻時子《ときこ》の先例にならって朝廷から従三位《じゅさんみ》に叙され、鎌倉帰着後の十一月十三日にはさらに従二位にのぼった。これ以後、政子は「二位殿」「二位家」と呼ばれ、翌建保七年一月の実朝暗殺後は、実朝に代わり鎌倉殿として幕政を主導した。

北条政子の役割

もちろん、政子は朝廷から征夷大将軍《せいいたいしょうぐん》に補任されたわけではないが、貞永《じょうえい》元年（一二三二）七月に制定された「御成敗式目《ごせいばいしきもく》」（貞永式目）の第七条は、「一　右大将家（源頼朝）以後、代々の将軍ならびに二位殿（北条政子）御時充て給はるところの所領等、本主《ほんしゅ》訴訟に依つて改補せらるるや否やの事」をあげ、頼朝以下頼《より》家《いえ》・実朝《さねとも》の代々の将軍と政子の時代に、御家人に新恩給与された所領については、旧知行者（本主）が所領を回復しようとしてみだりに訴訟を行ってはならないと規定している。北条泰時《やすとき》ら当時の幕府首脳部が、政子の権力を三代の源氏将軍と同等視していたことは明らかである。

中世武士社会における後家が、亡き夫に代わり実質的な家長となって所領や屋敷を管理し、子供たちに継承させていく中継ぎの役割を果たしていたことはよく知られているが、この北条政子や、清盛死後に宗盛《むねもり》とともに平氏一門を統率した平時子は、武家における後家の権力の最大級の事例であろう。鎌倉時代末期から南北朝時代にかけて編纂された年表風の年代記である『鎌倉年代記』『武家年代記』『鎌倉大日記《おおにつき》』などは、いずれも実朝の次の「将軍」として北条政子を掲げ、その在任期間を実朝の殺された建保七年（一二一九）から政子が亡くなる嘉禄《かろく》元年（一二二五）までとしている。後家の権力を正当なものと認識する中世人の感覚では、政子はれっきとした四代将軍（鎌倉殿）だったのである（野村二〇〇〇）。

義時から泰時へ

そして、このような鎌倉殿政子の誕生は、幕府の権力機構にも大きな変化をもたらした。恩賞授与や裁判の結果の通達などの際に用いられた関東下知状《かんとうげちじょう》は、実朝の段階では政所《まんどころ》職員が連署《れんしょ》する形式で多く発給されていたが、政子の代になると、すべて執権《しっけん》北条義時《よしとき》の単独署判《しょはん》で発給《はっきゅう》されるようになるのである。その書止め文言の「仰《おお》せに依つて下知件《くだん》の如し」の「仰せ」とは、姉の政子の仰せであり、義時の役割は、幕府の評議に参加する一構成員から、直接に政子を補佐し、評議を主導する立場に変わったと理解できよう（仁平一九八九）。承久の乱において、後鳥羽院が義時を名指しし、「近曾《さいつころ》関東の成敗と称し、天下の政務を乱す」（小松美一郎氏所蔵文書）と義時追討宣旨を発給したのも、幕政の主導者が誰なのかについて、朝廷が正確にとらえていたことを示している。

こうして鎌倉殿政子を支え、承久の乱を勝利に導いて、戦後処理を推し進めた執権北条義時は、貞応三年（一二二四）六月十三日に、六十二歳で急死した。死因は不明で、当時も様々な憶測が飛び交い、義時の後妻である伊賀氏《いが》（伊賀朝光《ともみつ》の娘）に毒殺されたという噂まで広まった。義時の後継者候補としては、六波羅探題《ろくはらたんだい》として在京していた嫡子泰時のほかに、名越氏《なごえ》の祖となる朝時《ともとき》や、伊賀氏との間に生まれた政村《まさむら》などがいたが、政子はただちに京から泰時を呼び寄せ、六月二十六日に泰時が鎌倉に到着すると、二日後の二十八日には執権に任じた。泰時、四十二歳の時である。政子が事を急いだのは、政所執事の伊賀光宗《みつむね》が、鎌倉在住の参議《さんぎ》一条実雅《いちじょうさねまさ》（能保子息《よしやす》）を将軍に、政村を執権にすえようとする動きを示していたからで、政子は泰時の執権就任について三浦義村《よしむら》の合意を得ると、閏《うるう》七月二十三日には一条実雅を帰京させ、同二十九日には伊賀光宗を政所執事から解任して五二ヵ所の所領を没収、八月二十九日には信濃《しなの》国に配流した。

なお、『吾妻鏡』貞応三年六月二十八日条は、泰時と並んで初代六波羅探題の地位にあった叔父の北条時房《ときふさ》も、泰時とともに「軍営《ぐんえい》の御後見として、武家の事を執り行ふ」ことを政子から命じられたと記し、泰時・時房の執権・連署制（複数執権制）がこの時点で成立したかのように伝えている。しかし、七月十三日の時点で時房は再び入京しており、その後も六波羅探題として翌嘉禄元年（一二二五）六月十五日まで在京して活動していたことが、『明月記《めいげつき》』の記事などで明らかである。また実際に、この時期の関東下知状は泰時の単独署判で発給されており、時房が泰時と並んで連署を行うのは、嘉禄元年に時房が鎌倉に下向してからのことである。時房の連署（副執権）就任は、貞応三年六月の泰時の執権就任時ではなく、一年後の嘉禄元年六月以降であることを確認しておきたい（安田一九六四、上横手一九七〇）。

広元・政子の死

こうして新たに執権となった北条泰時の治世について、南北朝時代に成立した『太平記《たいへいき》』は、「貞応に武蔵前司入道（北条泰時）、日本国の大田文を作りて庄郷を分かちて、貞永に五十一箇条の式目を定めて、裁許《さいきょ》に滞らず。されば上《かみ》あへて法を破らざれば、下《しも》また禁を犯さず。世治まり民すなほなり」（巻第三十五「北野通夜物語の事　付青砥左衛門事」）と記している。泰時が、大田文を作成して荘園・国衙領の境界を明確化し、式目の制定によって裁判を迅速に進めて、自ら決して法を破らなかったために、世の中が治まり、民衆も平穏に暮らした、とその政治を理想化しているのである。

このような泰時に対する高い評価は、南北朝・室町時代には一般的となっており、南朝の重臣北《きた》畠親房《ばたけちかふさ》の著した『神皇正統記《じんのうしょうとうき》』においても、「大方泰時心タヾシク政スナホニシテ、人ヲハグクミ物ニオゴラズ、公家ノ御コトヲオモクシ、本所ノワヅラヒヲトヾメシカバ、風ノ前ニ塵ナクシテ、天ノ下スナハチシヅマリキ」（下「後嵯峨」）とあり、泰時の実直な政治姿勢の前に天下は安穏であったとして、「古き良き時代」の象徴として泰時が取り上げられている。

しかし現実には、泰時の執権期は決して平穏な時代ではなく、幕府は大きな困難に何度も直面した。その最初の難局は、泰時が執権に就任した翌年の嘉禄元年（一二二五）六月に訪れた。すなわち、六月二日に鎌倉殿として御家人を束ねていた北条政子が病に倒れ、八日後の六月十日には幕府草創に多大な功績のあった大江広元《おおえのひろもと》が七十八歳で病死、さらに七月十一日、広元のあとを追うようにして政子が六十九歳で亡くなったのである。藤原定家《さだいえ》の日記『明月記』は、六波羅探題として在京していた北条時房が、姉政子の重病を知って、関東申次《もうしつぎ》の前太政大臣西園寺公経《さきのだいじょうだいじんさいおんじきんつね》のもとを訪れ、「争《いかで》か今一度合《ごう》眼《がん》せざらんや」（嘉禄元年六月十四日条）と語り、六月十五日の夜明け方に慌ただしく出京した様子を伝えている。

京の実務官人出身で、頻繁に鎌倉と京を往復して公武の協調関係を築き、幕府政治の基礎を固めた大江広元と、頼朝の妻、頼家・実朝の母として源氏将軍家を構成し、頼朝と一体のカリスマ的権威をもった北条政子の相次ぐ死は、幕府の根幹を揺るがしかねない重大事件だったのである。

将軍頼経の擁立と合議政治への転換

こうした事態に直面して、執権北条泰時が緊急に行わねばならなかったことは、承久元年（一二一九）七月に将軍後継者として鎌倉に迎え、政子の庇護のもとに養育されていた九条道家《くじょうみちいえ》の子息三寅《みとら》を、将軍（鎌倉殿）に擁立することであり、それと同時に、いまだ八歳にすぎない新将軍の親裁に代わる新たな政治体制を幕府内に構築していくことであった。

泰時は、政子の重病を知って急遽鎌倉に下向した叔父の時房を連署に任じたうえで、まず政治の一新をはかるために、頼朝以来大倉《おおくら》の地にあった将軍御所を宇都宮辻子《うつのみやずし》に移転する計画を進め、政子の死から五ヵ月余り経った嘉禄元年（一二二五）十二月二十日に、三寅は宇都宮辻子に完成した新御所に移ることとなった。そしてその九日後の十二月二十九日、泰時が加冠役《かかんやく》となって三寅の元服《げんぷく》の儀が執り行われ、三寅は名を頼経《よりつね》と改めている。翌嘉禄二年一月十一日、征夷大将軍宣下《せんげ》を朝廷に要請する幕府の使者として佐々木信綱《ささきのぶつな》が京に向かい、一月二十七日には、藤原（九条）頼経は朝廷から正五位下、右少将《うしょうしょう》の官位を与えられたうえ、征夷大将軍に任じられた。元服後に正五位下に叙され、近衛《このえ》少将に任官するのは、当時の摂関家の子弟の例にならったものであり、頼経も摂関家の一員に準じてあつかわれたことが知られる。ここに、摂関家出身で藤原姓の「摂家《せっけ》将軍」が誕生した。

また、頼経が新御所に移った翌日の十二月二十一日、執権泰時・連署時房以下、文筆官僚の二階堂《にかいどう》行村《ゆきむら》・中原師員《なかはらもろかず》や有力御家人の三浦義村らが新御所に集まり、「評議始《ひょうぎはじめ》」が行われ、執権が運営する評定会議が制度化された。この評定会議《ひょうじょう》は、執権・連署のほか十数名の評定衆が参加し、その合議によって政務を決定するもので、将軍は評定会議に出席せず、評定の決定事項を評定事書《ことがき》(要旨)の形で閲覧するだけとなった(仁平一九九二)。評定会議は、最終的決定権を将軍(鎌倉殿)が握っていたそれまでの幕府政治の在り方を、根本的に変える意義をもっていたのである。

副執権である連署の設置も含めて、こうした合議政治への転換は、将軍権力に対抗する北条氏の権力拡大という通俗的な見方では決して理解することはできず、御家人結集の核であった北条政子の死によって、弱体化する危険性のある幕府権力をいかにこれからも存続させていくか、という危機に対応した泰時の政治改革として理解するべきであろう(上横手一九九一)。

なお、嘉禄元年十二月に開かれた「評議始」では、新御所の警固体制について審議され、それまで東の小侍《こざむらい》(詰所)にのみ御家人が祗候《しこう》していた状態を改め、西の侍にも御家人を詰めさせて強化をはかるとともに、遠江国《とおとうみ》以東一五ヵ国の御家人を番に編成して諸門の警固にあたらせることが決定された。こうして、京都大番役《おおばんやく》にならって鎌倉大番役が整備されたが、この政策は、新将軍頼経の御所を東国御家人に交替で警固させることによって、その権威を演出しようとする意図も込められていたと考えられる。

将軍九条頼経は、五年後の寛喜二年(一二三〇)十二月九日に、二代頼家の娘である竹御所《たけのごしょ》と結婚した。頼経十三歳、竹御所二十八歳の時である。竹御所は、父頼家が殺害されたのちは政子の保護を受けて成長したと推測され、政子の死後は源氏将軍家の仏事を主宰する立場にあった。とすれば、この婚姻についても、源氏将軍の血を引かない将軍頼経の権威を、竹御所の存在によって補完しようとしたものと理解されよう（野口一九九八、金二〇〇一）。幕政に合議制を導入した泰時や時房は、一方ではこのように将軍頼経を荘厳化する政策を次々と打ち出し、幕府権力の維持に必死に取り組んでいたのである。

気候冷涼化と寛喜の大飢饉

次に執権泰時の治世を襲ったのは、気象災害であった。近年の中世史研究の大きな特徴の一つは、自然科学の気候変動論を積極的に取り入れて、一三世紀から一六世紀にいたる日本の鎌倉・室町・戦国時代が、小氷期（リトルアイスエイジ）にあたっていたことに注目し、気候の冷涼化が中世社会に与えた影響を正面から検討するようになったことである（磯貝二〇〇二・二〇〇七、藤木二〇〇一・二〇〇七、峰岸二〇〇一）。ヨーロッパでは、一二〇〇年代からアルプスの氷河の前進が始まっており、気候の冷涼化が地球的規模で進んでいたことが知られるが（鈴木一九九〇）、日本列島においても、鎌倉時代には何度も大冷害が発生し、寛喜の大飢饉（一二三一年）や正嘉《しょうか》の大飢饉（一二五九年）などの大飢饉が断続的に社会を襲った。

泰時の執権就任から六年後の寛喜二年（一二三〇）、日本列島は想像を絶する冷夏に見舞われた。現在のグレゴリオ暦では七月下旬にあたる六月前半に、美濃・信濃・上野《こうずけ》などの諸国では大雪が降ったことが諸史料から確認され、七月には京や鎌倉でも霜《しも》が降りたと伝えられる。京で生活していた藤原定家も、『明月記』寛喜二年六月十日条に「袷衣《こうい》忽ち寒冷なり。綿衣《わたぎぬ》を取り出し之を着す。六月の冷気、未だ之を見聞せず。其の吉凶の事を知らざるか」と、あまりの冷気に真綿《まわた》を入れた衣を着込んだことを記している。また八月と九月には暴風雨が九州・近畿・関東地方を襲い、冬になると逆に暖かくなって十一月に京周辺では桜が咲いた。稲作のみならず、冬の異常高温が冬作麦にも打撃を与え、全国各地から五穀《ごこく》損亡の知らせが、京・鎌倉に続々と寄せられた。

翌寛喜三年（一二三一）に入って、平常年でも食糧の備蓄が底をつき、死者が増加する春から夏になると（田村一九九四）、京周辺では疫病が流行し、餓死者が道路に充満する惨状を呈するようになった。藤原定家の所領である伊勢国小阿射賀御厨《こあざかのみくりや》では、「小阿射賀庄民、六月二十日の比より近日に至り六十二人死去す」（『明月記』寛喜三年七月十五日条）と、わずか一ヵ月足らずの間に六二人の餓死者が出たとされており、この飢饉の凄まじさを伝えている。

公武政権の飢饉対策

寛喜三年（一二三一）三月、執権北条泰時は「今年世上飢饉し、百姓多く以て餓死せんと欲す」という状況に対処するため、守護分国として国務知行権を有した伊豆《いず》・駿河《するが》両国において、「倉廩《そうりん》を有する輩」（米倉をもつ富裕者）に対して出挙米《すいこまい》を百姓に貸し付けるように命じ、もし返済不能になった場合は自分が肩代わりして返済する保証を与えている（『吾妻鏡』寛喜三年三月十九日条）。翌寛喜四年三月にも、泰時は伊豆国仁科《にしな》荘民の「飢饉に依り餓死に及ぶの間、意ならず農業の計を抛《なげう》つ」という訴えを受け、出挙米三〇石の下行《げぎょう》を命じ、ここでも「も

図56　『餓鬼草紙』
平安時代末・鎌倉時代の大飢饉に取材し，その惨状をいまに伝える．

し彼等弁償せずんば、御沙汰として糺返せらるべし」と返済の保証を行った（『吾妻鏡』寛喜四年三月九日条）。

こうした泰時の政策の特徴は、自らの保有米を直接に民衆に放出する形態ではなく、返済を保証することで地域社会の富裕者（有徳人《うとくにん》）による出挙を機能させ、窮民を救おうとするものであった（藤木二〇〇一）。泰時が下行《げぎょう》を命じた出挙米の総額は、貞永元年（一二三二）十一月までに九〇〇〇余石に達したという。第三章で述べた通り、養和の大飢饉に際して、朝廷は京中在家を調査して富裕者の把握を行ったが、「これ天下飢餓の間、富を割《さ》き貧に与ふるの義なり」（『玉葉《ぎょくよう》』治承五年二月二十日条）とされたように、この場合も富裕者に出挙米を貸し出させて京中の飢民《きみん》を救おうとしたものと考えられる。寛喜の大飢饉で泰時が打ち出した飢饉出挙の対策は、伊豆・駿河二国だけでなく、各国の知行国主・国司や荘園領主を通じて、より広い範囲で行われていたと判断するのが妥当であろう。

また、泰時は美濃国高城西郡大榑《おおくれ》荘の所領一〇〇〇余町の年貢を、すべて東山道《とうさんどう》の宿駅であった同国の株河《くいぜがわ》（杭瀬川）駅にまわして、飢えのために故郷を離れて往来する浪人たちに施すこととし、縁者を尋ねていく者に対してはその行程の日数を計算して食糧を与え、行き先のない者に対しては近隣荘園の百姓に預け置く措置をとっている。

一方の朝廷も、寛喜三年五月三日に将軍頼経の父である関白九条道家の召集により、「天下飢饉の事」に関する殿下評定《でんかひょうじょう》が開かれ、「改元《かいげん》の事」や「賑給《しんごう》の事」（律令制以来の貧窮者に対する食料・衣料の支給制度）、「御祈《おいのり》の事」などについて議論が行われた（『民経記《みんけいき》』同日条）。直接的な飢民救済である「賑給」については、すでにこの時代には有名無実化していたが、権中納言《ごんのちゅうなごん》藤原頼資《よりすけ》はたとえ一〇〇石でも五〇石でも救恤《きゅうじゅつ》を行うことが天意にも叶うと主張し、参会者一同が一致して実施を決めている。

同年十一月三日には、四二ヵ条からなる新制《しんせい》が発布され、寺社の復興、朝廷公事の興行、過差《かさ》の禁止、出挙利息の制限など、大飢饉のなかで社会秩序を建て直す基準が示された。さらに寛喜四年二月二十六日には、「民の命を続ぐ穀」である麦を確保するために、上下諸人が麦の青苗を牛馬の飼料に用いることを停止する宣旨が発給され（『民経記』同日条）、朝廷も飢饉対策に追われている様子がうかがえる。

しかし他方では、朝廷は伊勢神宮《いせじんぐう》に公卿勅使《くぎょうちょくし》を発遣《はっけん》することを決定し、寛喜三年十月九日に権中納言藤原隆親が勅使となって一行八〇〇余人が飢饉の沈静化を祈るために伊勢に向かった。それにかかる莫大な費用は、公卿勅使駅家《うまや》雑事《ぞうじ》として街道筋の近江《おうみ》・伊勢両国に一国平均役《いっこくへいきんやく》として賦課《ふか》され、飢えに苦しむ人々をさらに苦しめることになったのである（磯貝二〇〇七）。

飢饉の法と御成敗式目

執権泰時と連署時房は、寛喜の大飢饉が始まると守護や地頭の所務を明確化する個別法令を出して、地域社会の疲弊に対処しようとしているが、そうした飢饉のなかの特別立法として従来から注目されてきたのは、幕府の人身売買容認令である。すなわち、「寛喜三年餓死の比、飢人として出来の輩は、養育の功労につきて、主人の計らひたるべきの由、定め置かれ畢んぬ」（鎌倉幕府追加法一一二条）とあるように、寛喜三年の飢饉の時に飢えた人を買い取って養育すれば、主人は奴隷として支配しても構わない、と定めたのである。

朝廷・幕府は、基本的に人身売買を禁止する政策をとっていたから、この容認令はあくまで飢饉の年の時限立法であり、飢えた人々を餓死から救うぎりぎりの方策として打ち出されたものであった（大山一九七四、藤木二〇〇一）。したがって、飢饉がおさまれば当然禁止されることになるが、幕府が再び人身売買禁止令を出すのは延応《えんおう》元年（一二三九）四月になってからのことであり、寛喜の大飢饉の甚大な影響は一〇年近くにわたって続いたと理解できよう（西谷地一九九八）。

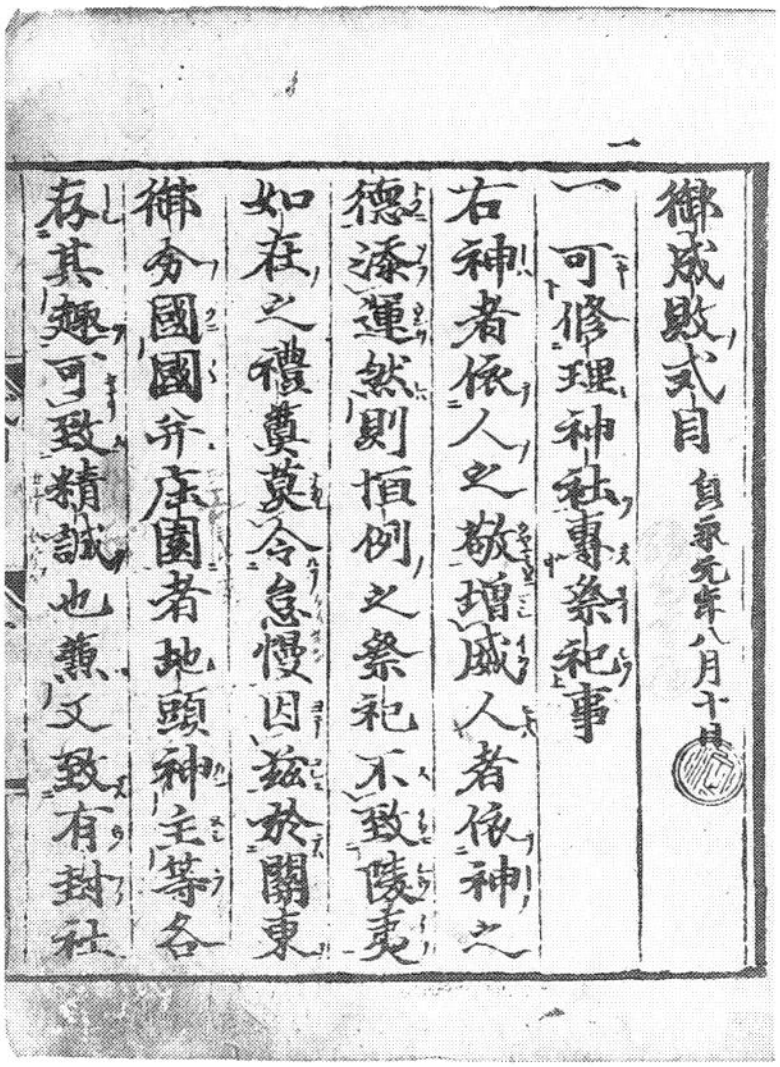
御成敗式目　貞永元年八月十日
一　可修理神社専祭祀事
右神者依人之敬増威、人者依神之
徳添運、然則恒例之祭祀不致陵夷、
如在之禮奠莫令怠慢、因茲於関東
御分國々并庄園者、地頭神主等各
存其趣、可致精誠也、兼又致有封社

図57　『御成敗式目』享禄版本

ところで、武家最初の基本法典である「御成敗式目」（貞永式目）も、まさにこの寛喜の大飢饉が展開していた貞永元年（一二三二）に制定された。寛喜四年四月二日、朝廷は飢饉終息を願って「寛喜」から「貞永」に改元したが、執権泰時は翌五月から法に詳しい評定衆の三善康連《みよしやすつら》らを中心に式目の編纂に着手させ、七月十日には評定の場における「理非決断《りひけつだん》」（公正な判決）を神仏に誓う執権・連署以下評定衆全員の連署起請文《きしょうもん》を作成したうえで、八月十日に五一ヵ条からなる御成敗式目を施行した。

泰時は九月十一日に六波羅探題であった弟重時に宛てた書状で、式目制定の趣旨について「凡そ法令のおしへ（教）めでたく候なれども、武家のならひ民間の法、それをうかゞひしりたる物は百千が中に一両もありがたく候か」と、律令以来の法令は立派なものであるが、貴族社会と異なる生活慣習と法意識をもつ武士のなかで、律令法を理解し納得している者はほとんどいないとして、「かねて御成敗の体《てい》を定めて、人の高下《こうげ》を論ぜず、偏頗《へんぱ》なく裁定せられ候はんために、子細記録しをかれ候者なり」と、幕府法廷で公平な裁判を行うために、あらかじめその基準となる基本法典を編纂したと述べているのである（御成敗式目後付）。

なお、現在伝えられている式目五一ヵ条のうち、三六条以下は後年に付加編入されたもので、貞永元年に制定された式目の原形とは異なるという有力な学説も提起されており（佐藤一九八三）、今後さらなる検討が必要である。ただ、前述したような頼朝以下の将軍と政子の時代に御家人に給与された所領については、旧知行者がみだりに訴訟を行ってはならないとする不易法《ふえき》（第七条）や、実際に知行して二〇年を過ぎていれば、理由のいかんを問わずその知行を保証するという年紀法《ねんき》（第八条）などの規定を見れば、式目が「右大将家の御時の例」という源頼朝以来の先例や理念を尊重し、直接の言及はないものの、寛喜の大飢饉の影響で訴訟が増大するなかで、公平な幕府裁判の確立を目指して制定されたものであったことは確かであろう（大山一九七四、磯貝二〇〇七）。

もちろん幕府法廷があつかう案件は、地頭・御家人が関わる訴訟や没官領に関係する訴訟などに限られていたが、泰時は式目を諸国の守護所や地頭に配布して、国中御家人への周知を命じている。そしてこれ以後、本所（荘園領主・国司）と御家人の間の相論において、幕府は第三者の立場から理非判断を行う機関として機能するようになるのである（古澤一九九一）。

都市鎌倉と交通網の整備

執権北条泰時は、こうして様々な危機に対応するなかで政治改革を進めていったが、最後にもう一つ泰時が行った事業として、都市鎌倉と交通網の整備について見ておくことにしたい。

貞応二年（一二二三）四月十七日、鎌倉を訪れた『海道記《かいどうき》』の作者は、「中ノ斜ニ湯井浜《ゆいのはま》ニオチツキヌ。暫《しばらく》休テ此処ヲミレバ、数百艘ノ船ドモ、縄《つな》ヲクサリテ大津《おおつ》ノ浦ニ似タリ。千万宇ノ宅《いえ》、軒ヲ双《ならべ》テ大淀渡《おおよどのわたり》ニコトナラズ」と記している。承久の乱から二年後のこの段階で、鎌倉の由比ヶ浜《ゆいがはま》には数多くの船が停泊し、家々が建ち並んでいる情景を伝えており、当時の鎌倉では海岸部を中心に交易や商業が盛んになっていたことがうかがえる。

しかし、よく知られているように鎌倉の海浜は遠浅で、港としては条件が良くなかったため、貞永元年（一二三二）七月十二日に、往阿弥陀仏《おうあみだぶつ》と名乗る勧進聖《かんじんひじり》が、船舶の着岸の便のために鎌倉海岸の東南の隅（飯島岬《いいじまみさき》）に人工島を築造することを泰時に申請した。泰時は喜んでこの工事を後援し、御成敗式目施行の前日にあたる八月九日に和賀江島《わかえじま》が完成した。和賀江島は、鎌倉幕府直轄の港湾として繁栄し、材木や中国からの輸入陶磁などがここで陸揚げされ、材木をあつかった商人たちの同業組合である「材木座」の地名が付近に残されている。現在はすっかり崩れて海中に没しているが、大潮の干潮時になると、西方に向けて長さ二〇〇㍍《メートル》にも及ぶ累々たる石積みが姿をあらわし、往時の様子をしのぶことができる。

泰時が将軍頼経の擁立に合わせて、嘉禄元年（一二二五）十二月に宇都宮辻子に将軍御所を新造したことはすでに述べた通りであるが、鎌倉に都市としての行政制度を導入したのも泰時であった。泰時は鎌倉の家地の面積をあらわすのに町段歩《ちょうたんぶ》制ではなく、京や南都と同様に丈尺《じょうしゃく》制を用いることとし、京で使われていた戸主《へぬし》という家地の基本単位（一戸主は口五丈、奥一〇丈）も鎌倉に導入した。また都市行政の組織としては、保《ほう》という単位を京にならって置くこととし、保の奉行人が管内の日常的な警察活動や商業統制、道路管理などにあたった。さらに嘉禄二年（一二二六）八月には、この時期に信用が崩壊していた准布《じゅんぷ》による貢納《こうのう》の代わりに、泰時は朝廷とともに宋銭《そうせん》の使用を追認する政策をとり、宋銭は公武政権の出納にまで入り込んでいった（中島一九九九）。こうして鎌倉は、六波羅探題として在京経験をもつ執権泰時・連署時房のもとで都市として整備され、寛喜の大飢饉の打撃を受けながらも経済的に発展していったのである。

なお、泰時は鎌倉市中だけでなく、鎌倉と周辺を結ぶ道路の整備にも力を入れ、仁治《にんじ》元年（一二四〇）十月には、鶴岡八幡宮《つるがおかはちまんぐう》脇から北に向かって得宗《とくそう》（北条氏家督）領山内荘《やまのうち》に通じる巨《こ》福呂《ぶくろ》坂《ざか》の切通しを造営し、翌仁治二年四月からは、東京湾に面した六浦《むつらの》津《つ》と鎌倉を結ぶ六浦道（朝比奈《あさひな》の切通し）の開削工事を行った。三方を山で囲まれた鎌倉の出入り口を整備し、そこを幕府の管理下に置くことは、鎌倉街道上道《かみみち》や東海道などの大道《だいどう》と鎌倉を有機的に結びつけるきわめて重要な政策であった。特に関東平野の大動脈であった鎌倉街道上道は、幕府直轄軍としての性格が強い武蔵武士団が、「いざ鎌倉」の際に鎌倉に馳《は》せ下る軍用道路でもあり、軍事力を恒常的にプールできない狭小な鎌倉に拠点を置く幕府権力にとっては、生命線であったからである。

図 58　朝比奈の切通し
北条泰時が整備したルートの一つで，鎌倉市と横浜市金沢区を結ぶ.

仁治三年（一二四二）八月に、京から東海道を通って鎌倉に向かった『東関紀《とうかんき》行《こう》』の作者は、三河《みかわ》国の本野《ほんの》原《はら》において「故武蔵《(北条泰時)》の司、道のたよりの輩におほせて植へをかれたる柳も、いまだ陰とたのむまではなけれども、かつ〴〵まづ道のしるべとなれるも哀也」と述べ、泰時が東海道を往来する人々のために、沿道の住民たちに命じて柳を植えさせたという興味深い事実を伝えている。泰時による都市鎌倉の整備事業は、鎌倉を結節点とする交通網の整備にまで及んでいたのである。

3――新たな公武関係の展開

西園寺公経と九条道家

承久の乱後、朝廷で最も重きをなしたのは、養育していた外孫の三寅（九条頼経）の鎌倉下向を推進し、乱に際して親幕派公卿として後鳥羽院に幽閉された大納言西園寺公経であった。公経は、乱後の承久三年（一二二一）閏十月に内大臣、翌貞応元年（一二二二）八月には太政大臣にのぼり、翌貞応二年四月に辞職したのちも、公武間の交渉窓口である関東申次の地位にあって権勢を振るった。

その公経の娘婿であった九条道家は、承久の乱の責任を問われて摂政《せっしょう》を更迭されたが、嘉禄二年（一二二六）一月に子息頼経が征夷大将軍となったことで、その頃から公経とともに道家も関東申次を務めるようになったと推測され、安貞《あんてい》二年（一二二八）十二月には、公経の支援を得て近衛《このえ》家実《いえざね》に代わって関白に任じられた。

寛喜の大飢饉が展開していた寛喜三年（一二三一）七月、道家は関白を嫡子教実《のりざね》に譲るものの、摂関家の大殿としてその後も国政を主導し続け、同年十一月には前述のように四二ヵ条からなる寛喜三年新制を発布した。また天福《てんぷく》元年（一二三三）五月には、「徳政《とくせい》」として重代・非重代の人材をバランスよく登用する「任官叙位《にんかんじょい》」と、権門《けんもん》や女房《にょうぼう》らによる介入を防ぐ「訴訟決断」の整備を求める奏状《そうじょう》を執筆し、後白河院・後鳥羽院以来混乱している朝廷の政治秩序を建て直す方針を示している（井上二〇〇八）。

一方で道家は、寛喜元年（一二二九）十一月に娘竴子《よしこ》を入内させて、翌年二月には後堀河《ごほりかわ》天皇の中宮《ちゅうぐう》とし、貞永元年（一二三二）十月四日には、承久の乱後に幕府が擁立した後堀河天皇を、彗星《すいせい》の出現を理由にして幕府の賛同がないままに退位させ、竴子の生んだ二歳の秀仁《みつひと》親王（四条《しじょう》天皇）を閑院《かんいん》内裏《だいり》において践祚《せんそ》させた。そして、文暦《ぶんりゃく》二年（一二三五）三月に子息教実が二十六歳の若さで亡くなると、道家は再び摂政の地位につき、嘉禎《かてい》三年（一二三七）三月には摂政を娘婿の近衛兼経《かねつね》に譲って、九条家と近衛家の提携をはかっている。

将軍頼経の上洛

そうした大殿《おおとの》九条道家の最大の権力誇示の場となったのが、嘉禎四年（一二三八）に行われた将軍頼経の上洛であった。将軍（鎌倉殿）の上洛は、建久《けんきゅう》六年（一一九五）の源頼朝の二度目の上洛以来、実に四三年ぶりのことである。二月十七日、二十一歳に成長した頼経が、執権北条泰時や連署時房、御家人三浦義村らを引き連れて入京する大行列を、道家は西園寺

図59　篝屋（『一遍聖絵』）

公経が白河《しらかわ》辺に設営した桟敷《さじき》で前関白近衛家実らとともに見物している。

頼経や泰時・時房などの幕府首脳は、十月十三日に鎌倉に向けて出京するまで、およそ九ヵ月にわたって京に滞在した（嘉禎四年は閏二月がある）。頼経は二月二十二日にまず祖父公経、続いて父道家と対面し、在京中は道家が催す九条家の諸行事に積極的に参加した。例えば、四月十日に盛大に挙行された弟の福王《ふくおう》（法助《ほうじょ》）の仁和《にんな》寺入室《じにゅうしつ》の儀式では、父道家に兄弟の右大臣良実《よしざね》・権大納言実経《さねつね》とともに将軍頼経も扈従《こしょう》して、道家の権勢が公家《くげ》・寺家《じけ》・武家に及んでいることを誇示する役割を果たしている。六月十九日には、都大路の辻々に篝屋《かがりや》が設置されることが決まり、西国御家人による夜間の洛中警固体制が整備されることになったが、この篝屋の設置も、父道家の要請を受けて頼経が執権泰時に働きかけたものと推定される（森二〇〇五）。

また、頼経は四年前の天福二年（一二三四）七月に妻の竹御所を難産で失っていたが、この上洛中に、道家の計らいによって持明院家《じみょういんけ》から「御台所《みだいどころ》」、二条家《にじょうけ》から「二棟御方《ふたむねおんかた》」と呼ばれる二人の妻を迎えた。両人ともこれまで九条家や西園寺家と婚姻関係を結んできた家柄の出身であり、将軍頼経も摂関家である九条家の一員として、その家秩序のなかに包摂されたと理解されよう（金二〇〇二）。翌延応元年（一二三九）十一月には、頼経と二棟御方の間に次期将軍となる頼嗣《よりつぐ》が生まれており、鎌倉においてまさに「摂家将軍」の家が形成されていったのである。

後鳥羽院怨霊説の展開と後嵯峨天皇の擁立

このような「摂家将軍」家の形成は、従来の公武協調や公武対立という枠組みでは理解できない構図を、鎌倉時代政治史のなかにつくり出すことになった。朝廷政治を主導する大殿九条道家が将軍頼経と結合を強める一方で、幕府政治を主導する執権北条泰時は、その姉妹を妻とする前内大臣土御門定通《つちみかどさだみち》（源通親子息）などと連携し、朝廷・幕府を横断する複数の政治勢力の協調と対立のもとで政治史が展開するようになるのである。

そうした状況のなかで、大殿九条道家と執権北条泰時が最も鋭く対立した政治課題は、承久の乱の戦後処理の継続についてであった。承久の乱後、幕府が後鳥羽・順徳・土御門の三上皇を「謀叛人」として配流《はいる》に処したことは、第六章において述べた通りであるが、文暦二年（一二三五）三月、道家と摂政教実は上洛していた評定衆の中原師員を通じて、すでに没した土御門を除く、後鳥羽・順徳両上皇の配所からの帰京を幕府に申し入れているのである。

それでは、なぜ乱後十数年も経ったこの段階で、道家は両上皇の帰京を要請したのだろうか。それは、道家の権力が一方では将軍頼経と結んで親幕的な性格をもちながら、他方では道家の姉が順徳の中宮立子《たつこ》（東一条院《ひがしいちじょういん》）であり、道家の周辺には後鳥羽院や順徳上皇に連なる貴族たちが集まっていたからであろう（井上二〇〇八）。そしてもう一つここで注目したいことは、天福元年（一二三三）九月に、後堀河の中宮で四条天皇の母である、娘の藻壁門院《そうへきもんいん》竴子が出産に際して二十五歳の若さで急死し、翌天福二年五月には甥の懐成《かねなり》（仲恭《ちゅうきょう》天皇）が十七歳で、さらに同年八月には後堀河上皇が二十三歳で亡くなり、道家に近い重要人物が次々と死去していることである。京では配所の後鳥羽院の「御怨念」によるものと囁かれており、こうした怨霊《おんりょう》説の広まりも背景にあって、翌年三月の道家による後鳥羽・順徳の帰京要請がなされたと考えられよう。

しかし、五月になって道家のもとに届いた幕府からの回答は、将軍頼経からの返書はなく、「家人等一同に然るべからざる由の趣《おもむき》を申す」（『明月記』文暦二年五月十四日条）を伝える執権泰時の書状だけであった。幕府は、承久の乱の戦後処理を、この時点でも変更しようとはしなかったのである。

結局、後鳥羽院は二度と都の土を踏むことなく、延応元年（一二三九）二月に配所の隠岐《おき》で六十歳の波乱に満ちた生涯を閉じた。そして同年十二月には、幕府の重臣で、承久の乱では泰時の後見として西上軍の総司令官として活躍した三浦義村が死去し、さらに翌延応二年一月には、乱に際して泰時とともに軍勢を率いて京に攻めのぼった連署の北条時房も六十六歳で亡くなった。乱からすでに二〇年近く経過し、乱の立役者たちの死が偶然に続いただけであるが、京では後鳥羽院の怨霊によるものと盛んに喧伝《けんでん》された。

その後鳥羽院の怨霊説が最も高まったのは、仁治三年（一二四二）一月九日に、十二歳の四条天皇が閑院内裏において転倒して急死し、幕府が承久の乱後に擁立した後堀河皇統が断絶した時である。九条道家は、同日中に関東に使者を派遣して、順徳皇子の忠成《ただなり》と土御門皇子の邦仁《くにひと》のいずれを皇位につけるべきかを幕府に打診したが、道家は九条家と関係の深い順徳上皇の皇子忠成を推しており、西園寺公経もそれに賛同していた。

図60　九条道家画像

しかし、一月十九日夜に京に到着した幕府の使節安達義景《あだちよしかげ》は、道家・公経の期待に反して、土御門皇子の邦仁の即位を要求するものであった。邦仁の後見である前内大臣土御門定通は、執権泰時や六波羅探題重時《しげとき》の姉妹を妻としており、定通による泰時への働きかけがあったことは疑いないが、泰時は、すでに亡くなっている土御門上皇が承久の乱に積極的に関与しなかった事実を重視するとともに、忠成の即位が、佐渡に生存中の順徳上皇の帰京や政治的復権に結びつくことを恐れたのである。

こうして翌日の一月二十日、冷泉万里小路《れいぜいまでのこうじ》殿《どの》において二十三歳の邦仁が践祚し、後嵯峨《ごさが》天皇が誕生した。参議藤原経光《つねみつ》は、「帝位《ていい》の事、猶東夷《とうい》の計らひなり。末代の事、悲しむべきものか」（『民経記』仁治三年一月十一日条）と記し、幕府による皇位干渉を批判しているが、泰時による後嵯峨天皇の擁立は、承久の乱の戦後処理政策の維持という固有の政治状況のなかで理解するべき問題であり、皇位干渉それ自体が目的では決してなかったのである。

そして、この後嵯峨天皇の践祚から五ヵ月後の仁治三年六月十五日、今度は執権泰時が赤痢《せきり》にかかって六十歳の生涯を終えた。藤原経光は泰時について「性稟廉直《せいひんれんちょく》、道理を以て先となす。唐堯《とうぎょう》・虞舜《ぐしゅん》の再誕と謂ふべきか」（『民経記』仁治三年六月二十日条）と記し、中国古代の伝説上の聖王である堯・舜の再来とまで評価している。一方、前関白近衛兼経は泰時のことを「極重悪人」と呼んで、その死を平清盛になぞらえており（『民経記』仁治三年六月二十六日条）、当時の貴族社会ではその評価は多様であったことが知られる。しかしそれにもかかわらず、前述したように、後世に泰時の治世が理想化されたのは、泰時の擁立した後嵯峨皇統が朝廷内で定着することにより、後嵯峨天皇の即位をもたらした泰時の政治を、むしろ正当化する見方が貴族社会に広がったためと考えられる。

寛元四年の政変と宝治合戦

泰時には後継者となる子息が早世《そうせい》していたため、次の執権となったのは、泰時の嫡《ちゃく》孫《そん》でいまだ十九歳の経時《つねとき》であった。将軍頼経より若い執権の登場であり、連署は時房死後しばらく空席の時期が続くこととなった。

経時は、執権に就任すると精力的に訴訟制度の刷新に取り組み、寛元《かんげん》元年（一二四三）二月二十六日には、経時邸で評定会議を開き、諸人の訴訟裁決を滞りなく進めるために一三人の評定衆を三番に分け、各番が交替で出仕することを定めている。また同年九月二十五日には、経時は、訴訟の評定事書（判決要旨）を将軍が閲覧したのちに、正式の判決文である下知状を発給するというこれまでのシステムを改め、以後は迅速化をはかるため、将軍の閲覧手続きを省くことを関係機関に指令している。この決定は、幕府の裁判権行使者が将軍ではなく、執権であることを内外に表明したものと理解でき（佐藤一九八三）、将軍頼経と執権経時の間に厳しい緊張関係が生じていることがうかがえる。

寛元二年（一二四四）四月、執権経時は頼経に迫って将軍をわずか六歳の頼嗣に譲らせ、翌寛元三年七月には経時の妹檜皮姫《ひわだひめ》を頼嗣の御台所にして、将軍家と得宗家との関係修復をはかっている。しかし、将軍を辞した頼経はそのまま鎌倉に残り、大殿として将軍頼嗣を後見していたため、事態は変わらないままであり、一方の経時はこの頃から病気がちとなり、寛元四年（一二四六）三月二十三日には執権の地位を二十歳の弟時頼《ときより》に譲り、閏四月一日に病死した。

新たに執権となった北条時頼は、五月二十四日、突如として兵を出して鎌倉市中の辻々を固め、翌日には、頼経と

図 61　北条時頼木像

結んでいた北条一門の名越光時《みつとき》・時幸《ときゆき》兄弟を出家させ、頼経近習《きんじゅう》の藤原定員《さだかず》を拘束した。六月七日、頼経派と目されていた後藤基綱《ごとうもとつな》・藤原為佐《ためすけ》・千葉秀胤《ちばひでたね》・三善康持《やすもち》を評定衆から罷免し、六月十三日に名越光時を伊豆に配流したうえで、七月十一日には前将軍頼経を鎌倉から京に送還している。

朝廷では、寛元四年一月に後嵯峨天皇が皇子久仁《ひさひと》（後深草天皇）に譲位して、後嵯峨院政が始められていたが、八月二十七日に、時頼は六波羅探題重時を通じて今回の事件について後嵯峨院（上皇）に報告するとともに、九条道家の関東申次を更迭《こうてつ》することを通告し、朝廷においては適正な叙位・除目《じもく》を行い、徳政を興行するよう要請した。十月十三日にも、時頼の使者が上洛して、関東申次として西園寺実氏《さねうじ》（公経子息）を指名し、再度徳政を行うように申し入れている。

この幕府の徳政要求に基づいて、後嵯峨院のもとに主として所領関係訴訟をあつかう院評定制が整備されることとなり、一回目の評定が十一月三日に開催された。評定衆となったのは、太政大臣西園寺実氏・前内大臣土御門定通・内大臣徳大寺実基《とくだいじさねもと》・中納言吉田為経《よしだためつね》・参議葉室定嗣《はむろさだつぐ》の五人で、毎月六回、後嵯峨院の臨席のもとに院中で開かれることを原則とした（橋本一九七六）。また幕府でも、建長《けんちょう》元年（一二四九）十二月に、御家人訴訟を中心に審議する機関として引付《ひきつけ》が評定のもとに設置され、経時の代から始められた訴訟制度の改革が時頼のもとでも進められている。

宝治《ほうじ》元年（一二四七）六月五日、時頼は三浦光村《みつむら》が前将軍頼経に接近したことを理由に、外祖父安達景盛《かげもり》の援軍を得て、幕府草創以来の北条氏の盟友であった三浦氏をついに滅亡させた。いわゆる宝治合戦である。この合戦で、三浦泰村・光村以下一族五〇〇余人が頼朝の墓所である法華堂《ほっけどう》に籠もって自害をとげた。

こうなると、もはや将軍頼嗣の追放も時間の問題である。建長四年（一二五二）四月一日、頼嗣に代わって後嵯峨院の皇子宗尊《むねたか》親王が十一歳で将軍として鎌倉に迎えられた。ここから、また新たな幕府体制が模索されていくのである。

終章　公武政権と内乱・飢饉・東アジア

本書は、保元《ほうげん》・平治《へいじ》の乱の直後にあたる一一六〇年から、執権北条時頼《しっけんほうじょうときより》が九条道家《くじょうみちいえ》・頼経《よりつね》（頼嗣《よりつぐ》）の勢力を鎌倉から排除した一二五二年まで、平安時代末期から鎌倉時代中期までのおよそ九〇年にわたる政治史の流れを追究してきた。この九〇年を一言でいうならば、戦乱と飢饉《ききん》が未曾有《みぞう》の規模で展開し、そのなかで公家《くげ》・武家《ぶけ》・寺家《じけ》を含み込む中世国家の全体的在り方が大きく変容した時代であった、ということになろうか。鎌倉幕府権力の形成と展開も、実はそうした中世国家の変容の現象としてとらえることができる。

平氏権力と鎌倉幕府権力

平清盛《たいらのきよもり》の権力については、従来は「おごり」に満ちた独裁的権力として描く『平家物語』の影響もあって、実態以上に強大な印象がもたれているが、基本的には朝廷を中心とする国家体制内で成長した軍事権門《けんもん》であり、国政への関与についても、摂関家の大殿《おおとの》に擬せられた清盛の立場に基づくもので、従前の朝廷の国政運営方式に沿って行われていたことに注意したい。もちろん、安元《あんげん》三年の政変や治承《じしょう》三年のクーデタを引き起こし、後白河《ごしらかわ》院政に軍事的に介入するものの、それは高倉《たかくら》親政・院政の実現を目指すものであって、ただちに独裁的な平氏政権が樹立されたとはいえないであろう。

一方、鎌倉幕府権力については、例えば守護《しゅご》・地頭《じとう》が「文治勅許《ぶんじちょっきょ》」によって設置されたと考えられてきたように、これまでは朝廷からの頼朝に対する公権委譲に基づいて形成されたと理解されてきた。しかし実際には、本書で明らかにしたように、鎌倉幕府の守護（惣追捕使《そうついぶし》）・地頭制は、東国の反乱軍の軍事体制として形成されたものであり、治承・寿永《じゅえい》の内乱（源平内乱）の展開のなかで幕府権力は生み出されてきたといえる。鎌倉幕府が平氏権力とは異なり、東国の「鎌倉」を拠点に成立したという自明の事実自体、頼朝が平治《へいじ》の乱で伊豆《いず》に配流《はいる》され、やがてその地で反乱軍を立ち上げて軍事的に成長し、関東から動かないまま朝廷から軍事権門として追認されるという、内乱の特殊な政治状況と切り離しては、決して理解できない問題なのである。

日本の中世国家において、正統な武家権力の在り方はむしろ平氏権力の方であり、鎌倉幕府権力は、治承・寿永の内乱（源平内乱）という全国的内乱の歴史的所産であったと結論づけることができよう。

大飢饉と公武政権の動向

従来、中世の公武関係については、鎌倉幕府・室町幕府がいかに王朝権力を吸収していくかという「権限吸収」の枠組みから検討され、王朝権力の吸収が完了した足利義満《あしかがよしみつ》の段階にいたって、武家政権が確立したと論じられてきた（佐藤一九九〇）。しかし、最近の南北朝・室町時代の公武関係研究は、当時の公武関係の在り方を、「権限吸収」の枠組みからとらえる観点を批判し、全社会的規模で展開した内乱・戦争に対応する国家の動きとして理解しようとしている（松永二〇〇六・二〇〇七）。

こうした研究成果を踏まえると、一見、武家政権の発展に見える承久の乱後の公武関係も、その時期から断続的に発生した大飢饉などの社会的危機に対応する国家の動向であったと理解できよう。執権北条泰時《やすとき》による御成敗式目《ごせいばいしきもく》の制定と幕府法廷の整備は、まさに寛喜《かんぎ》の大飢饉の真っ直中であり、そうした社会秩序の回復を目指す政策の展開上に、一三世紀半ばの執権経時《つねとき》・時頼による訴訟制度の改革や、朝廷に対する幕府の徳政《とくせい》要求、後嵯峨院《ごさがいん》のもとでの院評定制の整備が位置づけられると考えられるからである。今後も、そうした社会的背景に注意しつつ、鎌倉時代中期以降の公武関係の展開を検討していく必要があろう。

東アジア世界における交流

最後に、平清盛によって積極的に進められた日宋《にっそう》貿易のその後について触れておきたい。平氏一門が壇ノ浦《だんのうら》合戦で滅んだのちも、日宋貿易は博多《はかた》居住の宋商《そうしょう》である「博多綱首《こうしゅ》」たちによって活発に展開されており、博多に荷揚げされた「唐物《からもの》」は、荘園公領制《しょうえんこうりょうせい》の流通ルートにのって列島各地に輸送・販売された（林一九九八）。「博多綱首」の貿易船は、寺社や権門が出資者となって派遣され、仁治《にんじ》三年（一二四二）七月に西園寺《さいおんじ》公経《きんつね》が出資した貿易船が帰国した際には、その船には「銭貨十万貫」のほか鸚鵡《おうむ》や水牛など数多くの「珍宝《ちんぽう》」が積まれていたという（『民経記《みんけいき》』仁治三年七月四日条）。

またこの時代には、前述した重源《ちょうげん》・栄西《えいさい》をはじめとして、俊芿《しゅんじょう》や道元《どうげん》など数多くの日本僧が宋に渡り、仏教・宋学・美術・典籍などにわたる大陸文化を日本にもたらす一方、執権北条時頼の招きで鎌倉建長寺《けんちょうじ》の開山となった蘭渓道隆《らんけいどうりゅう》など、一三世紀半ばからは中国から来日する渡来僧も急増した。

こうした東アジア世界における民間貿易や人的交流は、モンゴルの襲来（元寇《げんこう》）という国家間の緊張状態が生じたのちも、途絶えることはなく、むしろ空前の活況を呈することとなる。やがて公武政権は、そのような東アジア世界に直接向き合っていくことになるのである。

基本文献紹介

『兵範記』へいはんき

平安時代末期の貴族平信範《たいらののぶのり》の日記。「ひょうはんき」とも読み、『人車記《じんしゃき》』などの異称がある。天承《てんしょう》二年（一一三二）から元暦《げんりゃく》元年（一一八四）までの記事が、断続的に伝わっている。信範は、藤原忠実《ふじわらのただざね》・忠通《ただみち》・基実《もとざね》ら摂関家歴代に家司《けいし》として仕える一方、六条《ろくじょう》・高倉《たかくら》天皇の蔵人頭《くろうどのとう》も務め、政務に精通した。本日記は、保元《ほうげん》の乱をはじめ当時の貴族社会の動向を詳細に知ることができる重要史料である。『増補史料大成』（臨川書店）などに所収されている。

『山槐記』さんかいき

平安時代末期・鎌倉時代初期の貴族藤原《ふじわら》（中山《なかやま》）忠親《ただちか》の日記。欠落も多いが、仁平《にんぺい》元年（一一五一）から建久《けんきゅう》五年（一一九四）までの記事が伝わる。忠親は、後白河《ごしらかわ》院政期に蔵人頭《くろうどのとう》・参議《さんぎ》・権中納言《ごんのちゅうなごん》・権大納言・内大臣《ないだいじん》と朝廷の要職を歴任し、平氏一門とも親しい関係にあったため、当時の国政運営の在り方や平氏の動向、福原《ふくはら》の状況、源平合戦の伝聞など、興味深い記事を数多く書き残している。『増補史料大成』（臨川書店）に所収されている。

『顕広王記』《あきひろおうき》

平安時代末期の貴族顕広王の日記。永久《えいきゅう》五年（一一一七）から治承《じしょう》四年（一一八〇）まで長期にわたり書き継がれたことが知られるが、現存するのは応保《おうほう》元年（一一六一）から治承二年（一一七八）までの記事である。顕広王が神祇《じんぎ》伯《はく》であったため、本日記は平安時代末期の宮廷神事を示す重要史料として知られているが、安元《あんげん》三年の政変（いわゆる鹿ケ谷《ししがたに》事件）など、平氏の動向を追究するうえでも見落とすことのできない史料である。日記の一部を抄出した『伯家五代記《はっけごだいき》』が『続史料大成』（臨川書店）に所収され、また国立歴史民俗博物館に所蔵される自筆本の翻刻が、髙橋昌明・樋口健太郎「資料紹介　国立歴史民俗博物館所蔵『顕広王記』応保三年・長寛三年・仁安二年巻」（『国立歴史民俗博物館研究報告』一三九集）で行われている。本書では、国立歴史民俗博物館所蔵の自筆本を閲覧し、内容を紹介した。

『玉葉』《ぎょくよう》

平安時代末期・鎌倉時代初期の貴族九条兼実《くじょうかねざね》の日記。永万《えいまん》元年（一一六五）と建仁《けんにん》二年（一二〇二）を除き、長寛《ちょうかん》二年（一一六四）から建仁三年（一二〇三）までの四〇年にわたる記事が伝わる。兼実は文治《ぶんじ》二年（一一八六）に摂政《せっしょう》に就任するまでは、右大臣《うだいじん》を長く務めながらも、時の政権からは距離を保って、政治・社会状況を客観的・批判的な目で日記に記しており、平氏権力や治承《じしょう》・寿永《じゅえい》の内乱（源平の内乱）、鎌倉幕府の成立などを検討する際の最重要史料の一つである。『玉葉』（国書刊行会）や

『図書寮叢刊《ずしょりょうそうかん》　九条家本玉葉』（明治書院）などに所収されているほか、『訓読玉葉』（高科書店）も刊行されている。

『愚昧記《ぐまいき》』

平安時代末期・鎌倉時代初期の貴族三条実房《さんじょうさねふさ》の日記。仁安《にんあん》元年（一一六六）から建久《けんきゅう》六年（一一九五）までの記事が、断続的に伝わっている。実房は、朝廷の政務や儀式に通じ、左大臣《さだいじん》にまで昇進する一方、後白河院《ごしらかわいん》の院司《いんじ》を務め、頼朝《よりとも》から議奏公卿《ぎそうくぎょう》の一人にも推挙された。本日記は、当時の貴族社会の動向を知る貴重な史料であるが、独立の史料集としてはいまだ活字化されていない。なお、重要事件が相次いだ安元《あんげん》三年（治承《じしょう》元、一一七七）の翻刻と注釈については、髙橋昌明・森田竜雄編「『愚昧記』治承元年秋冬記の翻刻と注釈」「『愚昧記』安元三年（治承元）春夏記の翻刻と注釈」（上）（下）（神戸大学大学院文化学研究科『文化学年報』一九・二二・二三号）がある。

『吉記《きっき》』

平安時代末期・鎌倉時代初期の貴族藤原《ふじわら》（吉田《よしだ》）経房《つねふさ》の日記。仁安《にんあん》元年（一一六六）から建久《けんきゅう》九年（一一九八）までの記事が、日記写本のほか、各種の有職故実書《ゆうそくこじつしょ》や部類記《ぶるいき》に引用された逸文《いつぶん》の形で伝わっている。経房は有能な実務官人として、安徳《あんとく》天皇の蔵人頭《くろうどのとう》、高倉《たかくら》上皇の院別当《いんのべっとう》などを務め、文治《ぶんじ》元年（一一八五）末には頼朝《よりとも》から議奏公卿《ぎそうくぎょう》の一人に推挙され、初代の関東申次《かんとうもうしつぎ》にも任じられた。治承《じしょう》・寿永《じゅえい》内乱期の記事が豊富で、当時の政治史を検討するうえで欠くことのできない史料である。『増補史料大成』（臨川書店）や『新訂吉記』（和泉書院）などに所収されている。

『明月記《めいげつき》』

鎌倉時代前期の貴族藤原定家《ふじわらのさだいえ》の日記。治承《じしょう》四年（一一八〇）から仁治《にんじ》二年（一二四一）まで書き継がれたことが知られるが、現存するのは治承四年から嘉禎《かてい》元年（一二三五）までの記事である。定家の流れをくむ冷泉《れいぜい》家の時雨亭《しぐれてい》文庫には、建久《けんきゅう》三年（一一九二）から天福《てんぷく》元年（一二三三）までの自筆本が残されており、国宝に指定されている。歌人としての活動はもちろんのこと、鎌倉時代前期の公武関係や京の風俗、庶民の生活など、貴重な情報が記されている。『明月記』（国書刊行会）や『史料纂集』（続群書類従完成会）などに所収されるほか、『訓読明月記』（河出書房新社）も刊行されている。また、自筆本の影印本として、『冷泉家時雨亭叢書　明月記』（朝日新聞社）が出版されている。

『民経記《みんけいき》』

鎌倉時代中期の貴族藤原経光《ふじわらのつねみつ》の日記。途中に欠落部分があるが、嘉禄《かろく》二年（一二二六）から文永《ぶんえい》九年（一二七二）までの記事が伝わる。経光は、実務官人として左右大弁《さうだいべん》・蔵人頭《くろうどのとう》・権中納言《ごんのちゅうなごん》・民部卿《みんぶきょう》を歴任する一方、摂関家である近衛《このえ》家の家司《けいし》としても活躍し、鎌倉時代中期の朝廷の儀式や摂関家の動向を詳しく日記に記している。自筆原本が多数残存しているので、日記作成の在り方がわかる史料としても注目されている。『大日本古記録』（岩波書店）に所収されている。

『愚管抄《ぐかんしょう》』

鎌倉時代前期、藤原忠通《ふじわらのただみち》の子息で天台座主《てんだいざす》となった慈円《じえん》が著した歴史書。承久《じょうきゅう》二年（一二二〇）頃に成立し、承久の乱後に加筆がなされている。承久の乱直前に、公武協調の立場から摂関家のあるべき姿を考察するために、神武《じんむ》天皇から順徳《じゅんとく》天皇までの歴史の流れを「道理《どうり》」の理念のもとに論じた。源平の時代を同時代人の目から生き生きと叙述する一方、史実から離れた記述もあり、史料として用いる際は注意が必要である。『新訂増補国史大系』（吉川弘文館）や『日本古典文学大系』（岩波書店）などに所収されている。

『吾妻鏡』　あずまかがみ

一三世紀後半から一四世紀初頭にかけて、鎌倉幕府が編纂した編年体の幕府の歴史書。治承《じしょう》四年（一一八〇）の源頼朝《みなもとのよりとも》挙兵から、文永《ぶんえい》三年（一二六六）の六代将軍宗尊《むねたか》親王の帰京までを記す。本書は、原史料の引用部分と編纂者が執筆した部分（地の文）からなり、地の文については、編纂時の知識に基づいた遡及的な記述や、幕府の立場からの政治的曲筆も見られるが、鎌倉幕府研究の根本史料として重要な価値をもつ。『新訂増補国史大系』（吉川弘文館）などに所収されるほか、『全譯吾妻鏡』（新人物往来社）や『現代語訳吾妻鏡』（吉川弘文館）なども刊行されている。

『百練抄』　ひゃくれんしょう

鎌倉時代後期に編纂された編年体の歴史書。編者未詳。全一七巻のうち、最初の三巻を欠いており、安和《あんな》元年（九六八）から正元《しょうげん》元年（一二五九）までの記事が現存する。貴族の日記や朝廷の記録などに基づいて、京を中心とした貴族社会の動向を記している。今日では失われた日記からの引用記事もあり、平安・鎌倉時代の重要史料の一つである。『新訂増補国史大系』（吉川弘文館）に所収されている。

『平家物語』《へいけものがたり》

治承《じしょう》・寿永《じゅえい》の内乱を描く軍記物語。八十数種類にのぼる異本テキストが存在するが、大きく語り本系（略本《りゃくほん》系・当道《とうどう》系）と読み本系（広本系・非当道系）の二つの系列に区別される。平家《へいけ》琵琶《びわ》の語りと密接に関わって成立したと考えられる語り本系には、南北朝時代の琵琶法師である明石《あかし》覚一《かくいち》が、当道座の正本として定めた覚一本『平家物語』などがある。一方、語り本系と比べて記事が多く、読まれることを意識してまとめられた読み本系には、現存する『平家物語』のなかで最も古態をとどめているとされる延慶《えんきょう》本『平家物語』（原本は鎌倉末期の延慶年間に書写）のほか、南北朝時代に成立した『源平《げんぺい》盛衰記《じょうすいき》』などが存在する。読み本系・語り本系ともに史料的価値の高い記述を含んでおり、平氏一門の滅亡を必然視する「平家物語史観」に注意しつつ、史料として活用していくことが求められている。覚一本は『日本古典文学大系』（岩波書店）、延慶本は『延慶本平家物語 本文篇』（勉誠社）に所収されている。

略年表

西暦	和暦	事項
一一六〇	永暦元	3・11 経宗を阿波、惟方を長門、源頼朝を伊豆に配流する。8・5 平清盛、はじめて安芸厳島神社に参詣。
一一六一	応保元	9・3 平滋子が後白河院皇子憲仁を出産。9・15 憲仁の立太子を企てたとして平時忠・教盛を解官。後白河院が国政から排除され、二条親政が成立。
一一六二	応保二	6・23 二条天皇を呪詛したとして、後白河院近臣の源資賢・平時忠らを配流。
一一六四	長寛二	9月 平清盛、厳島神社に装飾経を奉納（平家納経）。12・17 蓮華王院の落慶供養。
一一六五	永万元	6・25 二条天皇譲位、順仁親王（六条天皇）践祚。7・28 二条上皇死去。
一一六六	仁安元	7・26 摂政藤原基実死去。後白河院政が復活。10・10 憲仁親王立太子。11・11 平清盛、内大臣となる。
一一六七	仁安二	2・11 平清盛、太政大臣となる。5・10 平重盛に賊徒追討宣旨が発給される。5・17 清盛、太政大臣を辞任。
一一六八	仁安三	2・11 平清盛、重病となり出家。2・15 後白河院、病床の清盛と密談。2・19 憲仁親王践祚（高倉天皇）。
一一六九	嘉応元	3月 平清盛、この頃に摂津福原の山荘に移住。3・21 平清盛、福原で千部法華経を供養。後白河院、臨幸する。12・23 延暦寺大衆、権中納言藤原成親の配流を求め大内に強訴。
一一七〇	嘉応二	7・3 摂政藤原基房の従者、平資盛の車の無礼を咎め、その車を打ち壊す。9・20 宋船が摂津大輪田泊に直接来航し、後白河院が宋人を見るため、清盛の福原の山荘に赴く。10・21 平重盛、資盛への乱暴の報復として、家人に藤原基房の行列を襲わせる。
一一七一	承安元	12・14 平清盛の娘徳子、入内。

西暦	和暦	事項
一一七三	承安　三	この年、平清盛、大輪田泊に経の島を築造。
一一七四	承安　四	3・16 後白河院、建春門院滋子と厳島参詣に出発。清盛も福原から同行。
一一七六	安元　二	7・8 建春門院滋子死去。
一一七七	治承　元	4・13 延暦寺大衆、加賀守藤原師高の配流を求め閑院内裏に強訴。4・28 京で大火（太郎焼亡）。5・23 延暦寺大衆、伊豆に配流となった前天台座主明雲を近江で奪還。5・24 後白河院、延暦寺への武力攻撃を決意し、福原の清盛に使者を遣わす。5・27 清盛、福原から上洛。5・29 清盛、西光を捕え、翌6・1 に権大納言藤原成親を捕える。6・2 清盛、西光を斬首し、成親を備前に配流する。
一一七八	治承　二	閏6・17 高倉天皇、新制一七カ条を発布。11・12 平徳子が高倉天皇皇子言仁を出産。12・15 言仁親王立太子。
一一七九	治承　三	6・17 平盛子死去。7・29 平重盛死去。8・30 高倉天皇、新制三二カ条を発布。11・14 平清盛、福原より数千騎の兵を率いて入京。11・17 太政大臣藤原師長ら、三九人が一斉に解官される。11・20 清盛、後白河院を鳥羽殿に幽閉。高倉親政が成立。
一一八〇	治承　四	2・21 高倉天皇譲位、言仁親王（安徳天皇）践祚。高倉院政が成立。3・19 高倉上皇、厳島参詣に出発。4・9 以仁王、平氏追討を呼びかける令旨を諸国に下す。5・26 以仁王・源頼政ら、宇治川で平氏軍に追撃され討死。6・2 安徳天皇、高倉上皇・後白河院とともに福原に行幸。8・17 源頼朝、伊豆で挙兵。8・23 頼朝軍、石橋山合戦で大庭景親らに敗れる。8・25 安田義定、波志太山合戦で俣野景久らを破る。8・28 頼朝、真鶴岬から海路安房に逃走。9・7 木曾義仲、信濃市原合戦で笠原頼直を破る。10・7 頼朝、相模鎌倉に入る。10・14 武田信義ら、鉢田合戦で駿河目代橘遠茂を破る。10・20 武田軍と対峙した平氏軍、駿河富士川から戦わずに敗走。10・23 頼朝、相模国府で論功行賞を行う。11・5 頼朝軍、常陸金砂

		城を攻め佐竹秀義を敗走させる。11・17 頼朝、和田義盛を侍所別当に任命。11・20 近江で山本義経らが蜂起。11・23 福原からの還都が始まる。12・28 平重衡、南都を攻撃し、東大寺・興福寺を焼失させる。
一一八一	養和 元	1・14 高倉上皇死去。1・19 平宗盛を九カ国の惣官に補任。2月 大飢饉が始まる（養和の大飢饉）。閏2・4 平清盛死去。3・10 平重衡、美濃・尾張国境の墨俣川合戦で源行家らを破る。6・14 木曾義仲ら、信濃横田河原合戦で城助職を破る。8・15 反乱鎮圧のため、藤原秀衡を陸奥守、城助職を越後守に補任。
一一八三	寿永 二	2・23 小山朝政、下野野木宮合戦で志太義広を破る。5・11 平氏軍、越中礪波山（倶利伽羅峠）合戦で木曾義仲らに敗れる。6・1 平氏軍、加賀篠原合戦でも敗北し、京に逃走。7・25 平氏一門、安徳天皇と神器をともなって西国に下向（平氏都落ち）。7・28 木曾義仲・源行家ら入京。8・20 四宮尊成（後鳥羽天皇）践祚。10・14 東海・東山道の荘園・国衙領の知行を回復し、それに服さない者を頼朝が取り締まることを認める宣旨が発給される（寿永二年十月宣旨）。閏10・1 木曾義仲、備中国水島合戦で平氏軍に敗れる。11・19 木曾義仲、後白河院の御所法住寺殿を襲撃。11・28 中納言藤原朝方ら、四四人が一斉に解官される。
一一八四	元暦 元	1・11 木曾義仲、征東大将軍となる。1・20 鎌倉軍が木曾義仲を破り入京。2・7 福原に結集した平氏軍を、源範頼が生田の森、源義経が一の谷、多田行綱が鵯越から攻撃し、敗走させる。3・7 後白河院、頼朝に平家没官領注文を送付。7・7 伊賀・伊勢で平田家継・伊藤忠清らの反乱が勃発。7・19 近江大原荘において鎌倉軍と平田家継らが合戦。乱が鎮圧される。8・8 源範頼、平氏追討使として鎌倉を出発。8・10 源義経、京で平信兼子息を殺害。8・12 義経、信兼追討のため伊勢に下向。10・6 頼朝、公文所を新造し、大江広元を別当に任命。10・20 頼朝、三善康信を問注所執事に任命。
一一八五	文治 元	1・10 源義経、平氏追討のために後白河院の許可のみで出京。2・18 義経軍、讃岐屋島の平

西暦	和暦	事項
		氏軍本営を攻撃。3・24 義経軍、長門壇ノ浦合戦で平氏軍を破り、平氏一門滅亡。6・15 頼朝、伊勢国の没官領にはじめて荘郷地頭職を設置。6・19 諸国惣追捕使が停止される。8・28 東大寺大仏開眼供養。10・18 後白河院、源義経・行家に対して頼朝追討宣旨を発給。11・3 義経・行家ら出京。11・24 北条時政、京都守護として軍勢を率いて入京。11・29 朝廷、畿内・西国諸国に国地頭を設置し、兵粮米を徴収することを認める（文治勅許）。12・29 源義経に加担した大蔵卿高階泰経らが解官され、九条兼実ら一〇人の議奏公卿を設置。
一一八六	文治　二	3・1 京都守護北条時政、七カ国地頭職を辞退。3・12 源頼朝の要請により、九条兼実が摂政・氏長者となる。5・12 源行家、和泉で殺される。
一一八八	文治　四	2・8 摂政九条兼実に源義経の奥州潜伏の情報が届く。2・21 朝廷、藤原泰衡・基成に義経の捕縛を命じる。10・12 朝廷、再度泰衡に義経の捕縛を命じる。
一一八九	文治　五	2・9 源頼朝、奥州出兵のため、島津荘地頭惟宗忠久に七月十日以前の鎌倉参着を命じる。2・22 頼朝、朝廷に義経・泰衡の追討宣旨の発給を要求。閏4・30 源義経、泰衡に攻撃され衣河館で自害。7・19 頼朝、大軍を率いて奥州に出兵。9・6 奥州陣岡で泰衡を梟首。9・19 頼朝、奥州厨川から南下。10・24 頼朝、鎌倉に帰着。
一一九〇	建久　元	11・7 源頼朝、挙兵後はじめて上洛。11・24 頼朝、右近衛大将となる。
一一九二	建久　三	3・13 後白河院死去。7・12 源頼朝、大将軍を申請し、征夷大将軍に任じられる。
一一九五	建久　六	3・12 東大寺大仏殿の落慶供養。源頼朝、北条政子とともに見物。11・1 源在子が後鳥羽天皇皇子為仁を出産。
一一九六	建久　七	11・25 九条兼実の関白・氏長者が停止される（建久七年の政変）。
一一九七	建久　八	10・4 頼朝、保元以来の戦死者鎮魂のために、諸国一斉に八万四〇〇〇基宝塔供養を行う。
一一九八	建久　九	1・11 後鳥羽天皇譲位、為仁（土御門天皇）践祚。源通親、後鳥羽院執事別当となる。2・

		14 後鳥羽院、石清水八幡宮に参詣。8・16 後鳥羽院、はじめて熊野御幸に出発。
一一九九	正治 元	1・13 源頼朝死去。4・12 源頼家の裁決を補佐する合議制が導入される。12・18 御家人の糾弾により梶原景時失脚。
一二〇一	建仁 元	7・27 後鳥羽院、院御所二条殿に和歌所を設置。
一二〇二	建仁 二	7・23 源頼家、征夷大将軍に任じられる。
一二〇三	建仁 三	9・2 北条時政、比企能員を滅ぼす。9・7 源実朝、征夷大将軍に任じられる。9・29 幕府、源頼家を伊豆修善寺に追放。10・15 朝廷、延暦寺堂衆の蜂起を鎮めるために、佐々木定綱・大岡時親・葛西清重らを官軍として遣わす。11・30 東大寺総供養。
一二〇四	元久 元	3・22 伊賀・伊勢で反乱（三日平氏の乱）が勃発、京都守護平賀朝雅が追討使として下向。
一二〇五	元久 二	3・26『新古今和歌集』が撰進される。6・22 畠山重忠、武蔵二俣川において幕府軍に討たれる。閏7・19 牧の方が平賀朝雅を将軍に擁立しようとしたとして、北条時政失脚。翌日、北条義時、執権となる。閏7・26 平賀朝雅、京で討たれる。
一二〇七	承元 元	2・18 後鳥羽院、専修念仏を禁じ、法然を土佐に、親鸞を越後に配流（建永の法難）。
一二一〇	承元 四	11・25 土御門天皇譲位、守成親王（順徳天皇）践祚。
一二一三	建保 元	5・2 和田義盛が挙兵し、大倉御所などを襲撃。翌日敗死。8・3 朝廷、長楽寺に集結した延暦寺衆徒を捕えるため、源頼茂・大内惟信・藤原秀能や西面衆を遣わす。
一二一六	建保 四	6・15 宋人陳和卿、鎌倉で源実朝に対面。
一二一八	建保 六	2・21 北条政子、熊野参詣の途中で入京する。12・2 源実朝、右大臣に任じられる。
一二一九	承久 元	1・27 源実朝、鶴岡八幡宮で公暁に殺害される。7・13 後鳥羽院、在京御家人に命じて大内守護源頼茂を追討。7・19 九条道家の子息三寅が将軍後継者として鎌倉に参着。
一二二一	承久 三	4・20 順徳天皇譲位、懐成親王（仲恭天皇）践祚。5・14 後鳥羽院、西園寺公経・実氏父子を幽閉。5・15 後鳥羽院、軍勢を送って京都守護伊賀光季を討ち、諸国の守護・地頭に北条

西暦	和暦	事項
		義時の追討を命じる官宣旨を発給。5・22 幕府、軍勢を東海道・東山道・北陸道の三手に分けて上洛させる。6・6 幕府軍、美濃墨俣で京方軍勢を破る。6・15 幕府軍、京を制圧。7・8 後高倉院による院政が始まる。7・9 後高倉院皇子茂仁（後堀河天皇）践祚。7・13 後鳥羽院を隠岐に配流する。7・21 順徳上皇を佐渡に配流する。8・7 幕府、京方の没官領三〇〇〇余所を御家人に新恩給与する。閏10・10 土御門上皇を土佐に配流する。
一二二二	貞応元	4・26 幕府、諸国に巡検使を派遣し、没官領の調査・掌握にあたらせる。
一二二三	貞応二	6・15 官宣旨により、得分乏少の没官領地頭に新補率法の適用を認める。
一二二四	元仁元	6・13 北条義時死去。6・28 北条泰時、執権となる。
一二二五	嘉禄元	6・10 大江広元死去。7・11 北条政子死去。12・20 三寅、宇都宮辻子の新造御所に移る。12・21 幕府、評定衆を置き、鎌倉大番役を定める。12・29 三寅、元服して名を頼経と改める。
一二二六	嘉禄二	1・27 九条頼経、征夷大将軍に任じられる（摂家将軍）。
一二三一	寛喜三	3・19 大飢饉のもと、北条泰時、伊豆・駿河の富裕者に対して、飢民に出挙米を貸し付けるように命じる。7・15 藤原定家のもとに、所領の伊勢国小阿射賀御厨で六月二十日頃から六二人が餓死したという情報がもたらされる。10・9 朝廷、飢饉の沈静化を祈るため、伊勢神宮に公卿勅使を発遣。11・3 朝廷、四二カ条の新制を発布。この年、幕府は飢饉時の時限立法として、人身売買を容認する。
一二三二	貞永元	3・9 北条泰時、伊豆国仁科荘民の訴えに応じ、出挙米三〇石の下行を命じる。8・9 往阿弥陀仏、鎌倉に和賀江島を築く。8・10 北条泰時、御成敗式目を制定。10・4 後堀河天皇譲位、秀仁親王（四条天皇）践祚。
一二三三	天福元	5・21 九条道家、徳政を求める奏状を執筆する。
一二三五	嘉禎元	5・14 北条泰時、九条道家による後鳥羽院・順徳上皇の帰京要請を拒否。

一二三八	暦仁　元	2・17 九条頼経、北条泰時・時房らを率いて入京する。6・19 幕府、京中に篝屋を設置することを決定する。
一二三九	延応　元	2・22 後鳥羽院、隠岐で死去。
一二四〇	仁治　元	10・19 北条泰時、巨福呂坂の切通しを造営する。
一二四一	仁治　二	4・5 北条泰時、六浦道（朝比奈の切通し）の開削工事を始める。
一二四二	仁治　三	1・9 四条天皇死去。1・20 幕府の要請により、土御門皇子邦仁（後嵯峨天皇）践祚。6・15 北条泰時死去。北条経時、執権となる。7月 西園寺公経出資の渡宋船、銭貨一〇万貫などを積んで帰国。
一二四三	寛元　元	2・26 北条経時、訴訟裁決の迅速化のために、評定衆の結番を定める。
一二四四	寛元　二	4・28 九条頼嗣、征夷大将軍となる。
一二四六	寛元　四	1・29 後嵯峨天皇譲位、皇子久仁践祚（後深草天皇）。3・23 北条時頼、執権となる。閏4・1 北条経時死去。5・24 時頼、兵を出して鎌倉の辻々を固め、翌日、名越光時・時幸兄弟を出家させる。7・11 時頼、前将軍九条頼経を鎌倉から京に送還する。8・27 幕府、後嵯峨院に徳政の興行を要請し、関東申次九条道家の罷免を通告する。10・13 幕府、関東申次として西園寺実氏を指名し、再度徳政の実施を申し入れる。11・3 後嵯峨院のもとで院評定制が開始される。
一二四七	宝治　元	6・5 北条時頼、三浦泰村・光村を滅ぼす（宝治合戦）。
一二四九	建長　元	12・9 北条時頼、御家人訴訟を審議する機関として引付を設置。
一二五二	建長　四	4・1 後嵯峨院皇子宗尊親王、鎌倉に到着。征夷大将軍に任じられる。
一二五三	建長　五	11・25 時頼、建長寺を創建し、開山に蘭渓道隆を迎える。

参考文献

秋山　敬「鎌倉幕府の成立と甲斐源氏」『甲府市史　通史編第一巻』甲府市役所、一九九一年
秋山　敬「内陸国甲斐の文化の源流」『街道の日本史23　甲斐と甲州道中』吉川弘文館、二〇〇〇年
秋山哲雄『北条氏権力と都市鎌倉』吉川弘文館、二〇〇六年
浅香年木『治承・寿永の内乱論序説』法政大学出版局、一九八一年
石井　進『日本の歴史7　鎌倉幕府』中央公論社、一九六五年
石井　進『日本中世国家史の研究』岩波書店、一九七〇年
石井　進『鎌倉武士の実像』平凡社、一九八七年
石井進・大三輪龍彦編『よみがえる中世3　武士の都鎌倉』平凡社、一九八九年
石田善人「中世の加古川」『加古川市史　第一巻本編Ⅰ』加古川市、一九八九年
石母田正『石母田正著作集　第六巻　古代末期の政治過程および政治形態』岩波書店、一九八九年、初出一九五〇年
石母田正「鎌倉幕府一国地頭職の成立」『石母田正著作集　第九巻　中世国家成立史の研究』岩波書店、一九八九年、初出一九六〇年
磯貝富士男『中世の農業と気候』吉川弘文館、二〇〇二年
磯貝富士男『日本中世奴隷制論』校倉書房、二〇〇七年
市沢　哲「南北朝内乱からみた西摂津・東播磨の平氏勢力圏」『地域社会からみた「源平合戦」』岩田書院、二〇〇七年
井上幸治「九条道家政権の政策」『立命館文学』六〇五号、二〇〇八年

井上光貞・永原慶二・児玉幸多・大久保利謙編『日本歴史大系普及版3　貴族政治と武士』山川出版社、一九九五年
井上光貞・永原慶二・児玉幸多・大久保利謙編『日本歴史大系普及版4　武家政権の形成』山川出版社、一九九六年
井原今朝男『日本中世の国政と家政』校倉書房、一九九五年
井原今朝男「宋銭輸入の歴史的意義」『ものから見る日本史　銭貨』青木書店、二〇〇一年
入間田宣夫「鎌倉幕府と奥羽両国」『中世奥羽の世界』東京大学出版会、一九七八年
入間田宣夫「守護・地頭と領主制」『講座日本歴史3　中世1』東京大学出版会、一九八四年
入間田宣夫『百姓申状と起請文の世界』東京大学出版会、一九八六年
入間田宣夫『日本の歴史7　武者の世に』集英社、一九九一年
入間田宣夫『中世武士団の自己認識』三弥井書店、一九九八年
入間田宣夫『都市平泉の遺産』山川出版社、二〇〇三年
入間田宣夫『平泉藤原氏と南奥武士団の成立』歴史春秋出版、二〇〇七年a
入間田宣夫「衣河館と平泉館」『平泉・衣川と京・福原』高志書院、二〇〇七年b
上杉和彦『大江広元』吉川弘文館、二〇〇五年
上杉和彦『戦争の日本史6　源平の争乱』吉川弘文館、二〇〇七年
上横手雅敬『北条泰時』吉川弘文館、一九五八年
上横手雅敬『日本中世政治史研究』塙書房、一九七〇年
上横手雅敬『平家物語の虚構と真実　上・下』塙書房、一九八五年
上横手雅敬「小松殿の公達について」『和歌山地方史の研究』安藤精一先生退官記念会、一九八七年
上横手雅敬「平氏政権の諸段階」『日本中世の諸相　上巻』吉川弘文館、一九八九年
上横手雅敬『鎌倉時代政治史研究』吉川弘文館、一九九一年

上横手雅敬『日本中世国家史論考』塙書房、一九九四年
上横手雅敬「公武関係の展開」『日本の中世8　院政と平氏、鎌倉政権』中央公論新社、二〇〇二年
上横手雅敬『権力と仏教の中世史』法蔵館、二〇〇九年
榎本　渉「明州に来た平家の使僧」『義経から一豊へ』勉誠出版、二〇〇六年
榎本　渉『東アジア海域と日中交流』吉川弘文館、二〇〇七年
追塩千尋『日本中世の説話と仏教』和泉書院、一九九九年
大石直正『奥州藤原氏の時代』吉川弘文館、二〇〇一年
大村拓生「中世前期の首都と王権」『日本史研究』四三九号、一九九九年
大山喬平『日本の歴史9　鎌倉幕府』小学館、一九七四年
大山喬平「平氏政権と大輪田泊」『兵庫県史　第二巻』兵庫県、一九七五年a
大山喬平「文治国地頭の三つの権限について」『日本史研究』一五八号、一九七五年b
大山喬平「没官領・謀叛人所帯跡地頭の成立」『史林』五八巻六号、一九七五年c
大山喬平『日本中世農村史の研究』岩波書店、一九七八年
大山喬平「鎌倉幕府の西国御家人編成」『歴史公論』五巻三号、一九七九年
岡田章一「楠・荒田町遺跡の調査」『平家と福原京の時代』岩田書院、二〇〇五年
小山田義夫『一国平均役と中世社会』岩田書院、二〇〇八年
金沢正大「鎌倉幕府成立期に於ける武蔵国国衙支配をめぐる公文所寄人足立右馬允遠元の史的意義」『政治経済史学』一五六・一五七号、一九七九年
上川通夫『日本中世仏教形成史論』校倉書房、二〇〇七年
川合　康『源平合戦の虚像を剝ぐ』講談社、一九九六年

川合　康『鎌倉幕府成立史の研究』校倉書房、二〇〇四年
川合　康「鎌倉幕府研究の現状と課題」『日本史研究』五三一号、二〇〇六年
川合　康「生田森・一の谷合戦と地域社会」『地域社会からみた「源平合戦」』岩田書院、二〇〇七年a
川合　康「中世武士の移動の諸相」『歴史のなかの移動とネットワーク』桜井書店、二〇〇七年b
川合　康「平家物語とその時代」『平家物語を読む』吉川弘文館、二〇〇九年a
川合　康「内乱の展開と『平家物語史観』」『平家物語を読む』吉川弘文館、二〇〇九年b
川島茂裕「藤原基衡と秀衡の妻たち」『歴史』一〇一号、二〇〇三年
川添昭二編『よみがえる中世1　東アジアの国際都市博多』平凡社、一九八八年
川添昭二『日蓮とその時代』山喜房仏書林、一九九九年
衣川　仁『中世寺院勢力論』吉川弘文館、二〇〇七年
金　永「摂家将軍期における源氏将軍観と北条氏」『ヒストリア』一七四号、二〇〇一年
金　永「摂家将軍家の『家』の形成と妻たち」『ヒストリア』一七八号、二〇〇二年
木村英一「六波羅探題の成立と公家政権」『ヒストリア』一七八号、二〇〇二年a
木村英一「鎌倉幕府京都大番役の勤仕先について」『待兼山論叢』三六号史学篇、二〇〇二年b
木村英一「王権・内裏と大番」『院政期の内裏・大内裏と院御所』文理閣、二〇〇六年
木村茂光「建久六年頼朝上洛の政治史的意義」『鎌倉遺文研究』九号、二〇〇二年a
木村茂光「黄瀬川と流人頼朝」『沼津市史研究』一一号、二〇〇二年b
工藤敬一『荘園公領制の成立と内乱』思文閣出版、一九九二年
熊谷隆之「播磨国守護領の形成過程」『ヒストリア』一八四号、二〇〇三年
栗山圭子「准母立后制にみる中世前期の王家」『日本史研究』四六五号、二〇〇一年

栗山圭子「二人の国母」『文学』隔月刊三巻四・五号、二〇〇二年
栗山圭子「中世王家の存在形態と院政」『ヒストリア』一九三号、二〇〇五年
黒板勝美『義経伝』中央公論社、一九九一年、初出一九三九年
黒田俊雄『日本中世の国家と宗教』岩波書店、一九七五年
五味文彦「平氏軍制の諸段階」『史学雑誌』八八編八号、一九七九年
五味文彦『院政期社会の研究』山川出版社、一九八四年
五味文彦『平家物語、史と説話』平凡社、一九八七年
五味文彦『大系日本の歴史5　鎌倉と京』小学館、一九八八年
五味文彦『吾妻鏡の方法』吉川弘文館、一九九〇年
五味文彦「武家政権と荘園制」『講座日本荘園史2　荘園の成立と領有』吉川弘文館、一九九一年
五味文彦『大仏再建』講談社、一九九五年
五味文彦『平清盛』吉川弘文館、一九九九年
五味文彦「京・鎌倉の王権」『日本の時代史8　京・鎌倉の王権』吉川弘文館、二〇〇三年
五味文彦『中世社会史料論』校倉書房、二〇〇六年
小林清治「南奥州の武士団」『図説福島県の歴史』河出書房新社、一九八九年
小林剛編『俊乗房重源史料集成』奈良国立文化財研究所、一九六五年
小林　剛『俊乗房重源の研究』有隣堂、一九七一年
今野慶信「治承四年源頼朝の武蔵入国の経過について」『北区史研究』五号、一九九六年
佐伯智広「二条親政の成立」『日本史研究』五〇五号、二〇〇四年
櫻井陽子「頼朝の征夷大将軍任官をめぐって」『明月記研究』九号、二〇〇四年

佐々木文昭『中世公武新制の研究』吉川弘文館、二〇〇八年
佐藤健治『中世権門の成立と家政』吉川弘文館、二〇〇〇年
佐藤進一『日本の中世国家』岩波書店、一九八三年
佐藤進一『日本中世史論集』岩波書店、一九九〇年
佐藤進一『鎌倉幕府訴訟制度の研究』岩波書店、一九九三年
志立正知「平家物語の成立」『平家物語を読む』吉川弘文館、二〇〇九年
清水眞澄「平家物語と芸能」『平家物語を読む』吉川弘文館、二〇〇九年
清水　亮『鎌倉幕府御家人制の政治史的研究』校倉書房、二〇〇七年
下郡　剛『後白河院政の研究』吉川弘文館、一九九九年
下村周太郎「『将軍』と『大将軍』」『歴史評論』六九八号、二〇〇八年
白井克浩「承久の乱再考」『ヒストリア』一八九号、二〇〇四年
杉橋隆夫「鎌倉初期の公武関係」『史林』五四巻六号、一九七一年
杉橋隆夫「鎌倉前期政治権力の諸段階」『日本史研究』一三一号、一九七三年
杉橋隆夫「河内源氏の出自」『藤井寺市史紀要』四集、一九八三年a
杉橋隆夫「鎌倉右大将家と征夷大将軍」『立命館史学』四号、一九八三年b
杉橋隆夫「牧の方の出身と政治的位置」『古代・中世の政治と文化』思文閣出版、一九九四年
鈴木　彰『平家物語の展開と中世社会』汲古書院、二〇〇六年
鈴木彰・樋口州男・松井吉昭編『木曾義仲のすべて』新人物往来社、二〇〇八年
鈴木秀夫『気候の変化が言葉をかえた』日本放送出版協会、一九九〇年
鈴木芳道「鎌倉時代の公武婚」『鷹陵史学』三〇号、二〇〇四年

須藤　聡「平安末期清和源氏義国流の在京活動」『群馬歴史民俗』一六号、一九九五年
須藤　宏「地中から語る清盛の時代」『歴史のなかの神戸と平家』神戸新聞総合出版センター、一九九九年
須藤　宏「本皇居・新内裏の位置と祇園遺跡」『平家と福原京の時代』岩田書院、二〇〇五年
平　雅行『日本中世の社会と仏教』塙書房、一九九二年
平　雅行『親鸞とその時代』法蔵館、二〇〇一年
多賀宗隼『慈円』吉川弘文館、一九五九年
多賀宗隼『栄西』吉川弘文館、一九六五年
多賀宗隼『源頼政』吉川弘文館、一九七三年
多賀宗隼『慈円の研究』吉川弘文館、一九八〇年
高橋　修「内海世界をめぐる武士勢力の連携と競合」『中世東国の内海世界』高志書院、二〇〇七年
高橋慎一郎『中世の都市と武士』吉川弘文館、一九九六年
高橋典幸『鎌倉幕府軍制と御家人制』吉川弘文館、二〇〇八年
髙橋昌明『武士の成立　武士像の創出』東京大学出版会、一九九九年
髙橋昌明「平氏家人と源平合戦」『軍記と語り物』三八号、二〇〇二年
髙橋昌明・森田竜雄編「『愚昧記』安元三年（治承元）春夏記の翻刻と注釈（下）」『神戸大学大学院文化学研究科
文化学年報』二三号、二〇〇四年
髙橋昌明『増補改訂　清盛以前』文理閣、二〇〇四年
髙橋昌明『平清盛　福原の夢』講談社、二〇〇七年
高柳光寿『鎌倉市史　総説編』鎌倉市、一九五九年
田中大喜「平氏の一門編制と惣官体制」『日本歴史』六六一号、二〇〇三年

田中文英『平氏政権の研究』思文閣出版、一九九四年
田中　稔『鎌倉幕府御家人制度の研究』吉川弘文館、一九九一年
田辺　旬「鎌倉幕府二所詣の歴史的展開」『ヒストリア』一九六号、二〇〇五年
田辺　旬「鎌倉幕府成立後の源頼朝と伊豆国」『鎌倉』一〇三号、二〇〇七年
玉井　力『平安時代の貴族と天皇』岩波書店、二〇〇〇年
田村圓澄『法然』吉川弘文館、一九五九年
田村憲美『日本中世村落形成史の研究』校倉書房、一九九四年
角田文衞『平家後抄』朝日新聞社、一九七八年
角田文衞『日本の女性名（上）』教育社、一九八〇年
角田文衞『王朝史の軌跡』学燈社、一九八三年
角田文衞監修、（財）古代学協会・古代学研究所編『平安時代史事典』角川書店、一九九四年
富田正弘「室町殿と天皇」『日本史研究』三一九号、一九八九年
戸田芳実『日本領主制成立史の研究』岩波書店、一九六七年
戸田芳実『初期中世社会史の研究』東京大学出版会、一九九一年
戸田芳実『歴史と古道』人文書院、一九九二年
中島圭一「日本の中世貨幣と国家」『越境する貨幣』青木書店、一九九九年
永原慶二『日本封建制成立過程の研究』岩波書店、一九六一年
西田円我「俊乗房重源の東大寺再建について」『日本名僧論集　第五巻　重源　叡尊　忍性』吉川弘文館、一九八三年
西谷地晴美「地頭役をめぐる相論」『岸和田市史　第二巻』岸和田市、一九九六年
西谷地晴美「中世前期の災害と立法」『歴史評論』五八三号、一九九八年

西山美香「鎌倉将軍の八万四千塔供養と育王山信仰」『金沢文庫研究』三一六号、二〇〇六年
仁平義孝「鎌倉前期幕府政治の特質」『古文書研究』三一号、一九八九年
仁平義孝「執権政治期の幕政運営について」『国立歴史民俗博物館研究報告』四五集、一九九二年
韮山町史刊行委員会編『韮山町史　第三巻（上）』韮山町役場、一九八五年
貫　達人『鶴岡八幡宮寺』有隣堂、一九九六年
野口孝子「閑院内裏の空間領域」『日本歴史』六七四号、二〇〇四年
野口華世「中世前期の王家と安楽寿院」『ヒストリア』一九八号、二〇〇六年
野口　実『坂東武士団の成立と発展』弘生書林、一九八二年
野口　実『武家の棟梁の条件』中央公論社、一九九四年a
野口　実『中世東国武士団の研究』高科書店、一九九四年b
野口　実『武家の棟梁　源氏はなぜ滅んだのか』新人物往来社、一九九八年
野口　実「義経を支えた人たち」『源義経　流浪の勇者』文英堂、二〇〇四年
野口　実「慈光寺本『承久記』の史料的評価に関する一考察」京都女子大学宗教・文化研究所『研究紀要』一八号、二〇〇五年a
野口　実「承久の乱における三浦義村」『明月記研究』一〇号、二〇〇五年b
野口　実「閑院内裏と『武家』」『古代文化』五九巻三号、二〇〇七年
野村育世『北条政子』吉川弘文館、二〇〇〇年
橋本義彦『平安貴族社会の研究』吉川弘文館、一九七六年
橋本義彦『平安貴族』平凡社、一九八六年
橋本義彦『源通親』吉川弘文館、一九九二年

早川厚一『平家物語を読む』和泉書院、二〇〇〇年
林　文理「博多綱首の歴史的位置」『古代中世の社会と国家』清文堂、一九九八年
林屋辰三郎『古典文化の創造』東京大学出版会、一九六四年
樋口健太郎「平安末期における摂関家の『家』と平氏」『ヒストリア』一八九号、二〇〇四年
彦由一太「甲斐源氏と治承寿永争乱」『日本史研究』四三号、一九五九年
久野修義『日本中世の寺院と社会』塙書房、一九九九年
菱沼一憲『源義経の合戦と戦略』角川書店、二〇〇五年a
菱沼一憲「源義経の挙兵と土佐房襲撃事件」『日本歴史』六八四号、二〇〇五年b
平泉文化研究会『奥州藤原氏と柳之御所跡』吉川弘文館、一九九二年
平泉文化研究会『日本史の中の柳之御所跡』吉川弘文館、一九九三年
平岡　豊「後鳥羽院上北面について」『国史学』一三〇号、一九八六年
平岡　豊「後鳥羽院西面について」『日本史研究』三一六号、一九八八年
平岡　豊「藤原秀康について」『日本歴史』五一六号、一九九一年
藤木久志『豊臣平和令と戦国社会』東京大学出版会、一九八五年
藤木久志『飢餓と戦争の戦国を行く』朝日新聞社、二〇〇一年
藤木久志編『日本中世気象災害史年表稿』高志書院、二〇〇七年
藤原重雄・末柄豊「史料紹介　東京大学史料編纂所所蔵『和歌真字序集（扶桑古文書）』紙背文書」『東京大学史料編纂所研究紀要』一七号、二〇〇七年
古澤直人『鎌倉幕府と中世国家』校倉書房、一九九一年
保立道久『義経の登場』日本放送出版協会、二〇〇四年

堀　新「信長・秀吉の国家構想と天皇」『日本の時代史13　天下統一と朝鮮侵略』吉川弘文館、二〇〇三年
堀池春峰「大仏上人重源の悲願」『仁王像大修理』朝日新聞社、一九九七年
牧野和夫「成簣堂文庫蔵『年号次第』一冊とその周辺」『実践国文学』五六号、一九九九年
松永和浩「室町期における公事用途調達方式の成立過程」『日本史研究』五二七号、二〇〇六年
松永和浩「南北朝・室町期における公家と武家」『室町・戦国期研究を読みなおす』思文閣出版、二〇〇七年
松本政春「征夷使と征東使」『律令兵制史の研究』清文堂、二〇〇二年
美川　圭『院政の研究』臨川書店、一九九六年
美川　圭『院政』中央公論新社、二〇〇六年
水戸部正男『公家新制の研究』創文社、一九六一年
峰岸純夫『中世災害・戦乱の社会史』吉川弘文館、二〇〇一年
宮田敬三「元暦西海合戦試論」『立命館文学』五五四号、一九九八年
宮田敬三「十二世紀末の内乱と軍制」『日本史研究』五〇一号、二〇〇四年
村井章介『東アジア往還』朝日新聞社、一九九五年
村井章介『中世日本の内と外』筑摩書房、一九九九年
村井章介『中世の国家と在地社会』校倉書房、二〇〇五年
目崎徳衛「鎌倉幕府草創期の吏僚について」『三浦古文化』一五号、一九七四年
目崎徳衛『史伝後鳥羽院』吉川弘文館、二〇〇一年
毛利　久「峰定寺」『仏教芸術』八二号、一九七一年
元木泰雄「摂津源氏一門」『史林』六七巻六号、一九八四年
元木泰雄『院政期政治史研究』思文閣出版、一九九六年

元木泰雄「王朝守護の武力」『日本仏教の史的展開』塙書房、一九九九年
元木泰雄『平清盛の闘い』角川書店、二〇〇一年a
元木泰雄「頼朝軍の上洛」『中世公武権力の構造と展開』吉川弘文館、二〇〇一年b
元木泰雄「院政の展開と内乱」『日本の時代史7　院政の展開と内乱』吉川弘文館、二〇〇二年
元木泰雄『保元・平治の乱を読みなおす』日本放送出版協会、二〇〇四年
元木泰雄「福原遷都をめぐる政情」『平家と福原京の時代』岩田書院、二〇〇五年
元木泰雄『源義経』吉川弘文館、二〇〇七年
森　克己『新訂日宋貿易の研究　森克己著作選集第一巻』国書刊行会、一九七五年
森　幸夫『六波羅探題の研究』続群書類従完成会、二〇〇五年
安田元久『地頭及び地頭領主制の研究』山川出版社、一九六一年a
安田元久『北条義時』吉川弘文館、一九六一年b
安田元久『武士団』塙書房、一九六四年
安田元久『後白河上皇』吉川弘文館、一九八六年
山口隼正「佐々木文書」『九州史学』一二五号、二〇〇〇年
山田邦和「福原遷都の混迷と挫折」『古代文化』五七巻九号、二〇〇五年
山田泰弘「甲府善光寺の肖像彫刻」『三浦古文化』二九号、一九八一年
山本博也「文治二年五月の兼実宛頼朝折紙について」『史学雑誌』八八編二号、一九七九年
横内裕人『日本中世の仏教と東アジア』塙書房、二〇〇八年
米倉迪夫『絵は語る4　源頼朝像』平凡社、一九九五年
渡辺　保『北条政子』吉川弘文館、一九六一年

あとがき

大学の史学科に進学した時、私が最初に選んで読んだ論文は、一九七五年に『岩波講座日本歴史中世一』に発表された上横手雅敬氏の「鎌倉幕府と公家政権」であった。そしてちょうどその頃から、いつもカバンに石井進氏の『日本の歴史7　鎌倉幕府』(中央公論社、一九六五年)を入れて、もち歩いていたことをよく覚えている。私の研究は、出発点から現在にいたるまで、このお二人の業績の間で悪戦苦闘を続けてきたように思う。本書を執筆するにあたって、上横手・石井両氏の研究を読み返し、その議論の奥深さにあらためて感銘を受け、自分の研究の未熟さを思い知らされた。

それでも自分なりの通史を書くために、本書では思い切って中央レヴェルの政治史の流れに視点を定め、それに関連する範囲で、最近の研究成果を積極的に取り入れ執筆していくことにした。そのため、私がこれまで論じてきた内乱期の民衆の動向や、地域社会の政治史などは、本書ではほとんど取り上げることができなかった。

また、平安時代末期から鎌倉時代中期までをあつかう厖大な研究史のなかで、本書で紹介できた研究は、その一部でしかなく、当然取り上げるべき業績を見落としている場合も多々あろうかと思われる。その点もご寛恕をお願いしたい。

本書第一章を執筆し始めたのは、二〇〇六年七月頃である。当時、東京都による強権的な東京都立大学の改組に反対して、首都大学東京非就任者となっていた私は、歴史学教員の採用公募に落ち続けており、研究者として今後も生きていけるのかどうかという不安に襲われる毎日であった。そのこともあって筆は遅々として進まず、二〇〇八年に幸いに転出先が決まってからも、新しい環境に慣れるまでに時間がかかり、結局ペースは最後まで変わらなかった。

こうした状況のなかで少しずつ書きため、私にとって愛着のある一書に仕上げることができたのは、ひとえに粘り強く執筆を促してくださった吉川弘文館編集部の皆様のおかげである。神保町の私の研究室で、第七巻著者の堀新氏と一緒に編集部の方に出来た分の原稿をお渡しする時間は、私にはとても楽しみな学問的歓談の場となった。この場を借りて、お詫びとともに、心からお礼を申し上げたい。

二〇〇九年八月三十一日

川合　康

著者略歴

一九五八年　三重県に生まれる
一九八七年　神戸大学大学院博士課程単位取得退学
現　在　大阪大学大学院文学研究科教授

〔主要著書〕
源平合戦の虚像を剝ぐ
鎌倉幕府成立史の研究
院政期武士社会と鎌倉幕府

日本中世の歴史③
源平の内乱と公武政権

二〇〇九年（平成二十一）十一月一日　第一刷発行
二〇二一年（令和　三　）四月一日　第三刷発行

著　者　川合《かわい》　康《やすし》
発行者　吉　川　道　郎
発行所　株式会社　吉川弘文館
郵便番号一一三—〇〇三三
東京都文京区本郷七丁目二番八号
電話〇三—三八一三—九一五一〈代表〉
振替口座〇〇一〇〇—五—二四四
http://www.yoshikawa-k.co.jp/
印刷＝株式会社　三秀舎
製本＝誠製本株式会社
装幀＝蔦見初枝

ISBN978-4-642-06403-3

日本中世の歴史

刊行のことば

歴史上に生起するさまざまな事象を総合的に理解するためには、なによりもそれらを創り出している大きな潮流を捉える必要があろう。そのため、これまでもいわゆる通史を目指したいくつもの取り組みがなされてきた。「歴史研究にたずさわるものにとって、『通史』の叙述は究極の目標であり課題でもある」ともいわれるように、意図するか否かは別としても、歴史研究は常に通史の書き換えを目指しているといえよう。

しかし、それら近年の通史は、一九七〇年代以降の社会史研究が生み出した研究対象の拡大と多様化という成果を積極的に組み入れようと努力した結果、通史の部分と各論とのあいだの不整合という弱点をかかえざるを得なかった。

本シリーズは、これらの成果を受け継ぎながらも、日本の中世を対象として、政治史を中心とした誰にでも分かりやすいオーソドックスな通史を目指そうと企図された。第1巻において中世全体の時代像を示し、第2巻から第7巻までは現在の研究状況を反映させ、院政期から江戸時代初期までを範囲として最新の研究成果をふまえた基本的な論点をわかりやすく解説した。

次代を担う若い読者はもちろん、新しい中世史像を求める多くの歴史愛好家の方々に、歴史を考える醍醐味を味わっていただけるならば幸いである。

企画編集委員　木村茂光
池　享

日本中世の歴史